中國近代史

導讀版

U0114732

蔣廷黻 —— 著

沈渭濱 —— 導讀

開明書店

前言

——陳旭麓、沈渭濱先生與蔣廷黻《中國近代史》

上海社會科學院歷史研究所　張　劍

　　1938 年春夏之交，蔣廷黻在武漢偷閒撰寫《中國近代史》時，20 歲的陳旭麓先生（1918－1988）正就讀於內遷貴陽的大夏大學，而淪陷區上海古鎮七寶的沈渭濱先生（1937－2015）正牙牙學語，還不到一周歲。幾十年後，他們因緣緊密聯繫在一起，蔣廷黻因陳旭麓、沈渭濱先生師徒的推介而在大陸學界走紅，其《中國近代史》一書成為出版界寵兒。

蔣廷黻：中國近代史學科奠基人

　　蔣廷黻無疑是中國近代史學科的開創者與奠基人。1935年 6 月，中央研究院首屆評議會選舉成立時，蔣廷黻以「現任清華歷史系主任，專研清代外交史，著有論文數十篇」，與朱希祖、胡適、陳寅恪、陳垣、顧頡剛候選歷史學科聘任評議員。選舉中與顧頡剛僅各得一票，落敗於胡適、陳垣、陳寅恪。1940 年第二屆評議員選舉時，已棄學從政的蔣廷黻還是被中研院史語所所長傅斯年舉為候選人，候選理由為「對於近代史頗有研究」。同被傅斯年推舉者除朱希祖、顧頡剛外，還有張爾田、湯用彤、金毓黻。在大學教授們的初選環節，蔣廷黻與金毓黻都獲得合格票數，但排名居於陳寅恪、胡適、陳垣、顧頡剛、湯用彤、朱希祖之後，未能成為正式

候選人。

自 1935 年棄學從政後，蔣廷黻一直在政壇摸爬滾打，沒有時間也沒有精力從事專業學術研究，離開學術界愈來愈遠。但在十餘年後的 1948 年首屆中研院院士選舉中，學術界並沒有忘記他對中國近代史學科的奠基作用。還是傅斯年，與胡適討論文史組歷史學科候選人時，將蔣廷黻與陳垣、陳寅恪、傅斯年、顧頡剛、余嘉錫、柳詒徵並舉，並稱蔣廷黻「近代史尚無第二人」。最終蔣廷黻被武漢大學和中研院同時推舉為候選人，經評議員審定，與李劍農、柳詒徵、徐中舒、徐炳昶、陳垣、陳寅恪、陳受頤、傅斯年、顧頡剛成為歷史學科的正式候選人，候選理由為「主持大學史學系多年，專治近代中國外交史」。最終選舉中落選，未能成為首屆中研院院士。

可見，自 1935 年首屆中研院評議員選舉以來，蔣廷黻一直作為中國近代史學科的唯一代表，與其他史學大師在學術評議的舞台上互爭雄長，但終因自身在學術研究上成就並不突出、中國近代史學科發展不完備等多種因素，未能為中國近代史學科在中研院爭得一席之地。直到 1958 年 4 月，僻居台灣的中研院舉行第二次院士選舉，蔣廷黻才如願以償與姚從吾、勞榦等當選歷史學科院士，仍然是中國近代史學科首位院士。

陳旭麓先生發掘《中國近代史》

《中國近代史》1938 年 7 月出版，翌年又相繼推出兩個版本，可見其受歡迎程度。1949 年後，「因人廢事」也「因人廢書」，相當長時間內蔣廷黻及其書在大陸不是作為被批判的對象如吳文燦《批判蔣廷黻的反動歷史觀點對於中國近代史的歪曲和污衊》、金應熙《批判洋奴買辦蔣廷黻的反動史學觀點》，就是長時間成為禁忌而被遺忘。直到 1987 年，在陳旭麓先生極力推薦下，《中國近代史》作為「舊籍新刊」叢書，由嶽麓書社出版。陳先生在《重印前言》中專門提及這一經過：

一九八五年十一月，我到長沙參加左宗棠逝世百周年紀念的學術討論，訪問了嶽麓書社，鍾叔河同志談起他們「舊籍新刊」的計劃。這裏的「舊籍」一詞，

大體指一九一一至一九四九年間刊行的一些書,是介於古籍與新書之間的著述。
我順便提到蔣廷黻的《中國近代史》。嗣後,鍾叔河同志來信要我為「新刊」此
書寫幾句話。

當時改革開放不久,畢竟有禁忌。雖然陳先生說,「存其文而原其人」,除
個別詞句外對原書「不加改削」,但「最後一節,講的是『抗戰建國』的現實,
不免囿於成見,就把它節略了」。並附蔣廷黻代表性著述《評〈清史稿‧邦交
志〉》等三種,以《中國近代史‧外三種》刊行。

陳先生發掘《中國近代史》後,蔣廷黻在大陸似乎也就不再是禁忌了。自
1988 年劉耀發表《蔣廷黻的文化史觀與中國近代史》開始,不斷有學者將他作
為研究對象,如嚴君《蔣廷黻生平事略》、任駿《蔣廷黻與七七事變前後的中蘇
關係》等,也陸續公佈了《蔣廷黻關於蘇聯概況、外交政策及中蘇關係問題致外
交部報告》《駐蘇大使蔣廷黻與蘇聯外交官員會談紀錄》等相關史料。

窗戶紙被捅破後,《中國近代史》也開始出現新版本。1994 年 8 月,海南出
版社在「人人袖珍文庫」第一輯推出新版,將最後一節「蔣總裁貫徹總理的遺教」
改為「貫徹總理的遺教」(此成為以後大陸大多數版本共同遵循的模式),另附
《評〈清史稿‧邦交志〉》等兩文,1997 年 6 月已第 3 次印刷。1996 年 3 月,
東方出版社「民國學術經典文庫」,以青年書店 1939 年版為底本重版,書名為
《中國近代史大綱》。

相對蔣廷黻在民國學術界的地位和政界特別是外交界的影響,他對中國近代
史學科的奠基作用及《中國近代史》的特出地位,上述研究與出版僅僅開啟大幕
而已。1999 年,陳旭麓先生的學生沈渭濱先生相繼發表論文《蔣廷黻與中國近
代史研究》和出版由他「導讀」的《中國近代史》後,蔣廷黻及其《中國近代史》
成為學術界研究熱點和出版界寵兒,形成長時間不衰的「蔣廷黻熱」。

沈渭濱先生「導讀」與蔣廷黻研究熱

大致在 1999 年春節前後,已從復旦大學歷史系退休的沈先生接受上海古籍
出版社編輯谷玉女士邀請,為入選出版社「蓬萊閣叢書」的蔣廷黻《中國近代史》

撰寫「導讀」。與一般「導讀」僅僅集中於作品本身不同，沈先生在顧衛民教授的幫助下，竭力搜羅台灣出版的各種蔣廷黻資料，從「知人論世」出發，費心費力集中於「蔣廷黻其人」的研判與撰寫，然後分析其書的學術價值與學術影響，並從中國近代史通史體系的發展和變化角度，將同為中國近代史通史性質的蔣廷黻書與陳旭麓先生《近代中國社會的新陳代謝》打通，討論蔣廷黻書在中國近代史通史體系的學術地位。最終，沈先生的「導讀」篇幅近 5 萬字，與蔣廷黻書體量幾乎相當，成為閱讀與理解蔣廷黻的典範之作。馬勇先生以為，這篇「導讀」是沈先生討論近代史宏大問題的代表作，「論其人，導其書，進而討論中國近代通史研究、寫作的推陳出新」。

沈先生論文發表和「導讀」出版後，蔣廷黻一下子成為學界關注熱點，粗略統計「中國知網」收錄篇目，到 2019 年 20 年間各類文章超過 130 篇。以蔣廷黻為論題的碩士論文 5 篇，涉及他的史學思想與實踐、現代化思想、教育救國思想、《獨立評論》時期的「新式」專制思想等；以他為中心研究清華大學歷史系的發展、中國自由主義的碩士論文 2 篇；以他為題的博士論文 2 篇，即復旦大學王春龍《蔣廷黻與善後救濟》和浙江大學傅敏《1961 年台灣圍繞聯合國中國代表權問題交涉之研究 —— 以哈佛燕京圖書館藏「蔣廷黻資料」為中心》。

上述各類文章，專門討論《中國近代史》一書近 20 篇，涉及該書的史學特徵、史學思想與學術影響，與當時社會思潮的關係，版本流變及勘誤等，在沈先生研究基礎上全方位分析了《中國近代史》的方方面面。在眾多的研究成果與研究群體中，不同的研究者也逐步形成其研究重心與研究特色，如劉超對以蔣廷黻為中心的清華學人的中國近代史研究、蔣廷黻的史學傳承等進行了梳理與剖析；蔡樂蘇對蔣廷黻的外交思想、現代化思想、學術思想等進行了分析；陳紅民及弟子傅敏突破以往束縛於民國時期的侷限，以哈佛燕京圖書館所藏「蔣廷黻資料」為基礎，對蔣廷黻在政權鼎革後政治與外交活動等進行了考察研究，並影印出版了《美國哈佛大學哈佛燕京圖書館藏蔣廷黻資料》24 冊。張玉龍在長期的研究基礎上，出版了第一部蔣廷黻研究專著《蔣廷黻社會政治思想研究》（中國社會科學出版社，2008 年 6 月），認為蔣廷黻起家於學術，兼跨行政、外交等領域，文治事功均殊於時俗，通過對蔣廷黻社會政治思想和實踐研究，展現了民國社會變遷的艱難曲折，透視了具有多重身份和多樣性格的近代中國知識份子對時空環境進行自我調適的諸種心態，有助於考察民國時期專家政治實踐。

隨着美國印第安那德堡大學歷史系榮休教授江勇振《蔣廷黻：從史學家到聯合國席次保衛戰的外交官》（台灣聯經出版公司，2021 年 2 月）的出版，蔣廷黻研究進入了新階段。

蔣廷黻《中國近代史》出版熱

與學術界立馬興起的研究熱相比，出版界對《中國近代史》的反應似乎慢半拍。直到 2006 年 1 月，團結出版社才以「民國珍本叢刊」為名再版此書，附錄《評〈清史稿・邦交志〉》和《琦善與鴉片戰爭》。當年還有上海古籍出版社「世紀人文系列叢書」、江蘇教育出版社「國學書庫」推出新版。

六年之後的 2012 年 6 月，武漢出版社再版《中國近代史》，並譽為「最有份量的中國近代史」。2014 年 1 月，江蘇人民出版社以「含章文庫」推出「精裝典藏無刪節本」，並附錄《中國與近代世界的大變局》等 4 種。當然，這個「無刪節本」最後一節標題還是沒有「蔣總裁」。同年 3 月，新世界出版社插圖珍藏版，與江蘇人民版相比，附錄少兩種。

2015 年蔣廷黻去世 50 周年，《中國近代史》成為公版書，各種版本井噴出現。7 月，群言出版社推出台灣傳記文學出版社授權版，並以《中國與近代世界》為名輯錄《中國與近代世界的大變局》等 12 篇文章。12 月，中州古籍出版社在「民國經典文庫」下推出其版本。翌年 1 月，先後有中國文史出版社（民國名家史學典藏文庫）、雲南出版社（民國學術文化名著叢書）、民主與建設出版社、中國華僑出版社等扎堆出版各自版本。3 月，又有北京聯合出版社、吉林出版集團、北京中華書局等出版新版本。此後北京理工大學出版社、中國法制出版社、新世界出版社等二十家左右出版社相繼加入戰團，或推出插圖本、彩圖增訂本、插圖珍藏版，或名之曰「國民閱讀經典」等等，不一而足。

在各種單行本外，還有一些套裝。2007 年，陝西某社將《中國近代史》與張蔭麟、呂思勉的通史著作合編為《中國史綱》出版，並以錢穆的《閱盡滄桑，讀史明智》為代序，可謂「奇葩」。2014 年中國人民大學出版社將《中國近代史》與雷海宗《國史綱要》集結為「權威國史讀本套裝」典藏全 2 冊出版。2017 年文津出版社，將《中國近代史》與李大釗、張蔭麟、何茲全、呂思勉等人著作合

集為《跟大家讀中國史》共 10 冊，在「詩書傳家書系」名義下出版。當然，還有其他合集版本，這裏就不贅說。

　　沈渭濱先生導讀版 1999 年 12 月第 1 版出版後，2001 年 12 月第 2 次印刷，到 2012 年 4 月已第 8 次印刷。另外，上海古籍社曾授權香港三聯書店「大師小作」叢書 2001 年出版該版。2004 年 7 月上海古籍社出版《插圖本中國近代史》，導讀之外，沈先生還撰寫了簡短的前言。2014 年 10 月，華東師範大學出版社曾以《蔣廷黻著〈中國近代史〉導讀》推出沈先生生前最為滿意的精裝本。近從網絡獲悉，上海古籍社又於 2019 年 3 月推出沈先生導讀的「蓬萊閣典藏系列」《中國近代史》。可見，因有「詳細的導讀」使該版本成為蔣廷黻《中國近代史》眾多版本中的權威與經典版本。

　　值得指出的是，2016 年 1 月北京某社版前有「寫在前面的話」，完全抄襲沈渭濱先生為上海古籍社《插圖本中國近代史》所寫「前言」，「附錄」中《蔣廷黻這個人》，分「農家小子蛻變成的洋博士」「一個影響巨大的新潮史學家」「創辦《獨立評論》與棄學從政」三個部分，抄襲與洗稿一目瞭然。

　　蔣廷黻及其《中國近代史》在大陸的沉浮，從一個側面顯現了幾十年來大陸社會政治文化的變動。蔣廷黻成為學術界研究熱點，自然與蔣廷黻在近代中國的學術地位、棄學從政知識份子典型意義及其在外交事業上的作為密切相關，《中國近代史》成為出版界寵兒，也與該書的簡明扼要、近代化史觀切合了中華民族復興的社會與文化需求有關，但不得不承認，蔣廷黻及其書在大陸的時興與陳旭麓、沈渭濱先生師徒倆的極力推介與推崇相關。馬勇先生曾在紀念沈渭濱先生的文章說，沈渭濱先生接續陳旭麓先生，「對蔣廷黻及其近代史給予極高評價。在某種意義上可以說，過去二十年中國近代史學界推崇蔣廷黻以及現代化研究模式，陳旭麓先生、沈渭濱先生是最重要的兩位推手，學術界從他們兩位那裏獲得了不少啟示」。（馬勇《沈渭濱先生對近代史幾個問題的見解》，《文匯報·文匯學人》，2015 年 5 月 22 日）

目錄

《中國近代史》
導讀

——兼論近代通史體系的推陳出新

沈渭濱

現在的青年人，對蔣廷黻這個名字，恐怕大多數是很陌生了。可是在新中國成立前，無論在學界還是政界，他都享有很高的知名度。在學界，他是著名的歷史學家，先後做過南開大學歷史學教授、清華大學歷史系主任，以主張史學改革著稱於時；在政界，他是著名的外交家，先後出任國民黨政府行政院政務處長、駐蘇聯大使、駐聯合國常任代表，1949 年後又一度作為台灣當局「駐美大使」。在國民黨政府的官僚群中，以「知外交」聞名於世。

作為政治家，他是當時「書生從政」的代表人物之一，主張以所學為國家所用。在國共兩黨鬥爭中，儘管站在國民黨政府立場，並在聯合國中阻撓和反對恢復中華人民共和國的合法席位，但至死都不願加入國民黨，還經常批評當局的政略失當和政治腐敗；作為學者，他是當時公認的中國近代外交史專家和這一研究領域的開拓者。他從治外交史擴及中國近代史，寫出了若干很有分量的專題論文。他一生治學嚴謹，著作不多。其中流傳最廣、影響最大的，反而不是花了極大精力輯錄的《近代中國外交史資料輯要》[1]，而是這本僅五萬餘字的《中國近代史》。

這本薄薄的小冊子，不僅奠定了他在近代史領域中的學術地位，而且因其折射出他那一代受過西方高等教育和西潮影響的學人，在思考國家前途、民族命運、社會進步時的普遍心態而受世人矚目。

蔣廷黻有過長期的從政經歷，他的歷史觀不可避免受到他的政治傾向影響。所以這本著作在共和國成立後曾多遭非議。但是，學術與政治畢竟是兩回事。誠如陳旭麓師在此書被湖南嶽麓書社輯入「舊籍新刊」時寫的《重印前言》裏所說：重印的宗旨在於「存史存文」，「存其文而原其人，不以其人的政治立場而抹殺其學術的成就，也不因今天的需要而去塗改前人的文字」[2]。現在，「存其文」已經做到，「原其人」則有待努力。考慮到大家對蔣廷黻知之不多，這篇「導讀」就多寫點蔣廷黻其人；進而論蔣廷黻其書的學術價值和學術影響，以有助於大家「知人論世」；第三部分，從近代通史體系的發展變化角度，進一步說明蔣著《中國近代史》的學術地位和近代通史的研究現狀，以加深對蔣廷黻學術成就的理解。

一、蔣廷黻其人

1　留美洋博士

　　蔣廷黻，湖南寶慶（今邵陽）人。1895 年（清光緒二十一年）出生於一戶薄有田產的農家。1965 年病逝於紐約，享年 70 歲。

　　蔣家從他的祖父時代起，就務農兼經商，在靖港開了一家經營鐵器的店鋪，由他的父親和二伯父輪流看管[3]。祖父死後，留下一個店鋪和 12 畝田地。三個兒子連同老娘各分得三畝，店鋪則由三兄弟各佔一份[4]。由於他的大伯父是個抽鴉片的癮君子[5]，所以靖港的店鋪仍由他的父親和二伯父輪流掌管。

　　蔣廷黻說他的父親「很有經商的天才，而且是一位民間領袖」，晚年做過靖港的商會會長，在家鄉常為鄰居「排難解紛」[6]。但對蔣廷黻早年人生歷程影響更大的，則是他的二伯父。如果沒有二伯父決心要他「努力讀書，求取功名」，那麼他早已被父親弄到店裏去當學徒了[7]。

　　蔣廷黻的母親姓熊，外祖父是個窮秀才。母親在他 6 歲時患病去世。不久，父親續弦。據蔣廷黻說，繼母對他和哥哥「照顧的無微不至」，是位好主婦、好母親[8]。他幼年失恃，父親又常年在外，有個好繼母照料，也算是不幸中的萬幸。

1
蔣廷黻先生

　　蔣廷黻 4 歲發蒙，由私人教師教讀 [9]。6 歲起入私塾接受舊式教育。10 歲那年，即 1905 年（光緒三十一年）清政府停止科舉取仕制度。二伯父決定讓姪子進新式學堂 [10]。1906 年初，11 歲的蔣廷黻到省城長沙明德小學讀書，一學期後，又被二伯父安排到美國長老會在湘潭辦的教會學校益智學堂，開始接觸新學，學習英文。1911 年（宣統三年），因辛亥革命爆發，益智停辦而輟學。最後一學年，他接受洗禮，成了一名基督徒 [11]。

　　在教會學校那幾年，正是晚清政局動盪、新潮勃發的年代。湖南雖屬內地，卻頗得風氣之先。立憲請願、收回利權、新政辦學、派遣留學生，都搞得轟轟烈烈，甚至民主革命思想也通過新式書報不脛而走 [12]。蔣廷黻身處其間，又在美國人辦的學堂裏讀書，耳聞目染，便有了探求新知、赴美留學的打算。1912 年，他在徵得益智學堂校長太太，也是他的英文、歷史教師林格爾夫人同意之後 [13]，湊了點錢，就隻身到美國去了 [14]。這一年他 17 歲。

　　到美國後，因為帶的錢不多，便進了密蘇里的一所半工半讀的派克學堂（Park Academy, Parkville, Missouri）讀中學。1913 年，獲得湖南省官費。他把哥哥也弄到了派克學堂，兄弟倆仍靠半工半讀維持。1914 年蔣廷黻中學畢業。將近三年的半工半讀生涯，不僅使他鍛煉了意志和強壯了身體 [15]，而且使初到美國的他，對美國人民在他大病時所給予的真誠關懷終生難忘 [16]。

　　1914－1918 年，蔣廷黻在俄亥俄州的歐伯林學院（Oberlin College, Oberlin, Ohio）度過了他的大學時代。蔣廷黻在大學裏主修歷史學，同時也選讀多門自然科學課程 [17]。當時，他已對祖國國內的軍閥紛爭和混戰所引起的各種問題產生了探究慾，希望通過歷史課的學習，獲得「將來在中國從事政治工作」的知識和經驗 [18]。由於歷史系的教學枯燥乏味、課程內容無法滿足他的需求，他在課外閱讀了許多德國史和意大利史的著作，對俾斯麥、加富爾、馬志尼、加里波第等德、意政治家由衷地景仰 [19]。這對他日後希望中國擺脫中世紀狀態，努力建設成一個民族國家的社會政治史觀的確立，有重要影響。

　　大學時代，蔣廷黻接受了嚴格的科學方法訓練。自然學科的教授不要求學生死記硬背教科書的條文，要他們學會觀察事實；研究報告一定要做到觀察仔細，結論客觀 [20]。這種訓練使他終身受用。後來他從事歷史研究時，堅持從史料中得出結論，憑史料說話；從政後，也極重視實際觀察，不少問題表現了獨立識見。

歐伯林學院的宗教氣氛十分濃重。蔣廷黻雖然是個基督徒，但他和其他中國留學生一樣，對美國教會醜化中國人十分反感[21]。基於民族自尊的愛國情感，使他「對整個教會活動感到懷疑」，甚至認為傳教是「十足的精神侵略」[22]。所以，在整個大學時代乃至日後的行動中，他只把信仰作為一種精神慰藉，並不執着於宗教教義的追求和宗教儀式上的頂禮膜拜。他堅信「中國不會變成一個基督教國家」[23]，只有科學技術才能救中國。因此，他在中國留學生中，力主用科學技術為祖國服務的觀點[24]。

蔣廷黻的大學時代，恰與第一次世界大戰相始終。戰爭期間，他的立場是「親西方」的。他站在協約國一邊，對美國威爾遜總統關於戰後國際關係中民族自決、國無大小強弱一律平等、戰勝國不要求割地賠款等的十四點宣言，十分讚賞。他說「威爾遜總統所說的每一個字，我都信以為真」[25]。直到後來「巴黎和會」議決將德國在山東的權利轉讓給日本時，他在吃驚之餘，對威爾遜有了懷疑[26]。不過，他懷疑威爾遜而不懷疑美國政府[27]，他的親西方傾向並不因威爾遜背叛諾言而破解。

1918 年蔣廷黻大學畢業，獲文學士學位。畢業後，他立即應基督教青年會徵召，到法國去為在法軍中服役的大批華工服務[28]。期間，還經常與巴黎和會的中國代表團成員保持接觸，「分擔他們的憂慮和失望」，思考代表團拒絕和約將對國內學運、政情產生的影響[29]。他的親西方傾向沒有泯減他對國家和民族命運的關懷。

1919 年夏季，蔣廷黻從巴黎重返美國，進入哥倫比亞大學研究院攻讀博士學位。

進哥大之初，他想做個能左右中國政壇的新聞界大亨，所以進了新聞學院。不久，覺得要左右政壇必須懂得政治，便進政治研究所改修政治學。最後，認為政治學科所講的政治只是理論而非實際的，「欲想獲得真正的政治知識只有從歷史方面下手」，於是又轉為專攻歷史，主修歷史學[30]，師從著名的政治社會史教授卡爾頓·海斯（Carlton J. H. Hayes）。

海斯是美國「新史學」倡導者詹姆斯·魯濱遜（James H. Robinson）[31] 的弟子，而哥倫比亞大學正是美國「新史學」派的中心。魯濱遜在哥大執教長達25 年，弟子及再傳弟子遍佈美國各個大學。其中如畢爾德、紹特威爾、巴恩斯、海斯、穆恩、桑戴克等，都是 20 世紀上半葉美國史學界的知名人物。這個

學派以實證主義哲學為思想基礎，重視史學的社會功能與實用價值，主張史學革命。他們認為人類以往的一切活動都應包含在歷史研究的範圍之內，歷史學是一門內容極其廣泛的學問，因此必須對舊史學只講王朝興替、軍事征戰、外交陰謀乃至宮闈醜聞等侷限於政治史的傳統進行無情挑戰；歷史發展不只是政治因素一種動因，而是有着經濟的、地理的、文化的、社會心理的諸多因素的運動，因此歷史學家必須注意史學與其他學科之間的聯繫，作綜合性多科性研究；歷史是一個持續的、進化的、發展的過程，因此歷史學家應該用達爾文的進化論觀點去觀察與研究歷史，這是「新史學」的「基石」；歷史的功能在於瞭解過去、服務現在、推測未來，因此歷史著作應注意歷史教育的普及，力求寫得既內容豐富、又明白曉暢，以達到歷史所產生的最大效應 [32]。

蔣廷黻在哥大的四年研究中，不僅受到了「新史學」的熏染，而且直接受到了導師海斯教授的影響。

從蔣廷黻後來的研究實踐看，他接受了作為「新史學」基石的進化史觀，注意於「新史學」強調的史學垂訓功能和歷史教育的普及。他所寫的這本《中國近代史》，就是以進化史觀為指導，以「經世致用」為主旨，明白曉暢、通俗易懂，在社會上產生了廣泛影響，對近代史知識的普及起了重要作用。

他的導師海斯，當時在哥大主講「歐洲近代政治社會史」並致力於「族國主義」研究。海斯教授這門課，強調工業革命對歐洲社會發展所起的巨大作用，主張在工業革命後使用近代機器生產的社會裏，國家應該而且必須對生產進行干預而不應放任；放任主義在工業革命後已經完全不適用。要干預就需要社會立法。海斯認為德國俾斯麥和後來英國的勞合・喬治有關社會的立法，是順應時代潮流而且非常高明的 [33]。這對蔣廷黻有很大啟發。後來他在中國近代史研究中一再強調使用機器生產對近代化所起的作用，並對洋務運動作了積極評價。

所謂「族國主義」[34]，就是關於民族主義和民族國家的理論。第一次世界大戰後，興起了殖民地、半殖民地國家的民族解放運動。這一趨向，成了注重史學社會功能的美國「新史學」派史學家研究的時髦課題。他們探究這類國家所揭櫫的民族主義是怎樣的一種理論構架，採用什麼方法爭取民族獨立，獨立後用什麼方法治理國家，對世界原有的政治格局將會產生什麼影響？蔣廷黻作為海斯的學生，又是來自被帝國主義奴役的中國，對這一歷史動向和海斯的研究工作，自然有所感悟與興趣。後來，他在這本《中國近代史》的「總論」裏，把中國能否走

出「中古」狀態，建立「近代的民族國家」，作為全書的立論主題，顯然淵源於此。他寫道：

> 近百年的中華民族根本只有一個問題，那就是：中國人能近代化嗎？能趕上西洋人嗎？能利用科學和機械嗎？能廢除我們家族和家鄉觀念而組織一個近代的民族國家嗎？能的話，我們民族的前途是光明的；不能的話，我們這個民族是沒有前途的。[35]

很明顯，這一歷史觀正是他從導師那兒得到的感悟。後來，他還十分注意日本、俄國、土耳其的近代化歷史，尤其是土耳其的民族復興[36]，這也與他在哥大研究院受到的訓練有關。

研究近代化與近代民族國家的關係，勢必要研究帝國主義政策。蔣廷黻在海斯和沙費爾德（William R. Shepherd）教授的啟示下，選擇當時歐洲最主要的帝國主義英國作為研究對象，重點放在反對傳統帝國主義政策的英國工黨的外交政策研究上。他以《勞工與帝國：關於英國工黨特別是工黨國會議員對於 1880 年以後英國帝國主義的反應的研究》作為博士論文[37]，於 1923 年獲得哲學博士學位。這一年他 28 歲。

從 17 歲到 28 歲，蔣廷黻在美國生活了 11 年。他由一個農村小學生成了一名洋博士，可謂學業有成。畢業那年，他的博士論文照例由哥大出版社出版發行[38]，而那年又恰巧是以麥克唐納為領袖的英國工黨第一次組閣，不啻為他的這部學術著作提供了應時之需的銷售契機。遺憾的是被他看好的英國工黨，上台後絲毫沒有放棄帝國主義政策[39]。他的研究與實際政局走向並不相符，就像他日後觀察和分析國共兩黨鬥爭時看好蔣介石和國民黨而犯錯誤的一次預演[40]。

11 年的美國生活，無論在思想上、生活方式上都使他美國化了。他受到當時正在美國流行的自由主義思潮的影響，嚮往美國式的自由民主；他從小學到大學都在教會學校讀書，把宗教信仰視為健全精神生活的慰藉；他崇尚美國的生活方式，像大多數美國人一樣幾乎不看純文學作品；他能講一口流利而略帶鄉音的英語，但講起國語來卻滿口是濃重的湖南官話，以致後來他做常駐聯合國代表時因發言常用英語而遭到時人的批評[41]。儘管如此他並沒有忘記祖國。1921 年他在哥大研究院時，適逢九國會議在華盛頓召開，留美學生組織「中國留美學生華盛頓會議後援會」，以「五四」時期的口號「外爭國權，內除國賊」為宗旨[42]，

積極活動。蔣廷黻即是後援會英文刊物的編輯，是活躍份子[43]。在聲援中國代表團的活動中，他結識了同是後援會成員的唐玉瑞小姐，兩人相戀，到 1923 年蔣廷黻博士畢業、歸國前夕結婚[44]。

博士頭銜，新婚燕爾。28 歲的他，春風得意，躊躇滿志。哥倫比亞大學送走了這個「新史學」的中國信徒，中國史學界迎來了一位新潮學者。

2　新潮史學家

1923 年，蔣廷黻攜眷回國後，應北方著名高等學府南開大學之聘，出任歷史教授。他在南開任教六年，心思和精力全用在學問上。首先，他深知自己從小在教會學校讀書，國學基礎很差，必須先充實自己。為此，他從重讀《四書》《五經》開始，進而研讀《資治通鑒》和詩詞、文章[45]。

其次，他在教學之餘，開始研究中國近代外交史。他對外交史的興趣，在哥大做研究時就已養成。到南開後，他開設了中國近代外交史這門課。當時，有關中國外交的權威著作是美國人馬士（Hosea B. Morse）所著的《中華帝國對外關係史》三卷本[46]。這部書是根據英國藍皮書和美國對外關係文件寫成的，就英、美兩方資料說，馬士是無懈可擊的。但事實上僅憑兩國資料是寫不出頭等的中國外交史著作的，因此，馬士的觀點是片面的。他對近代開端時期參與兩次鴉片戰爭談判的中國對外交涉人員和清政府對外政策的演變，描述是模糊不清的，對制約中國外交活動的各種政治和社會因素更缺乏深入研究；而且馬士很少使用中國政府的官方材料。許多問題，例如中國對外交涉官員當時對和談的看法如何？他們提出過意見嗎？十九世紀中國的外交觀點怎樣？這些問題蔣廷黻在南開上課時就已感到困惑[47]。於是他決心根據中國的書面材料和中國社會的實際來研究近代中國外交史。

研究工作的第一步是收集和鑒別有關史料。蔣廷黻在哥大研究院時受到過歷史研究方法的嚴格訓練，懂得怎樣判別資料，怎樣選編[48]，所以他在南開的六年中，以極大精力收集和研究外交文獻，後來他輯錄的《近代中國外交史資料輯要》一書，就是在南開時奠定基礎的。這項研究，在當時是開拓性的，雖然在他之前有人寫過外交史[49]，但從未有人像他那樣從基礎工作做起。陳之邁在他所寫的蔣廷黻傳記中提到過北方的學風背景說：「北方幾個大學的學風已由西方學術的介紹轉變而為用科學方法研究中國問題，許多方面都是新創的，廷黻對外交史

的研究也是方面之一。」[50] 可見蔣廷黻這項研究，實際上是開創了一門新的歷史學分支學科。可以說，中國之有中國近代外交史，實在是從蔣廷黻開始的。他自己也說：「研究外交文獻六年使我成了這方面的專家。」[51]

　　歷史學家不僅要研究文獻、懂得過去，而且還要瞭解國情和研究社會，懂得現在，才能有睿知卓識，推見未來。蔣廷黻自小去國，對社會和國情知之甚少。為此，他利用假期和講學的機會，到北平、上海、杭州、南京、東北、西安等地參觀訪問，作實地考察研究。這一系列訪問，不僅使他感受到了先進和落後的差距之大，歷史與現實的矛盾之深，而且使他認識到中華民族的凝聚力中，文化意識的濃厚和種族觀念的淡泊是極為有利而且重要的兩個因素[52]。

　　南開大學的六年，蔣廷黻開始在中國史學界顯露頭角，但更大的發展，則在進入清華任教之後。

　　1929 年 5 月，清華大學校長羅家倫聘請蔣廷黻擔任歷史系主任。蔣廷黻欣然應聘，一到該年夏季與南開聘約結束，便束裝北上，踐約赴任。

　　羅家倫是蔣廷黻在哥大研究院時的校友，也是「中國留美學生華盛頓會議後援會」的發起者和組織者，和蔣廷黻認識較早，相知甚深。1926 年回國後參加過北伐戰爭，南京國民黨政府成立後，於 1928 年將清華大學改為國立[53]，任命羅家倫為國立清華大學校長。羅上任伊始，即以建設清華「為中國現代化的第一流大學，俾與世界先進大學抗衡」為職志[54]，進行大刀闊斧的改革。首先是聘請教授、尤其是學院院長和系主任時不徇私情，專重學問、才能；其次是終止清華作為留美預備學校的功能，將之改造為男女同校、提供四年正規課程教育的多科性綜合大學；再次是使清華脫離原由外交部和教育部聯合監管的體制，改由教育部直轄；同時加強校舍和教學設備的建設[55]。在這樣的背景下，羅家倫選聘蔣廷黻為歷史系主任，蔣未到任之前，由羅兼任。

　　蔣廷黻於 1929 年夏季擔任清華大學歷史系主任、歷史學教授後，立即發現清華在人文科學和社會科學方面缺乏能開中國自己課程的教授。他們可以照搬美國大學的課程，卻很難開設有關中國國情和社會演變的課程。例如教政治思想史的，可以從古代的柏拉圖講到當代的拉斯基，但沒有人能講授中國政治思想的演變史。歷史系也有類似情況。留美歸來的教授沒有從美國學到中國歷史；老教授大都是斷代史或是某一種古籍的專家，他們對版本或訓詁可以有很多真知灼見，但對中國歷史發展的整體和趨勢則沒有多少見識。他認為這是「治史書而非治歷

史」，是一種落伍的研究方法，不能再繼續下去[56]。為此，他在尊重老學者的同時，引進一批年輕教授，給他們兩三年時間準備開一門新課，提供參考書和配備助理人員[57]。在他的努力下，清華歷史系逐步配備了較強的陣營：由雷海宗主中國通史和古代史、陳寅恪主隋唐史、姚從吾及邵循正主元史、吳晗主明史、蕭一山主清史（北大教授、兼任）、劉壽民及張貴永主西洋史、王信忠主日本史、葛邦福（俄國人）主俄國史，蔣廷黻自己則主講近代史和近代外交史[58]。同時規定學生可以兼修旁系各科。顯然，經過他的改革，這個陣營確是全國一流的。

蔣廷黻主持歷史系時，十分注意發現人才、培養人才。原則上，他並不鼓勵學生讀歷史，因為歷史系畢業後出路很窄，即使可到中學教書，待遇既低、又無圖書資料，容易荒廢專業。所以他對申請讀歷史系的學生總是提醒他們「讀歷史一定會受窮很久」；「研究歷史除非發現真偽，不會成名」[59]。但當他一旦發現優秀青年，他都鼓勵他們進清華研究院，研究中國學者一向忽略的問題。在 30 年代，中國尚無日本史、蘇聯史、蒙古史、泰國史和越南史的專家。當他發現一個青年可以研究上述某一國歷史時，他就說服他們去清華研究院學習相關語言。成績優秀者，就設法推薦他到國外去深造。例如他鼓勵王信忠學日本史並推薦其去東京帝國大學研究日本史，二年後回到清華，聘為講師；又如朱謙之研究蘇聯史而去英國學斯拉夫語；邵循正在清華畢業後準備研究蒙古史而到巴黎學習波斯和阿拉伯語等[60]。當時，蔣廷黻已經是清華校務委員會的評議員。他對學校建設、學科改革、推薦和選派學生出國深造等學校大計，有充分的發言權[61]。

在清華任教期間，蔣廷黻自己的研究工作也取得了長足的進展。在中國近代外交史方面，他繼續在南開大學時已奠定基礎的資料搜集和鑒別工作，並把搜集範圍擴大到近代史領域[62]。經過苦心孤詣的不懈搜求和嚴謹縝密的鑒別編排，終於完成並出版了《近代中國外交史資料輯要》兩卷。上卷輯錄 1822－1861 年間（道光二年至咸豐十一年）外交文獻 259 種（篇），中卷輯錄 1861－1895 年（咸豐十一年至光緒二十一年）外交文獻 540 種（篇），兩卷共計 799 種（篇），是當時中國第一部編審精當、卷帙浩繁的外交史專題資料集。在編輯資料的基礎上，他發表了一批有獨識、有分量的學術論文，如《評〈清史稿・邦交志〉》（《北海圖書月刊》二卷六期，1929 年）、《琦善與鴉片戰爭》（《清華學報》六卷三期，1931 年）、《最近三百年東北外患史》（《清華學報》八卷一期，1932 年）

等，在學術界引起了巨大反響。其中特別是《琦善與鴉片戰爭》一文，用官方資料證明，琦善到廣東後並未撤防，在軍事方面雖無可稱讚亦無可責備，在外交方面則審察中外強弱形勢和權衡利害輕重，「實在是超越時人」；林則徐被罷黜，是林的終身大幸事而中國國運的大不幸。「林不去，則必戰，戰則必敗，敗則他的聲名或與葉名琛相等。但林敗則中國會速和，速和則損失可減少，是中國的維新或可提早二十年。」[63] 此文一出，猶如一石入水，漣漪千圈。贊成者有之，反對者或認為他太偏向清政府，或説他居然去批評傳統上已經被承認的英雄人物，實屬無禮之舉[64]。儘管各方反應不一，但他作為中國近代外交史專家的學術地位，則是眾所公認、無可動搖的。

　　學術研究猶如着紙的墨點有滲化效應，由點及面，層層拓展。他從外交史研究中越來越感到許多問題若僅侷限於外交一點很難説清説透，必需追溯到民族性、社會心態，乃至社會組織、經濟變化，這就促使他對自鴉片戰爭以來中國近百年歷史的整體思考。在中國史學界研究中國近代史還處於初生嬰兒階段時，這一悟性對蔣廷黻來説，無疑是「夠刺激」的。他説：「可以説我是發現一個新大陸 —— 中國近代史。」[65] 從此，他把寫一部有權威性的中國近代史，作為一生最大的志願[66]。可惜，後來他從政做官，沒有時間和精力完成這項計劃。但此事一直是他魂牽夢縈之所在，1965 年他從官場退下後，還計劃到台北中研院近代史所繼續研究[67]。不幸就在這一年，病魔奪去了他的生命，一生最大願望竟成了終身遺憾。

3　倡辦《獨立評論》

　　蔣廷黻在清華執教的第三年即 1931 年，發生了震驚中外的「九一八」事變。日本的侵略激起國人的極大民族義憤，抗戰呼聲響徹大江南北。

　　「九一八」事變後，蔣廷黻經常在飯後與清華一批教授到北院 7 號葉企孫和陳岱蓀家裏議論和戰問題[68]。大家都主戰，只有他一個主和[69]。他對日本侵略一是不怕，認為從長遠的觀點看，日本的強大只是暫時現象，時間對中國有利[70]；二是認為「九一八」事變只是日本佔奪東北的地方性事件。早在事變前他就曾通過對東北的實地考察，深知東北對中日兩國都極有戰略價值。「東北問題不易解決」，除非雙方都以小心、謹慎的方式處理爭端，否則就會「發生巨變」[71]；三是主張利用日本在事變前就已流露的希望通過談判方式解決東北問題的意向，與日

本作外交談判以爭取和平[72]。所以他不持主戰言論,不主張對日作戰。其實,蔣廷黻的認識純屬書生之見。他雖是東北問題專家,但事態的發展卻無情地擊滅了他把「九一八」事變視為地方性事件的迂腐理解。日軍佔領東北後,立刻向平津地區滲透,關內頃刻籠罩在侵略戰爭的陰雲之下。面對這一不爭的事實,蔣廷黻開始從主和逐步轉為備戰。他說:「我也不敢相信和平可以廉價取得,我和他們都主張從速準備,以應付可能發生的戰爭。」[73] 又說:「欲想獲得和平,保持和平,必須要中日雙方努力才能有效,但現在日本方面要侵略,因此,我們也只有漸漸轉而主張備戰了。」[74]

當時,北京大學和清華大學一批留學英美的自由主義知識份子,目擊時艱,「都受到了很大的刺激,都感覺到除了教書和研究以外,應該替國家多做點事」[75]。然而書生報國唯有筆,蔣廷黻想到了辦刊物,「討論並提出中國面對的問題」;在清華俱樂部舉行的一次晚餐會上,在座的胡適、丁文江、傅斯年、翁文灝、陶孟和、任鴻雋、任夫人陳衡哲、張奚若和吳憲等人提議辦一個周刊,「以盡知識份子在國難時期所能盡的責任」[76]。此提議先遭深知辦刊之難的陶孟和、胡適的反對,後在丁文江支持下,幾經討論,終於在經費、出版、管理等方面達成共識[77]。刊物由胡適提議叫《獨立評論》,編委三人:胡適總其事,蔣廷黻、丁文江助其成。

《獨立評論》於 1932 年 5 月 22 日出版發行,它的宗旨在第一號「引言」中說得很明白:

> 我們八九個朋友在這幾個月中,常常聚會討論國家和社會的問題,有時辯論很激烈,有時候議論居然頗一致。我們都不期望有完全一致的主張,只期望各人根據自己的知識,用公平的態度,來研究中國當前的問題。所以儘管有激烈的辯爭,我們總覺得這種討論是有益的。
>
> 我們現在發起這個刊物,想把我們幾個人的意見隨時公佈出來,做一種引子,引起社會上的注意和討論。我們對讀者的期望,和我們對自己的期望一樣,也不希望得着一致的同情,只希望得着一些公心的、根據事實的批評與討論。
>
> 我們叫這刊物做《獨立評論》,因為我們都希望永遠保持一點獨立的精神,不倚傍任何黨派,不迷信任何成見,用負責任的言論來發表我們各人思考的結果:這是獨立的精神。[78]

顯然，《獨立評論》是當時在北京的一批自由主義學人評論時政及相關問題的刊物。它沒有黨派背景，標榜獨立精神，言論不求一律，主張用公心、事實和負責的態度平等地討論問題。從《引言》中看，它雖由八九個學者所發起，但不是同人刊物，他們只是「引子」，目的是引起社會上對時政及相關問題的討論。這份刊物自 1932 年出刊以後，持續約五年，到 1937 年因抗戰爆發而停刊。每周一期，共出 244 期，發表了 1309 篇文章，其中 55% 是編輯部以外的文章。內容涉及政治、經濟、外交、歷史、文化、教育等諸多方面，但大多數是時論，也有書評、譯稿和遊記。

《獨立評論》的主要撰稿人除胡適、蔣廷黻、丁文江三位編輯外，還有傅斯年、翁文灝、吳景超、任叔永、陳衡哲、陶孟和、吳憲、姚森、楊振聲、朱經農、陶希聖等人。他們的政治主張並不一致，經常有激烈爭論。如對日本的侵略，胡適、蔣廷黻主張儘可能避免戰爭，丁文江支持胡適的觀點，甚至比胡的主張更極端，認為可以效法蘇俄列寧在 1918 年與德國簽訂《布列斯特和約》的辦法，爭取和平的時間，但傅斯年卻反對胡適主張；又如在國家統一問題上，蔣廷黻和丁文江都贊同實行武力統一和開明獨裁，而胡適則主張開放民治、實行憲政的好人政府。儘管有爭論但並不妨礙他們公平討論，各抒己見，把「謹慎『無所苟』的態度」——《獨立評論》的根本態度——「看作我們的宗教一樣」[79]。

《獨立評論》出版後，在大學生、公務員、開明紳商乃至青年軍官中影響很大，發行數量不斷上升，從第一期兩千本到第二期三千本，一年後上升到八千本，兩年內達到一萬五千本[80]。不僅解決了創刊時的經費困難，而且成了輿論方面的著名刊物，備受朝野關注。

蔣廷黻作為《獨立評論》的三人編委之一，始終對刊物傾注了極大的熱情。在主編胡適偶然離京時，由他代理編務[81]。編輯之餘，他自己也在《獨立評論》上發表了大量文章。其中政論方面，主要集中在對日、對蘇外交上，尤其關心蘇聯對中日衝突所採取的態度。他不同意時人認為蘇聯將會支持中國抗日的觀點而認為這個信念全無把握，他從歷史與現實的關係考察，覺得蘇聯的遠東政策將是採取對日妥協的策略以減輕日本對蘇的威脅而無後顧之憂[82]。這一看法，揆諸 1932－1935 年間蘇聯的遠東政策，應該說是很具卓識的。蘇聯是在 1937 年中日大戰全面爆發後，才改變對日策略，8 月 21 日與南京政府簽訂《中蘇互不侵犯條約》，並在軍事上、財政上予中國以援助。

　　在內政方面，蔣廷黻主張效法土耳其由凱末爾領導的革新運動，首先要有一個統一的、強有力的、具有高度工作效率的中央政府，「能維持全國的大治安，換句話說能取締內戰及內亂」，中央號令各省必需遵守，「換句話說，全國必須承認它是中央」[83]。由此，他主張開明獨裁而不同意胡適對自由議會政府的天真想法[84]。其次，這樣的中央政府應在發展經濟方面立即採取行動。他認為中國人的貧困是個迫切需要解決的問題，「經濟應該先於政治」，「而無需等待中國政治的民主」。由此，他批評胡適忽略經濟問題的重要性，指出在經濟方面有兩件工作要做，一是利用科學和技術從事生產和運輸，二是社會化或公平地分配財富。他說：「我認為憲法和議會之有無是次要問題。創造更多的財富，平均分配對我才是最重要的。」[85]再次，他認為這樣的中央政府要領導並負擔民族復興的使命，必需真正站在「為民族服務的立場上」痛自革除弊政[86]，提高自身素質，真正實行大規模的土地改革，實現「耕者有其田」[87]，關注教育等政策[88]，使中國日臻富強，對內可以謀致人民的康樂幸福，對外可以抗拒帝國主義侵略。

　　顯然，蔣廷黻心目中是把以蔣介石為首的南京國民政府視作能領導民族復興大任的中央政府的。他對南京政府寄予厚望，也是可以理解的。從理念上說，他在留美期間就一直對俾斯麥、馬志尼等德、意政治家所領導的統一事業深為敬佩，對土耳其的凱末爾主義表示嚮往，希望中國能走出中世紀、建立一個近代民族國家；從事實上看，南京政府統治着中國當時最富庶的省份和最先進的大城市，在各種政治力量（軍閥集團）中確實最具備統一中國的條件與實力。而且，他認為國民政府自「濟南慘案」後對日本的態度已由親日漸趨惡感，在政治上和外交上正向抗日的路上走去。其實，蔣廷黻作為一個自由主義知識份子對國民黨並無特殊好感，他曾說：「我不願作國民黨的辯護士，國民黨亦用不着黨外人替他辯護。」[89]終其一生，他也沒有參加國民黨。他對國民黨的政治態度，無非是一個自由派學者在國難當頭，本着「以天下為己任」的傳統士大夫本色，書生論政而已。說他和《獨立評論》社成員表現了強烈的參與意識是可以的，但若說他們的觀點和主張迎合了蔣介石的政治需要，成了蔣介石的辯護士和幫閑文人，那就不夠客觀了。其實，團聚在《獨立評論》周圍的自由派學人，原本希望通過他們的「講學復議政」的努力，使中國「智識階級和職業階級的優秀人才組織一個可以監督政府、指導政府並且援助政府的干政團體」[90]，以便使國家和社會有點

滴的改良與進步。這種理念勢必使他們主張精英政治和寄希望於政治精英人物。蔣廷黻之主張開明獨裁，無非是在國難當頭的危急形勢下，直接訴之於集權統一的政治制度來解決危機而已。可以說，無論主張好人政府的胡適，還是主張開明獨裁的蔣廷黻，追求自由民主和法治，是他們的共同思想路向。這就是自由主義者既不同於激進派，又有別於保守派的本質所在。

4　棄學從政

　　蔣廷黻棄學從政是在 1935 年。但凡事總有作始之時，事實上他於 1934 年出訪蘇聯就已開始為國民黨政府服務了。

　　事情還得從 1933 年被蔣介石召見說起。

　　蔣廷黻在《獨立評論》上發表文章的同時，又在《大公報》上發表政論文章。《大公報》是近代中國一份老資格的大型日報，在知識份子和中產階層中有廣泛影響[91]。蔣廷黻關於內政、外交的見解引起了國民黨政府高層人士的注目，尤其給正在由親日轉變為親英美的蔣介石以深刻印象。1932 年底中蘇邦交雖已恢復，但仍無多大進展，雙方關係基本上處於互不信任的僵冷狀態。隨着日本侵略的日趨深入，中蘇兩國出於各自的國家戰略需要，開始有解凍意向。蔣介石認為蔣廷黻作為近代外交史專家，對蘇聯的遠東政策多有識見，便通過自己的密友、《大公報》發行人吳鼎昌，於 1933 年夏約見蔣廷黻[92]。

　　對於蔣介石的約見，蔣廷黻認為：「在他那方面，我想他只不過是表示一下對學者的敬意，瞭解一下政府以外的人士對其政策的看法而已」；在自己這方面，蔣廷黻當時還沒有棄學從政的打算，只是出於「希望會見一位偉人」的心理而欣然接受約請[93]。

　　屆時，蔣廷黻與被同時召見的南開大學教授、經濟學家何廉博士同赴江西牯嶺見蔣介石。首次見面只是禮節性的閑聊。第二次蔣介石便徵詢他們對國事的意見，蔣廷黻談了他對統一的看法，認為應該以正確的政策結合武力來統一中國，而對日作戰一定會使愛國心和中央政府的統治力量增強，中國能「自然而然的達到統一」。蔣介石只聽不說，面無表情，但臨結束時要蔣廷黻多留幾天，以便再談。過了一天，果然以請吃午飯方式單獨召見。這次，蔣介石要他坦陳外界對政府的批評意見，不必有所顧忌。他便率直說有的人對中央政府感到失望，希望政府行政更有效率，目前非中央地區反而比中央控制省份的人民生活更能改善。蔣

介石十分敏感，立即反問：哪一個省份比中央控制的省份更有行政效率？蔣廷黻說自己沒有到過那些省份，不能根據別人看法作出判斷，但根據傳聞，山東在韓復榘統治下就比浙江的秩序好，比浙江更繁榮。蔣介石對傳聞的正確性表示懷疑，但又說蔣廷黻所說的都很重要，中央的省份應該改善[94]。

召見結束後，蔣廷黻仍回清華繼續教書研究、編《獨立評論》。同年秋，他又受到時任行政院長兼外交部長的汪精衛約見，和他商量對蘇聯的態度。當時正盛傳駐蘇大使顏惠慶博士主張採取公民投票決定對日和戰，顏認為中國如抗日，蘇聯願意給中國武器援助。汪問蔣是否同意顏的主張？蔣廷黻說若政府已經決定作戰，可以用公民投票方式製造輿論，否則，此舉不免幼稚。汪原是親日派，自然不贊成對日作戰，在同意蔣的意見之後，表示顏並未帶回蘇方予中國援助的承諾[95]。

一年中兩次被國民黨政府高層領導人約見，預示着這位自由主義教授將有特殊使命降臨。

果然，1934年初，蔣介石再次約他到南昌行營談話。這次約見，決定了蔣廷黻以非官方代表身份出訪蘇聯的特殊使命[96]。同年7月，蔣廷黻乘清華放暑假之機，以去歐洲搜集史料為名，率領一個非正式使團出訪莫斯科。臨行前，蔣廷黻再次去牯嶺面晤蔣介石，接受指示。蔣介石希望他把出訪歐洲的時間儘可能用在瞭解蘇聯上；希望他能測探中蘇兩國合作的可能性[97]。10月16日，蔣廷黻在莫斯科會見了蘇聯副外交人民委員（副外長）斯托莫亞科夫，雙方對不咎既往、面對現實、建立友好關係達成共識。斯氏表示：「我們過去和現在都對中國懷有最真摯的友好的感情，把我們同你們連接在一起的不僅是共同的國界，而且是對中國人民為爭取自由、平等並從帝國主義壓迫下解放出來而鬥爭的深厚感情。」[98]針對中方對於蘇聯傳播共產主義的疑忌和干涉中國現行政治經濟體制的擔憂，斯氏以蘇聯和法國、土耳其在外交方面非常友善為例，說明蘇聯從未夢想法國與土耳其會成為共產國家，也希望法國、土耳其的朋友不要僅僅為了我們希望和他們建立友好關係就希望我們放棄共產主義。他強調：「一旦蘇聯政府要與中國建立進一步關係的話，那個中國一定是蔣介石統治的中國。」[99]

會晤後，蔣廷黻認為「初步試探」已經過去，自己的使命已經完成，他立即將詳細情況報告蔣介石，並建議應仔細計劃開創將來的局面。蔣介石對此行所取得的積極成果十分滿意，覆電表示嘉許[100]。蘇聯政府的承諾，對面臨外患內憂

困境的蔣介石集團，確實極為重要。蔣介石不僅知道了蘇聯對國民黨統治中國的態度，而且對可以獲得蘇聯支持中國抗日的援助有了信心。蔣廷黻訪蘇成功，無疑是中蘇關係的一個轉機。後來，蔣介石委任蔣廷黻為駐蘇大使，顯然是為了承襲和擴大這次非正式訪問取得的成果。蔣廷黻在祕密訪問時與蘇聯官員建立的私誼以及他在蘇聯、德國考察時所獲得的知識、經驗，都成了蔣介石外交策略中的重要砝碼，使重獲轉機的中蘇關係日漸向正常化和友好方向傾斜。

祕密使命完成後，蔣廷黻繼續在莫斯科觀光、考察了三個月，然後訪問了西歐的一些國家。其中特別考察了德國在納粹體制下的政治、經濟和社會生活狀況，會見了德國宣傳部長戈培爾和被譽為納粹偉大思想家的魯森伯（Herr Alfred Rosenberg）[101]。1935 年 3 月初，蔣廷黻又去英國觀光。在英國，他曾與著名學者韋伯斯特（C. K. Webster）、泰奈（R. H. Tawney）、鮑威爾（Eileen E. Power）以及湯因比（Arnold J. Toynbee）[102] 等有所接觸會晤，直到這一年 9 月，才結束歐洲之旅回到清華。

回國後，蔣廷黻把自己訪蘇、訪歐的觀感寫成文章，在《獨立評論》上發表。他在文章中介紹了當今世界上共產主義、納粹、自由主義等意識形態的衝突，認為最後勝利的一定是自由主義。他指出蘇聯與納粹德國的相似之處更值得人們注意，斯大林羨慕德國的科技進步，而希特勒則羨慕斯大林的控制方法。他要《獨立評論》的讀者相信：「希特勒是想要用共產黨的策略去反對共產主義，希特勒可能遭遇的困難是他自己不能夠有節制。」[103] 這些看法，道出了一個自由派學者對意識形態衝突所持理念的自信，顯示出站在世界權力格局門檻外的旁觀者在自由議政時的灑脫和清醒。

可惜這份瀟灑沒有維持多久，蔣廷黻就被捲進政治漩渦。1935 年 11 月，他被蔣介石召到南京，出任國民政府行政院政務處長。自此開始直到 1965 年退休，三十年來他一直在國民黨的官場裏奔忙。以下是他的任職簡歷：

1935 年 12 月至 1936 年 10 月，任行政院政務處長。

1936 年 10 月至 1938 年 1 月，任駐蘇聯大使。

1938 年 2 月至 5 月，在漢口賦閑，等待新的任命。

1938 年 5 月至 1944 年 12 月，再任行政院政務處長。

1944 年 12 月至 1947 年 9 月，任行政院善後救濟總署署長[104]。

1947 年 9 月至 1961 年，任「常駐聯合國代表」。

1961 年至 1965 年 5 月，調任「駐美國大使」[105]。

1965 年 5 月退休，暫住紐約。10 月，病逝。

這份簡歷說明，蔣廷黻已從一般意義上的書生從政變成了真正的棄學從政，從一名大學教授、自由主義學者，成了國民黨政府的官僚、國家機器的一個部件。這一蛻變，且不說使他再也難以重溫《獨立評論》時代自由議政的舊夢，即使想重返大學教席，重操史學舊業，也屬奢望了。

蔣廷黻之所以會應召出山，一是基於為國家服務的使命感。早在湘潭益智學堂讀書時，他就有了要救中國和使中國富強起來的夢想[106]。大學時代特別是研究生時代，這種愛國之思已經與專業選擇結合起來，有了以所學為國所用的追求，他專攻歷史的目的就是為了真正有用於政治。他曾說過：「我對政治的態度是很正常的。我認為政治並不是專為金錢和榮耀。對我說，政治只是一種工作，我認為它和教書一樣的清高。」[107] 瞭解他的人也說：「他主張知識份子應當投身政治，他甚至批評知識份子鄙視政治之不當」[108]；他「既不自鳴清高，也不熱衷仕進。但是政府既然徵召他，他就應召，絲毫不作扭捏的姿態，半推半就、裝腔作勢……廷黻之出任政務處長及其他職務的動機和胡適之出任駐美大使是一樣的：盡公民的責任為國家服務」[109]。

為國家服務的使命感，原是中國知識份子的傳統和本色。對於像蔣廷黻那樣留學歐美的自由主義學人來說，除了傳統意義上的「以天下為己任」的影響外，更多的是受到西方精英政治的理念薰染。他們看慣了西方總統競選、議員選舉等政治機制的運作，視議政參政為知識份子的當然使命並把自己作為政治精英去關懷國家前途和社會進步。這種特定文化背景生成的精英意識，使那些留學西方、憧憬政治民主和憲政的自由主義學者，不僅在價值判斷上或是感情理念上，磨平了為學與從政的職業界限，並且在角色定位上，隱隱然自承起社會良知的責任。在野時，他們以「講學復議政」表現自我、超越自我，充當社會良知；一旦政府徵召，便以「書生從政」轉變角色、用自己的專業知識為國家服務並在實現社會改良中完成政治精英的形象塑造。所以當蔣廷黻隨翁文灝南下、向北平的朋友們告別時，「一般的反應都認為是學者從政」[110]，不但不感意外，反而予以鼓勵。胡適作為自由派學者的人望，更以詩句相贈[111]。後來，他也應邀出任駐美大使。凡此都說明他們對書生從政是視為理所當然的。

二是基於對中國政局走向的理解和對蔣介石的期望。作為《獨立評論》派的

主將，蔣廷黻在渴望國家統一及實現民主憲政的理念上，與自由派學人沒有什麼不同，但在如何實現統一、如何建國的方法上，他不同於胡適的自由議會政府的主張。他從歷史與現實的考究中尋繹中國的出路，認為：「各國的政治史都分為兩個階段，第一步是建國，第二步是用國來謀幸福。我們第一步工作還沒有做，談不到第二步。」由此他推斷出中國首先需要用武力而非憲政來統一國家，建立專制政治以鞏固國家的統一，然後再建設政治上的民主[112]。基於這樣的理念，他把實現武力統一的希望寄託在當時最具實力的蔣介石集團身上[113]，期望由蔣介石領導的南京政府實現分階段的政治建設。

蔣介石自 30 年代初期在「圍剿」共產黨領導的紅軍和排除國民黨內的異己勢力同時，即著手為南京國民政府物色受過高等教育、具有專業知識的文職官員，以改造官僚結構。他通過私下接觸和公開召見的方法與自由派學人群、銀行家、報業家等保持聯絡並徵詢政治建設的意見。這種羅致人才的姿態對處於國難當頭、一心想為國效力的各級知識份子，確實具有相當影響和魅力。不僅是蔣廷黻把他看作「偉人」，即使是胡適也一反以往對蔣介石的看法，把他看作能挽救華北危機的人物[114]。所以當 1935 年國民黨第五次全國代表大會在南京召開，蔣介石在五屆一中全會上決定兼任行政院院長、改組政府後，立即把他看中的翁文灝、蔣廷黻以及銀行家張嘉璈、報業家吳鼎昌等延入政府，而蔣廷黻也毫不猶豫地受命就職了。

一開始，他對自己的角色轉換似乎並不習慣。在上任政務處長不久即寫信給美國歷史學者費正清（J. K. Fairbank）說：「就生活而論，我更加喜歡當教授。當我回想起與充當教師有關的悠閒的生活、書籍和著作之際，有時我不禁清然淚下。」[115] 但很快他就進入角色，全身心地投入他自詡為類似法國「內閣政務處首席顧問」、實際上僅僅是行政院兼院長蔣介石的祕書一類的工作[116]。他稱讚蔣介石「甚至比美國歷屆總統更加新派」[117]。以後，工作雖有變動，但他一幹就是 30 年，樂此不疲地做國民黨政府的官僚。

如果說，蔣廷黻在從政前儘管主張武力統一、擁蔣反共，倡論獨裁、緩進民治，但畢竟是屬於無所依傍、獨立自由的書生論政。國是人人可議，見解容或各異，自不必輿論一律；即使是從政以後，他和其他自由派知識份子支持南京國民黨政府所投身的事業，是為了「共赴國難」，為了加強中國抗擊日本侵略的力量而實行現代化，也還不失為是一種政治理想。但到了抗戰勝利以後，特別是蔣介

石集團敗退台灣、中國政治格局明朗化後，還在為蔣介石和國民黨政府唱讚歌、責罵共產黨領導的人民革命，阻撓中華人民共和國恢復在聯合國的合法席位，那就是以鮮明的政治傾向宣告與走中間道路的自由派學人群公開分離，蛻變為國民黨的辯護士了！

那末，學者從政，其幸乎？不幸乎？

二、蔣廷黻其書

1 厚積薄發的「初步報告」

蔣廷黻這本《中國近代史》，寫於 1938 年春夏之交。

1938 年，正是國家、民族處於抗日戰爭危急關頭的年代。陶希聖、吳景超、陳之邁三人，為因戰爭流離失所的民眾和青年對知識的渴求和對國家前途的關心所感奮，決定編輯一套「藝文叢書」，每冊 3 萬到 6 萬字，約請既有湛深研究，又有全局識見的專家、學者撰寫 [118]。當時蔣廷黻正處於已辭駐蘇聯大使，又未恢復行政院政務處長職掌之際，在漢口賦閑。編者之一的陳之邁知道他對近代史素有研究，便約他寫書。蔣廷黻欣然應約，用兩個月時間寫了這本《中國近代史》，同年由藝文研究會作為「藝文叢書」的一種出版發行。此後，他再也沒有做學問的時間和精力，只在官場周旋了。所以這本著作，實際上成了他學術生涯的一個句號。

關於這本書的寫作動機和性質，他在 1949 年 7 月為台灣啟明書局將之改名為《中國近代史大綱》重排出版時寫的《小序》中有所說明：

我在清華教學的時候，原想費十年功夫寫部近代史。抗戰以後，這種計劃實現的可能似乎一天少一天。我在漢口的那幾個月，身邊圖書雖少，但是我想不如趁機把我對我國近代史的觀感作一個簡略的初步報告。這是這書的性質，望讀者只把它作個初步報告看待。[119]

這段話有兩點值得注意：第一是他在清華任教時已有寫作《中國近代史》的長期規劃，準備十年磨一劍；第二是這部五萬餘字的著作，是他對中國近代史整體思考的集中體現。

　　中國近代歷史雖僅百年，歷時不長但內容極為複雜豐富。十年磨一劍，固然是對複雜豐富的事件與人物作深入研究，以期寫出一部權威的近代通史的需要，也與當時的中國史學界認為尚未到著書立說的時候這一共識有關，更是蔣廷黻的治學作風所致。客觀對象的複雜性需要作長期研究；學界的氛圍不允許注重維護自身學術聲譽的學者粗製濫造。1931 年，羅家倫在《研究中國近代史的意義和方法》一文中說：

　　我覺得現在動手寫中國近代史，還不到時間。要有科學的中國近代史 —— 無論起於任何時代 —— 非先有中國近代史料叢書的編訂不可。所以若是我在中國近代史方面要作任何工作的話，我便認定從編訂中國近代史料叢書下手。[120]

　　羅家倫此說，正是當時一些接受過西方科學方法訓練的學者們的共識。所以像簡又文、郭廷以、俞大維、許地山、王重民、劉半農等人，在 30 年代都非常注意搜集近代史的資料並在輯佚、考訂、編纂等方面下功夫。直到 1939 年，這種風氣還沒有過時。這一年，時任中央大學教授的郭廷以，在自己編寫的《近代中國史》第一、二冊（計劃編寫十九冊）出版時，還在「例言」中直言不諱地聲稱：「歷史研究，應自史料入手。以近代中國史論，現在尚為史料編訂時期，而非史書寫著時期。」他稱自己的《近代中國史》只是在史料編排方面「盡其相當力量」，近似西人之讀本（readings），又可稱為史料選錄或類輯，「絕不以歷史著作自承」[121]。處在這樣的學術氛圍中，蔣廷黻期以十年寫成中國近代史就很自然了。

　　從蔣廷黻的治學作風說，他治學嚴謹，一生著作不多[122]，每有著述，都信而有徵，做到持之有故，言之成理，這與他早年受到科學方法訓練大有關係。重在積累不作急就章，成了他治史的習慣；重視史料的編訂，不作空頭說教，成了他研究的規則。他曾在《近代中國外交史資料輯要》上卷《自序》中說到歷史學「自有其紀律」（即研究順序或研究規則）時稱：「這紀律的初步就是注重歷史的資料」；「研究歷史者必須從原料下手」[123]。在清華，為了研究近代史，他千方百計搜集有關第一手資料，讀了他在回憶錄中關於搜求《文祥年譜》《郭嵩燾日記》以及曾國藩信函等的記述，誰都會感動[124]。他的研究，注重史料，但他不僅沒有胡適那樣的「考據癖」，而且不願將歷史寫成材料的堆砌。事實上，一部真正意義上的通史，決非只是對史事的客觀描述，而是要努力探求歷史變遷的內在聯

繋。所以通史不僅指史事在時序上的先後承繼、轉合變幻，而且還包括歷史文化
中各重要問題的沿革與變遷的理性詮釋，即所謂「通古今之變，成一家之言」。
要達到這一境界，就像太史公所說「非好學深思，心知其意」，必不得要領。蔣
廷黻在 1935 年離開清華去南京做官時，他的近代史研究尚處在進行的過程中，
還沒有達到融史料與思考於一爐的整合期。他之所以稱這本五萬餘字的著作為
「初步報告」，就是針對這種沒有完成整個研究計劃、只能算作對近代史整體思
考的一個初步體現，即所謂簡略的「觀感」而說的。

　　其實，這本被他稱為「初步報告」的著作，篇幅雖小，學術含量卻很高。全
書從鴉片戰爭寫到抗日戰爭前夕，近百年的史事寫得深入淺出，好讀耐看。內容
上沒有拘泥於事件過程和細節的鋪陳；方法上從總體把握演變趨勢，顯示了作者
沉潛思辨的寫作風格。甫經出版即廣為流傳。1938 年初版後，次年商務印書館
即印第二版；同年重慶青年書店又重印。40 年代的版本我孤陋寡聞，不知其詳。
1949 年，台灣啟明書局以《中國近代史大綱》為書名，重排出版，蔣廷黻應約
寫了《小序》。海峽此岸在眾所周知的長期沉默後，終於在十一屆三中全會興起
的思想解放潮流推動下，湖南嶽麓書社經陳師旭麓教授的推薦、介紹，於 1987
年將之輯入該社「舊籍新刊」重新出版，同時收入了《評〈清史稿·邦交志〉》《琦
善與鴉片戰爭》《最近三百年東北外患史——從順治到咸豐》三種論著，合成一
冊，以《中國近代史·外三種》書名面世。書首有該社《出版說明》和陳師旭麓
教授寫的《重印前言》[125]，書後附有蔣廷黻的女公子蔣壽仁女士寫的紀念性文章
《欣慰與回憶》。這是改革開放以來第一個蔣氏《中國近代史》的重刊本，也是
該書出版以來的第一個新版本（有所刪節）。1990 年，上海書店將此書按 1939
年商務版重印，收入「民國叢書」第二輯，編為第 75 種。現在，上海古籍出版
社又把它作為「蓬萊閣叢書」之一，重排出版。個別地方作了技術性處理。一部
學術著作，經歷半個世紀以上時間的汰洗而仍備受後人垂青，足以說明它已為社
會認同，成了代表一個時代的學術精品。

　　一個「初步報告」竟成了傳世之作，這恐怕是蔣廷黻所始料不及的。然而，
世事總是偶然中寄寓著必然。如果沒有深厚的史學功底，沒有中國近代外交史研
究的長期積累，沒有對近代史近十年的整體思考，怎麼能在圖書資料匱乏的情況
下，以短短兩個月的時間，寫出如此大氣、如此耐讀的作品呢？可見成功總是與
艱辛同步的。厚積薄發，大家之道，信然！

2 體系結構與分析框架

蔣廷黻是從外交史研究拓展到整個近代史領域的，深知「近代史上外交雖然要緊，內政究竟是決定國家強弱的根本要素」[126]。他的這本著作，即是從外交內政的關係入手，重點論述了自鴉片戰爭以來中國為抵禦外敵入侵而改革內政的各種方案，表現了尋求救亡之道的使命感。他在全書的《總論》裏說到此書的寫作宗旨：

現在我們要研究我們的近代史，我們要注意帝國主義如何壓迫我們。我們要仔細研究每一個時期內的抵抗方案。我們尤其要分析每一個方案成敗的程度和原因，我們如果能找出我國近代史的教訓，我們對於抗戰建國就更能有所貢獻了。[127]

在這種「以史為鑒」「以史經世」思想支配下，全書以中國學習西方，先後出現的四個救國救民方案為基本線索，按歷史時序將近百年史編為四章二十二節：

第一章共七節，專講外患。處在「中古」狀態的清王朝，遇到了前所未有的已經「近代化」的西方侵略者，在兩次鴉片戰爭中接連被西方列強打敗而不知民族危機、不思國家內政改革，白白浪費了 20 年光陰。其間，政府官員只以主剿主撫（即主戰主和）相區別。主剿者虛驕自大，主撫者服輸而不圖振作，「直到第二次戰敗的教訓，然後有人認識時代的不同而思改革」[128]。

第二章共四節，專講內憂。清王朝遭到洪秀全領導的太平天國運動的衝擊。曾國藩領導的湘軍為維護清王朝的統治而戰。洪秀全對宗教革命及種族革命十分積極，對於社會革命則甚消極，「他的真實心志不在建設新國家或新社會，而在建設新朝代」，這樣的領袖不但不能復興民族，且不能成為部下的團結中心。曾國藩在維持清廷作為政治中心的大前提下，一方面要革新，即他要接受西洋文化的一部分；另一方面要守舊，即恢復中國固有的美德。革新與守舊同時舉行，這就是他對近代史的大貢獻。

第三章共五節，專講自強運動（即現在所說的洋務運動）的產生、發展和失敗。清王朝中央的恭親王奕訢、文祥，從英法聯軍侵華戰爭中獲得教訓，覺得中國應該接受西洋文化之軍事部分，以求「自強」；京外的曾國藩、左宗棠、李鴻章諸人也得着同樣的教訓，認為「欲學外國利器莫如覓製器之器，用其法而

不必盡用其人」。自咸豐十一年（1861）到光緒十四年（1888），成立北洋海軍，自強事業步步推進，動機是國防。國防近代化牽連到設廠製械，設學堂培養人材，設船廠、電報局、鐵路以解決交通，辦招商局、織布廠，開煤礦、金礦等以解決辦國防的費用。自強運動是近代史上「第一個應付大變局的救國救民族的方案」。但又是個不徹底的方案，後來又是不徹底的實行，結果敗在日本人的手裏。「甲午之戰是高度西洋化、近代化之日本，戰勝了低度西洋化、近代化之中國。」

第四章共七節，分別講了甲午戰後的瓜分狂潮、戊戌變法、義和團運動、辛亥革命、軍閥割據和北伐戰爭，一直到抗戰前夕。內容很多，實際上只講了三個救國救民方案：變法運動是第二個救國救民方案，方案的主旨是要變更政治制度，最後目的是要改成君主立憲；義和團運動（蔣廷黻仍習慣稱為「拳匪」）是近代史上第三個救國救民方案，「不過這個方案是反對西洋化、近代化的」；孫中山的「三民主義」是第四個救國救民方案，也是我們民族「惟一復興的路徑」。

上述謀篇佈局，第一、二兩章是為後面各種救國救民方案的產生作內憂外患大背景式的鋪墊，說明中國若不向對手學習、不圖內政改革已經沒有前途了；第三、四兩章是全書主旨，依次論述為抵禦侵略、學習西方而出現的四個救國救民方案，從整體上組成一、二兩章為因，三、四兩章為果的大因果關係，顯得敘事脈絡清楚，因果聯繫明確，通俗易懂，好讀耐看，從寫作方法和宗旨看，全書以記事為主而以時序別其先後；不拘泥過程、細節描述而注重成敗得失的分析；它以政治上的「鑒戒」和道德觀念上的「垂訓」，對治亂興衰作出價值判斷而為當世社會尋求歷史借鑒。顯然，這樣的通史，完全是一種以政治史為經、事件史為緯，以點帶面、一線相繫的線性式結構，具有強烈的為現實服務的史學功能，恰恰切合抗日救亡的需要。

蔣廷黻對現代中國史學的貢獻，不僅在於他是中國近代史研究的開拓者之一，而且在於為起步不久的近代史研究提供了一個可資參酌的分析框架。

從方法論層面說，歷史研究是運用一連串概念去闡述歷史發展過程的內在聯繫，而概念的詮釋功能只有在特定的建構中才能充分顯示理論張力。這種由概念建構成的評價體系，往往表現為一種特殊的話語系統。傳統史學發展到清末，基本上只是對史料的辨偽、輯佚、考證、訓詁之類的方法，主要不是思辨而是功

夫論層面的操作，學者不做觀念更新、架構改制一類的自覺追求。蔣廷黻曾批評
說：中國的史家，往往是「治史書而非治歷史」，他們可以是十分優秀的版本專
家，卻不能從整體上解釋歷史。

　　蔣廷黻自己接受過西方史學的訓練和進化史觀的影響，注意用實證的方法
探求史事的內在聯繫，強調史學的訓戒功能，並把導師對歐洲近代政治史研究
中的「族國主義」，作為自己觀察中國歷史和社會的重要理念[129]。他在本書的
《總論》中，一開始就從人類文明的發展是一個整體的進化史觀着眼，通過中西
文明的對比，得出了西方世界已經具備了近代文化而東方世界仍滯留於「中古」
的結論。由此出發，他抓住了東西方文化衝突的基本態勢，把先進的近代化和
落後的中古狀態，作為文明發展的兩個不同階段在十九世紀相逢，進而構建對
近代中國歷史的分析框架：他把中國能否實現近代化（西洋化）作為度過空前
難關、擺脫中古狀態的歷史主題，把中國人能否接受科學、利用機械，能否接
受民族觀念以建設民族國家，作為實現近代化、趕上西方世界的三項主要指標。
他說：

　　近百年的中華民族根本只有一個問題，那就是：中國人能近代化嗎？能趕上
西洋人嗎？能利用科學和機械嗎？能廢除我們家族和家鄉觀念而組織一個近代的
民族國家嗎？能的話，我們民族的前途是光明的；不能的話，我們這個民族是沒
有前途的。因為在世界上，一切國家能接受近代文化者必致富強，不能者必遭慘
敗，毫無例外。[130]

　　蔣廷黻所說的「科學」，既指科學知識本身，又含有科學精神的內蘊，是與
「作八股文、講陰陽五行」的蒙昧主義相對峙的新的人文精神，屬於近代文明的
精神範疇；他所說的「利用機械」，是與仍保持「唐宋以來模樣」的自然經濟相
對峙的工業經濟，屬於近代文明的物質範疇；所說的「民族國家」是與宗法制度
下家族、家長制相對峙的政治體制，屬於近代文明的制度範疇。他把這三對範疇
作為實現近代化（即西方化）以擺脫中古落後狀態的價值評判體系，恰恰反映了
二、三十年代的中國社會仍處在政治、經濟、思想文化急劇轉型之中的現實。為
因轉型而失衡的社會尋找價值重建的良方，正是當時像蔣廷黻那樣接受過西方高
等教育和西潮影響的一代學人，朝思夕慮之所在。他們一方面不得不承認 19 世
紀以來中國的文明已落後於世界，只有學習西方才能救亡圖存；一方面又隱隱

然希望中國回歸傳統，尋回失落的富強夢，力圖給困厄中的民族和國家指引出路。這種對歷史中國的自豪和對現實中國的自悲所構成的文化情結，不僅是自由派學人群，而且也是大多數知識份子的普遍心態。蔣廷黻以學習西方、實現近代化作為分析框架寫的《中國近代史》，在那時影響很大、流傳甚廣，原因即在於此。

這樣的分析模式與他編纂的近代通史體系是完全契合的：除第三方案即義和團的盲目排外與近代化歷史主題背道而馳外，其餘各個方案恰恰是中國人在鴉片戰爭後浪費了二十年光陰，才開始從器物層面到制度層面上學習西方，以脫離中古狀態的過程。

值得注意的是，他在論述救國救民方案推行受阻乃至失敗原因時，往往以科學的人文精神作為評判近代時期中國民眾、特別是士大夫階層的素質與表現的尺度，對國民性乃至民族性發表了若干發人深思的見解。

他針對鴉片戰爭失敗後中國仍不覺悟不圖改革，妄費了民族二十年光陰的史實，指出：「鴉片戰爭的軍事失敗還不是民族致命傷。失敗後還不明白失敗的理由、力圖改革，那才是民族的致命傷。」[131] 這是批評國人昧於世界大勢、不思上進的麻木狀態和苟且因循。

他在書中問：為什麼中國人不在鴉片戰爭失敗後就開始維新、改革內政呢？回答說：一是「中國人守舊性太重」；二是士大夫以傳統文化為生命線，「文化的動搖，就是士大夫飯碗的動搖」，所以他們反對改革；三是「中國士大夫階級（知識階級和官僚階級）最缺乏獨立的、大無畏的精神」[132]。這是批評士大夫在傳統文化背景下生成的守舊性、保守性和妥協性。

他問：同、光時代的士大夫反對自強新政，那麼民眾是否比較開通？他說：「其實民眾和士大夫階級是同鼻孔出氣的」，「嚴格說來，民眾的迷信是我民族接受近代西洋文化大阻礙之一」[133]。這是批評國人愚昧迷信、文化素質低下。

麻木、因循、守舊、妥協、迷信、愚昧等等，這些雖非蔣廷黻在書中的原話，但他的上述分析所蘊含的潛台詞，就是這些話語。只要讀一下新文化運動時期以胡適為代表的自由派文人有關國民性的文論，就不難發現二、三十年代的自由派學者仍然使用當時的話語系統來評論國民性。從思潮的統緒上考察，這種批判其實是清末留學生中一度彌漫過的文化自責思潮的遺風。翻開辛亥革命時期出版的各種留學生報刊，可以發現他們為了喚醒國民性而批判奴隸性的文章比比皆

是。他們指責百姓甘作清朝的「順民」就是甘作「亡國奴」，說國人的性質，「曰柔順，曰巧滑，曰苟且偷安。喻以利則為排外之舉動，逼於勢則為外軍之順民，總之畏死二字，足以盡之矣」[134]。所不同的是，辛亥革命時期的激進知識份子，往往視自己是教育、提挈、領導「下等社會」的先進者，蔣廷黻則不僅對下層社會，而且對「四民之首」的士大夫都作了無情解剖，把他們一概視作接受近代文明的阻力。而且，他不像清末留學生那樣只是以吶喊來驚醒民眾，而是通過對史事的因果推出結論，顯得格外深沉有力。他的國民性評判雖說不無偏頗片面，但對士大夫這種文化精神上的弱點和缺失的展示，使人看到了歷來被謳歌為「社會良知」的知識階層之另一面。他把這一面作為近代中國無法順利推行近代化的重要原因，客觀上教育了抗戰時期知識份子擔起救亡責任。

誠如陳師旭麓教授所指出：「中古─近代化─民族惰性，蔣廷黻在近代史中論述的這些環節，不是無的放矢，而是反映了近代中國某些實況及其方向的。」[135]這個實況和方向，用蔣廷黻建構的話語系統來表述，就是：中國在十九世紀已經面對着早已接受近代文化的西方對手。為了抵禦西方列強侵略，處於中古狀態的落後的中國，只有向對手學習、改革內政，才能有光明的前途。這個學習對手的過程，先是從不徹底的器物層面開始，然後進到學習政治體制的制度層面，但只有再進到更深層的精神層面，才能真正實現近代化。

3　歷史觀與方法論評估

從蔣著《中國近代史》可以看到蔣廷黻的歷史觀即歷史本體論，是服膺進化史觀的。進化史觀雖然將歷史看作一個不斷由低級向高級發展的過程，歷史是有規律可循的；但進化史觀視文化沿革為史學研究的學問所在，以因果關係作為歷史發展的內在規律，對歷史的理解往往顯得一元化，詮釋也因之太線性化。蔣廷黻建構的分析框架，把近代化和中古狀態作為先進和落後兩個文化發展階段，以西方列強對中國的侵略作為中國接受近代化（西洋化）的「因」，把學習西方、實現近代化（西洋化）作為中國脫離中古狀態、「必致富強」的「果」。以這種「因果關係」構成近代歷史主題，嚴格地說既忽視了歷史發展動因的多元性，又否定了多樣結果的可能性。他的這個分析框架，可以説是後來以費正清為代表的美國中國學常用的「衝擊─反應」模式的中國版，只是沒有達到範式化的程度而已！

在方法論上，蔣廷黻接受的是西方實證史學（即「科學史學」）的訓練。實

證史學認為歷史研究只有確定史料、構成規律，才能成為科學。蔣廷黻極重視對歷史材料的搜求與考訂，但當他尋求規律時只注重因果關係的分析而顯得捉襟見肘。因為，因果聯繫本身是一個無窮循環：因前有因，果後有果，多因一果，多果一因，在甲為因，在乙為果，彼時為因，此時為果，因果循環，極難深究。更重要的是因果關係並不是歷史內在規律的全部，即使正確分析出史事之間的因果聯繫，也難說發現了規律。所以因果關係的分析方法，可以適用於簡單、個別的史事間內在聯繫的分析與探求，很難適用於複雜的、全局性的過程分析。所以當蔣廷黻在這本著作中涉及到若干全局性、宏觀性的史事分析時，表現出簡單化、片面性、牽強附會的缺點。

例如他指出了鴉片戰爭前中西沒有邦交、中國對西洋各國總是以「天朝」自居、把它們視作藩屬的事實，卻由此推出了「在鴉片戰爭以前，我們不肯給外國平等待遇；在這以後，他們不肯給我們平等待遇」[136] 的結論。這顯然是混淆了封建宗藩關係和資本主義條約制度兩種不同時代、不同性質的不平等。宗藩關係的不平等，只是禮儀制度下形式上的不平等。它以藩屬國向宗主國朝聘和宗主國對藩屬國的冊封為主要內容，構成了宗藩間的互動互應關係。朝聘不是臣服，冊封不干涉內政。兩者不是統治與被統治、壓迫和被壓迫的關係。西方強加給中國的條約制度，完全是以損害中國主權、破壞中國領土完整、掠奪中國資源為主要內容的實質性不平等。兩者具有不可比性，構不成史實上、邏輯上的因果聯繫。

又如他認為戰前的中國不知有外交，只知「剿夷與撫夷」，政治家的派別劃分不過是有的主剿、有的主撫。據此，他把廣州反入城鬥爭中主張利用民心的兩廣總督徐廣縉、廣東巡撫葉名琛，說成是「繼承了林則徐的衣缽，他們上台就是剿夷派抬頭」[137]。其實，當時除了主剿、主撫派外，還有非剿非撫、亦剿亦撫的騎牆者，先剿後撫的轉化者。把複雜的政治態度簡單化地以非此即彼分野，是不符合史實又不合情理的；林則徐的主戰，是在對手用武力強加給中國後的反侵略表現，徐、葉的反入城是在條約簽訂後以民情不允為名的違約行動；林則徐的「民心可用」是用於反侵略，徐、葉的利用民心是用於違約的盲目排外以達到道光帝「小屈必有大伸」[138] 的虛驕目的。同樣主剿，出發點和歸宿不同，硬把兩者扯在一起，是忽視了兩者對外策略的不同性質。

他對國民性的剖析，有很多鞭闢入裏之詞，發人之所未發或不敢發，但片

面性也在所難免。例如他把鴉片戰爭後中國未能立即改革內政、起始維新的原因，歸之於士大夫守舊、缺乏大無畏精神。雖然，戰後很多人確有「雨過忘雷之意，海疆之事，轉喉觸諱，絕口不提」[139]，但「志士扼腕切齒，引為大辱奇戚」的[140]，也大有人在。尤其是中小官僚和一般讀書士子，或著書立說介紹外國史地以增強國人對域外風土民情的瞭解，如魏源《海國圖志》、徐繼畬《瀛環志略》、姚瑩《康輶紀行》、梁廷枏《海國四說》、夏燮《中西紀事》；或上書條陳善後事宜，以改變成法防止外敵覬覦。1842 年 10 月，江南司郎中湯鵬上善後事宜 30 條，就防範西人之法論及中國必須在軍事、吏事、風俗、煙禁、人才、考試等方面進行改革[141]。涉及面之廣，設計之具體，無人能出其右。這是當時京官中最具代表性的一份改革方案，也是最早把改革內政與愛國反侵略結合起來的方案[142]。在皇帝立意訂約、朝臣噤若寒蟬的特定背景下，敢於獨抒己見，沒有點「獨立大無畏精神」能行嗎？即使被蔣廷黻批評為阻礙同光時期自強運動的「清流」派士大夫，也非鐵板一塊，其中最著名人物之一的陳寶琛，雖非洋務派但不反對洋務事業，雖主張「中學為體」，但並不排斥西學。他不僅主張中西學問相通，新舊文明相益，而且在倡導西學、引進西技方面躬親實踐、殫精竭慮[143]。看來把士大夫一概罵倒看似振聾發聵，其實也多偏頗。

蔣廷黻對士大夫的文化批判，正如李敖為《蔣廷黻選集》所作的《序》中說的那樣：

> 當然他所要求於知識界的，是動態、是入世、是事業、是實物、是書本以外、是主義以外、是文字以外、是「清議」以外，是生產、是事業、是與小百姓同一呼吸。……這種真正的民胞物與、經世致用的精神，才是蔣廷黻的真精神，才是蔣廷黻所要求於中國知識階級的真精神。[144]

上述這些簡單化、片面性和牽強附會，有的是因體例關係不得已而造成。按「藝文叢書」要求，每本字數不低於 3 萬、不超過 6 萬，篇幅太少，自不能全面分析、詳加展開，只能揀主要方面寫，片面也就難免。有的是歷史觀、方法論本身的問題，用進化史觀看待歷史、執着於因果關係的探求，雖然能解釋歷史的進步，卻很難說清進步的動因；雖然能得出合理的結論，卻很難全面、系統地論證。

儘管存在上述缺憾與不足，但蔣廷黻在中國近代史研究中取得的成績以及他建構的分析模式與話語系統，對當時和以後的研究產生了深遠影響。1964 年時

任台北中研院近代史研究所所長的郭廷以教授，在評價蔣廷黻的學術成就和學術地位時說：

> 近代中國史的研究，蔣先生是個開山的人。近四十年來，蔣先生在這方面最大的貢獻，是開創新的風氣，把中國近代史研究帶入一個新的境界，特別是給我們新的方法與新的觀念。[145]

其實，早在 1939 年，郭廷以在自己編纂的《近代中國史》第一冊的「例言」中已說過：「蔣廷黻先生於近代中國史之科學研究，實與羅先生（沈案：即羅家倫）同開其風氣，直接間接，編者亦受其相當影響。」[146]

1965 年，人類學家李濟教授在悼念蔣廷黻的文章中也說：「他為中國近代史在這一時期建立了一個科學的基礎。這個基礎不只是建築在若干原始材料上，更要緊的是他發展的幾個基本觀念。有了這些觀念的運用，他才能把這一大堆原始資料點活了。」[147]

郭廷以和李濟既是蔣廷黻同時代人，又是歷史研究的同行，他們的評價不僅極富歷史感，而且充分肯定了蔣對起步不久的近代史研究有開風氣、奠定科學基礎的貢獻。

如果對當代中國史學近 20 年來的近代史研究稍加回顧，就會驚訝地發現，我們正在致力於蔣廷黻提出的近代化研究，而且大部分研究者在不同程度上重複蔣廷黻早在 60 年前建構的話語系統，乃至使用他那套分析框架，那麼對他和他的著作給予重視、進行研究，其意義也就不言而喻了！

三、近代通史體系的推陳出新

當代中國史學有一個繼承傳統和革新傳統的問題。這在中國近代通史體系的推陳出新上，尤為突出。

傳統的中國近代史體系，基本上是一種以政治史為經、事件史為緯的線性結構。這種構架，早在 20 世紀 20 年代末 30 年代初就已初見端倪，中經發育與完善，到 50 年代末基本定型並由此逐步形成一整套研究規範，前後經歷了半個多世紀。

1　初見端倪的近代通史體系

　　任何一種新的學術思潮形成，乃至新的學術體系出現，本質上都是社會現實需要的產物；而每個歷史時期的代表作，則又凝聚着特定時期的社會文化心態。自辛亥以來，中國政局紛繁複雜，人民生活在社會動亂和連年混戰之中，這就迫使人們把觀察政局變幻作為觀察國家治亂興衰的主要動因。於是以政治史作為「資治」的史鑒，也就成了社會共識。1930 年上海太平洋書店出版了李劍農《最近三十年中國政治史》，上起戊戌維新，下迄南京國民政府成立和東北軍易幟，敍述了 30 年來中國政局政情轉換變化的歷史。

　　李著出版後，在社會上影響頗大，根本上說就是因為它反映了當時人們渴望從歷史上尋求社會安定之方的心理，一時間，中國出現了一批以政治鬥爭的因果關係為主線的近代史或近百年史，如顏昌嶢《中國最近百年史》、魏野疇《中國近世史》、孟世傑《中國最近世史》、李鼎新《中國近代史》等等。其中在學術界影響較著的是 1935 年商務版的陳恭祿《中國近代史》上下二冊。此書以進化史觀為指導，以英雄史觀為核心，記述了西學東漸以來中國政壇的重大事件和重要人物，旁及中西文化交匯、學術思想流變、典章制度更易、內外戰爭過程、各項主要條約內容等諸多方面。史料豐富，議論多有個性，成了以政治史為經、事件史為緯的中國近代史構架在萌生時期的第一個代表性作品。

　　迨至抗日戰爭起，救亡再次成為歷史主題。人們從對國家治亂的一般觀察，轉向對民族命運的深沉思考。從而，使初見端倪的近代通史以政治史為主線的構架得到了進一步強化；而結束不久的中國社會史大論戰，也促使學者們對近代中國社會性質及其走向進行研究。於是從 30 年代後期起，不少學者對中國近代史上限的界定，由往昔西學東漸的追溯，一變以 1840 年鴉片戰爭為開端，把視野更多地叢集於反對外來侵略的研究，表現了尋求救亡之道的責任感。蔣廷黻的《中國近代史》，成了這一時期影響很大的代表作。蔣著《中國近代史》圍繞着中華民族能否走出落後的「中古」狀態進入「近代化」，能否廢除狹隘的「家族觀念和家鄉觀念」，組織一個「近代化的民族國家」這一主題，論析了自鴉片戰爭到抗日戰爭前夕的中國歷史，許多論述表現了作者的識見和眼力。若撇開作者的歷史觀與論點的當否，單就全書的構架而言，那麼這部僅 5 萬餘字的近代史，完全是以政治史為經、事件史為緯，以點帶面、一線相繫的典型作品。它的影響，根本上就是這一構架所體現的史學功能符合了抗日救亡這一政治需要。

2 「毛—范近代通史體系」的崛起

抗戰時期，解放區的史學工作者正在力圖用馬克思主義研究近代史諸問題。1939 年，毛澤東和在延安的歷史學家合作編寫了《中國革命和中國共產黨》一書，作為幹部讀本，此書就中國社會的性質、革命的領導階級、革命的對象、動力、前途等一系列問題作了論述。這部著作不僅對中國共產黨領導中國民主革命的勝利起了重要的指導作用，而且對爾後的中國近代史研究產生了巨大深遠的影響。

最早闡發毛澤東階級鬥爭歷史觀和階級分析方法的中國近代史著作，是1947 年出版的范文瀾《中國近代史》上編第一分冊。這本半部的中國近代史，以中國人民的反帝反封建鬥爭為基本線索，以階級鬥爭為歷史發展動力，上起1840 年鴉片戰爭，下迄 1900 年義和團運動和八國聯軍侵華。它的出版，標誌着階級鬥爭史觀為指導的「毛—范近代通史體系」開始崛起。

新中國成立後，「毛—范體系」進入了充分發育的階段。1954 年開始的中國近代史分期問題大討論和 1956 年全國高等學校歷史系中國近代史教學大綱的產生，確立了中國近代史作為一門獨立學科的地位。同時，也使上述「毛—范體系」形成了一個完整的研究規範和近代通史的系統框架。它以馬克思主義的階級鬥爭理論為指導，以階級分析為研究方法，以政治是經濟的集中表現為基本線索，以一條紅線、兩個過程、三次革命高潮、十大歷史事件為基本構架，旁及社會經濟和思想文化，力圖揭示自 1840 年鴉片戰爭到 1919 年五四運動前夕近代80 年間中國半殖民地半封建社會的歷史發展規律。顯然這個研究規範和通史框架，既是對以往近代通史以政治史為經、事件史為緯的線性結構的繼承和揚棄，又是完全對毛澤東的歷史觀和研究方法的詮釋與闡發，是「毛—范近代通史體系」發育成熟的表現。

反映這一體系的第一部代表性著作，是 1958 年湖南人民出版社出版的林增平編著的《中國近代史》，而真正使這個體系得以形成社會共識的，則是出版於1981 年胡繩《從鴉片戰爭到五四運動》一書。在此期間和以後出版的數量眾多的中國近代通史著作和教材，只有肥瘦的不同，在體系結構上沒有明顯差別。

這樣，由毛澤東奠定，經范文瀾闡發，到胡繩最終完成的中國近代通史體系，成了當代中國近代史的傳統模式，由此建立的一系列近代通史研究規範，也逐步得到學者們的認同和遵循。

3 歷史新時期中的史學改革潮流

我認為在近代通史中重視政治史研究，既是中國史學的一個優良傳統，也是闡明歷史發展脈絡所必須。一部「二十五史」，本質上都是從國家興亡治亂中尋求歷史教訓和借鑒，即所謂「以史資治」「以史為鑒」，所以政治鬥爭和政局變幻，一直是歷代史家注目之所在；從政治是經濟的集中表現這一歷史唯物主義原理說，政治鬥爭不僅關係到社會階級力量的消長配置，而且也直接間接地反映了社會經濟發展的要求。在通史研究中重視政治鬥爭，尤其是階級鬥爭對推動歷史發展的作用，是應該而且必需的。

問題在於以階級鬥爭作為歷史發展的唯一動力，勢必忽視其他社會力量對歷史發展所起的作用；以階級分析代替一切，容易忽視社會結構和社會生活的多樣性、複雜性；以「三次革命高潮」作為近代歷史發展的基本線索，既難涵蓋革命以外的社會改革運動，又難反映豐富多彩、萬象雜陳的歷史內容。所以傳統的中國近代史體系之缺憾，一是太重政治而輕其他，結果是只見國家沒有社會；二是過分強調階級鬥爭而忽視其他社會力量，結果是多元發展的歷史成了一元化的線性公式。

傳統的近代史體系中上述兩方面的缺憾，涉及到一系列理論問題和實際問題。首先在歷史觀上，究竟歷史發展的動力只是階級鬥爭一種還是社會合力？人民群眾是歷史的主人這一觀點是不是馬克思主義、歷史唯物主義的理論？其次在方法論上，究竟歷史發展是一元化的線性運動還是多元化的發展道路？歷史發展有沒有所謂基本線索？再次是太平天國和義和團運動是不是革命？由此引伸出什麼叫革命？戊戌維新是改良範疇還是革命範疇？由此引伸出改革與革命的界限及兩者的關係：「三次革命高潮」作為近代 80 年歷史發展的基本框架，如何估量洋務運動、維新運動、立憲運動等的歷史作用和歷史地位？

上述傳統體系存在的問題，在十一屆三中全會開創的思想解放潮流下，都被學者們尖銳地提了出來。這就是：

1979 年 10 月 23 日，《光明日報》史學版發表了有關「歷史動力問題」的討論，到 1983 年底，各種報刊共發表了 300 多篇文章，圍繞着一元化動力還是多元化合力、各種動力的相互關係中階級鬥爭是不是最根本的動力、農民戰爭的歷史作用是否可以作為動力這三大問題進行了針鋒相對的爭論，對傳統體系以階級鬥爭為唯一動力和由此而來的大力歌頌農民起義與農民戰爭的研究現

狀提出了質疑。

1980 年李時嶽在《從洋務、維新到資產階級革命》一文中，提出了農民戰爭、洋務運動、維新運動、資產階級革命「四階段」說，強調了資本主義與資產階級在近代歷史發展中的積極作用並以此對「三次革命高潮」說作了修正，結果由此引發了關於中國近代史基本線索的曠日持久的大討論。

1981 年，劉大年在《中國近代史研究從何處突破》一文中，主張以加強經濟史研究為突破口，作為彌補單純把政治史作為主線的缺陷。

1984 年，黎澍在《歷史研究》第 5 期上發表《論歷史的創造者及其它》一文，對長期以來被奉為馬克思主義經典原理的「人民群眾是歷史的創造者」這一說法提出質疑。認為這是蘇聯哲學家對《聯共布黨史》中某些觀點的引伸和誤解，始作俑者是尤金；而中國的馬克思主義者不僅對之深信不疑，而且一變為「人民群眾是歷史的主人」。其實，馬克思、恩格斯、列寧並未說過這種話，他們只說了「人們自己創造着自己的歷史」，所以只講英雄創造了歷史固然不對，提出只有人民群眾才是歷史的創造者也有片面性。歷史是人人的歷史，所有人都參與了歷史的創造。

所有這一切質疑、爭論，匯成了一股史學改革的潮流，反映了學術界在十一屆三中全會開創的新的歷史時期中，以實事求是的科學態度學習馬克思主義，重新審視傳統體系和研究規範的成就與不足，希望建立與新時代相適應的，真正能夠反映近代歷史全部面貌的通史體系。

4 《新陳代謝》是以社會史會通近代史的代表作

《近代中國社會的新陳代謝》正是上述史學改革潮流的產物。

早在 1979 年，陳旭麓先生發表了《農民起義與人口問題》，把中斷了幾十年的社會史研究率先引進近代史研究領域。1980 年，他在為《傳教士與近代中國》一書所作的序言裏，第一次以「新陳代謝」的命題來概括近代中國社會的急劇演變。1986 年他又在《略論中國近代社會史研究》一文中，對傳統的近代史體系之成就與不足發表看法，提出了「通史總是社會史」的著名見解。

「通史總是社會史」，顯然是針對「通史總是政治史通史、總是事件史通史、總是階級鬥爭史」，「通史總是中國人民反帝反封建鬥爭史」說的。此說一出，使學術界深為振奮，意識到就反映近代社會的全貌言，加強社會史研究對突破傳

統體系的結構框架不失為一種新思路。從 1979 年起，經過將近 10 年的思考、研究和教學實踐，陳先生終於寫出了《近代中國社會的新陳代謝》一書初稿。先生謝世後，經由門弟子楊國強、周武整理，於 1992 年正式出版面世。

《近代中國社會的新陳代謝》是以社會史會通近代史的代表作，也是史學改革潮流中出現的第一個近代通史的新體系。

重視社會史研究，原是中國史學的優良傳統。中國古代史學典籍中就有大量的社會經濟和社會生活的記述，至於文集、筆記、宗譜、日記等私家著述，更不乏此類內容。自本世紀初到 40 年代末，不少學者對中國社會的許多方面做過專門研究和專題調查，出版了有關家族社會、宗法制度、官僚政治、行會組織、會黨教門，乃至婚姻、服飾、風俗、禮俗、婦女、娼妓、農村生活、村社組織等大量著作。但是，以往的社會史論著，既未與通史研究融匯貫通，又偏向於諸如衣食住行等瑣碎問題，迷失了歷史學整合的本性，不僅不能反映歷史變化的根本，而且看不出社會變遷的脈絡，難以反映一個逝去了的時代的社會面貌。

《新陳代謝》第一次把社會史的內容與通史研究匯融於一爐，着眼於社會結構、社會生活、社會意識在重大政治事件和外來侵略、東西文化碰撞衝擊下的轉軌、變異與回應，既復原了重大事件之外諸如宗族、行會、人口、移民、幫會、教門、習俗、風尚、城鄉人民的生活狀況等被傳統體系所忽視而為通史所應有的內容，又把這些內容連同經濟結構、文化學術、價值觀念、社會思潮，置於中國被轟出中世紀後，怎樣通過「外來變為內在」的自我更新機制，艱難而有限度地一步步推封建主義之陳，行民主主義（資本主義）之新的嬗變過程中，考鏡其源流，尋繹其流變，分析其性質，論述其影響。這樣，社會生活藉社會性質的巨變而顯示出不同於中世紀的變易；社會結構因重大事件的衝擊而顯出了震盪的深度；社會意識在中西文化兩極相逢中，怎樣結合出了不同於傳統又包涵着傳統的價值取向、思想主張、奮鬥目標、社會心理。原本瑣碎的社會史內容在重大事件的整合下成了社會變遷的血肉，近代通史不再只是偏枯乾瘦的骨架；社會史特有的結構研究被引進通史研究，近代史不再是只見階級鬥爭而無其他社會層面的活力，其中以血緣為紐帶的家族組織，以工商業為基礎的行會組織，以遊民階層為主體的幫會組織這三種社會結構在近代社會變遷中的脈絡清晰可辨；學習西方與近代中國的歷史進程聯繫起來，歷史人物的功過是非、歷史事件的正負作用不再是只用階級分析的一種方法作出價值判斷，洋務運動、維新運動、立憲運動乃

至清末新政中假維新包含的真改革,都在「外來變為內在」的思辨體系中佔有一席歷史地位;歷史發展不再是一元化的線性運動,「三次革命高潮」被多元化的合力所取代,革命與改良各自在合力的矛盾運動中得到了正確的定位。所有這一切,構成了一部半殖民地半封建社會新陳代謝的歷史長卷。

5 《新陳代謝》與近代史傳統體系

《新陳代謝》作為以社會史會通近代史的一種新通史體系,仍然包含着傳統體系的合理成分而有所拓展革新。

從歷史觀的統緒上說,它的指導思想和理論基礎依然是馬克思主義的歷史唯物主義。階級鬥爭觀和階級分析方法並沒有被拋棄,只是揚棄了以往研究中的簡單化、片面化和公式化的幼稚性;生產力和生產關係的矛盾統一學說,仍是全書分析近代社會經濟推陳出新通向近代化的理論根據,只是克服了以往片面強調舊生產關係對生產力只有阻礙作用,揭示出它同時有着自我調節機制、有限度地容納甚至促進新生產力的一面,進而說明先進的生產力被納入舊體制後就會以其特殊的能量在舊體制內「發酵」而為突破舊體制奠定基礎;經濟基礎和上層建築的關係被運用來分析歐風美雨影響下社會思潮、社會文化心態怎樣走出傳統又反映傳統的特點和表現。所以《新陳代謝》的新體系本質上又是馬克思主義史學傳統的繼承和發揚。

從方法論說,它既承襲了傳統史學固有的因果聯繫分析方法又藉助「辯證思維」,以歷史辯證法的思辨方式把歷史邏輯和哲理思辨完美地結合起來,對近代史上諸如愛國與賣國、革命與改良、西化與化西、新學與舊學、中體與西用、專制與民主等重大問題作了精到的分析,站在歷史哲學的高度,揭示了社會轉型過程中兩者的範疇、矛盾、交融和轉化,從而真正寫出了近代社會形態的特殊性和過渡性。

從體系的構架看,它沒有忽視政治史和重大事件在歷史進程中具有階段性的界標意義,而是進一步把這些階段性的事件和由此引起的社會結構、社會意識、社會生活的變化整合而成一個反映社會全貌的整體,從而突破了兩個過程、三次革命高潮、十大歷史事件的傳統模式。它以中國社會從古代封建社會到近代半殖民地半封建社會的轉型和走向近代化的艱難過程為近代史的主線,以重大事件(包括政治鬥爭)衝擊影響下的社會結構(諸如社會經濟結構、政治體制結構、社

會組織結構等），社會意識（包括社會思潮和思想主張、社會價值觀念和文化心態），社會生活（包括社會習尚、城鄉差異、生活樣式等）的變遷為輔線，組成縱橫結合、前後呼應的構架；突破以重大歷史事件描述為主的寫作方法，採取史論結合、融文史哲為一體的思辯方法，從宏觀上展示近代社會新陳代謝的歷史面貌。

由此可知，《近代中國社會的新陳代謝》所建構的近代通史新體系，基本上是個介於傳統與革新之間的體系。它既與馬克思主義的史學傳統一脈相承，又以社會史會通近代史而顯出了自己的特色。作為回應歷史新時期史學改革呼聲的第一個代表性的作品，它的意義不僅在於為學術界提供了一個可以借鑒、參照甚至可以選擇的新思路、新體系和新框架，而且在於昭示：一個新體系的誕生和傳統有着割不斷的聯繫，學術上的民族虛無主義是不可取的，只有在真正理解傳統之後超越傳統，革新才有生命力。這就是當代中國史學發展的路向。

作者附記：本文寫作過程中，承顧衛民教授提供有關蔣廷黻的傳記資料，謹致深切謝意。

注釋

1   《近代中國外交史資料輯要》，收錄了 1822 年（清道光二年）至 1895 年（光緒二十一年）中外交涉的重要文獻共 799 篇。1931 年 11 月由商務印書館出版上卷，1934 年 11 月出版中卷。下卷未見出版。台灣商務印書館於 1969 年、1970 年分別再版上、中卷，也未見出版下卷。估計蔣廷黻在 1935 年棄學從政後，已無時間與精力編完下卷。

2   陳旭麓：《重印前言》，《中國近代史‧外三種》，嶽麓書社 1987 年版，第 6 頁。

3\6   蔣廷黻口述、謝鍾璉譯：《蔣廷黻回憶錄》（以下簡稱《回憶錄》），第一章：《我的先人和老家》，台灣傳記文學出版社 1984 年版，第 5 頁。該回憶錄是蔣廷黻於 1965 年退休後，應美國哥倫比亞「中國口述歷史學部」之邀，口述生平經歷的結集。原稿係英文。台灣《傳記文學》雜誌從哥大購得英文原稿，約請謝鍾璉譯成中文，在該雜誌分期連載，並於 1979 年出版單行本。

蔣廷黻傳記，迄今為止惟有陳之邁著《蔣廷黻的志事與平生》一書，但寫得過於簡略，這使我在寫作本文時深感棘手。幸好有他的回憶錄可資利用，才多少感到踏實點。這也是本文在涉及蔣廷黻經歷及家世等時，經常使用《回憶錄》及陳之邁《志事與平生》的原因。哥倫比亞大學「中國口述歷史學部」能做中國文化人的口述歷史，真是件大好事；類似蔣廷黻這樣的《回憶錄》，還有《胡適口述自傳》（唐德剛譯注，華東師大出版社 1993 年出版）等。據唐德剛先生說，哥大中國口述歷史學部曾訪問中國名流十餘人，「因為受訪者的教育背景、工作習慣、故事內容均各有不同，加以受派前往工作的訪問人員的教育背景亦懸殊甚大，所以各個人的『口述歷史』的撰錄經過也人人不同。其中純洋式的則採取西人『口授』（dictation）的方式；純中式的，則幾乎採取一般茶餘酒後的聊天方式。介於二者之間的，則往往是受訪者以中文口述，訪問人員直接以英文撰稿。」（見《胡適口述自傳》第三章第[12]注釋，華東師大版第 46－47 頁）

三年前，筆者與復旦歷史系若干同仁通過余子道教授的聯絡，也曾接受哥大「中國口述歷史學部」委託，做過中國現代史上的幾個課題，如《日偽時期上海的「跑單幫」》等。採取的方法是請當事者座談、同步錄音，然後根據錄音整理成中文，並作該專題的中文歷史報告（有如座談會綜述）。完成後即將座談會錄音帶、音帶的中文整理稿及綜述報告都交給了哥大「中國口述歷史學部」。1996 年，筆者參加在廣東召開的「孫中山與中國近代化」國際學術討論會，見到吳相湘教授時，吳老先生希望復旦歷史系繼續參與這項有意義的工作。

4   《回憶錄》第二章：《家人和鄰居》，第 11 頁。

5   蔣廷黻說：「大伯父為人很文弱。他早年就吸鴉片煙。我常看到他一榻橫陳，噴雲吐霧。」（見《回憶錄》第一章，第 6 頁）

7   蔣在《回憶錄》中說：「家父也是一個實事求是的人。他認為經商是一種很好的職業，因為經商可以過正經而快樂的生活。如果他說話能算數的話，他就會要我哥哥和我到店裏去當學徒，將來做個生意人。」（第一章，第 5 頁）

8   蔣的繼母是位寡婦，娘家頗富有。嫁過來後曾生過一個女孩，3 歲時夭折了。蔣對繼母的稱頌在第三章中有好幾段內容。

9   陳之邁：《蔣廷黻的志事與平生》（一），《傳記文學》八卷三期第 4 頁。

10   事見《回憶錄》第四章：《新學校、新世界》，第 27 頁。蔣的二伯父十分了得，從《回憶錄》中可以看出，他比蔣的父親更見多識廣，也更關心姪輩的功名。沒有二伯父對蔣學業的關注，蔣廷黻不可能有今後的發展，充其量只能進私塾讀點書後終老鄉里。

11   蔣廷黻加入基督教，並非因為宗教狂熱，而是有感於教徒對社會公益事業的熱忱關懷。他在《回憶錄》中說過自己做基督徒的經過：「我應該再補充一下，在湘潭美國教會學校唸書時的最後一段生活。信基督教的問題我是從未考慮過。我當時十六歲，對基督教的教義知道得很少，而且成為基督徒的傾向也很小。但我在湘潭參加

長老會的聚會已有五年之久。凱卜勒博士、杜克爾博士、溫德堡博士（沈案：凱卜勒是位傳教士，後兩人是湘潭長老會醫院的醫生），特別是林格爾夫婦，他們的熱心以及對社會福利事業的關懷，使我深受感動。於是我想一個對人類深具影響力，又能使很多教士熱心公益的宗教必然是一種好宗教。經過這一番推理，我最終答應林格爾夫人受洗，這就是我做基督徒的經過。」（《回憶錄》第五章：《教會學校時期》，第43—44頁）

12　《回憶錄》第五章，第38頁。

13　蔣廷黻自述去美留學的想法，有一段令人費解的文字：「林格爾夫人對學生們說，恐怕革命後要有一段混亂時期，為了安全，她決定關閉學校。她要我們暫時回家，她也要暫返美國。當時我才十六歲，如果說參加革命，又太年輕，如果說靜止不動，又嫌太大。我當時回憶麥爾斯通史中所述的法國和美國革命，我想：難道說要我枯等七年或者甚至二十五年，靜待革命過去才讀書嗎？不，這樣不行。我想：最好的主意是隨林格爾夫人到美國去讀書，待革命過後再回中國。我認為我的想法妙極了。當我告訴林格爾夫人我的想法時，她問我：『你家人同意你隨我到美國去嗎？他們能供給你必需的費用嗎？』我非常高興她這一問，因為這說明她同意我的計劃。」（第五章，第42—43頁）這段文字的費解在於他赴美留學和當時的中國革命有何關係沒有說清楚。從字面意義看，好像他怕革命從動亂到成功的時間太長，迫不得已才去美國讀書的。其實是，他在教會學校中對美國早已有強烈嚮望。正如費正清所說：「在實際進程中他終於美國化了。他的老師，即林格爾夫人（Mrs. Jean Lingle），幾乎成為他的養母，他也成為一名虔誠的基督徒，懷着極為強烈嚮往西方的願望。」（〔美〕費正清著、陸慧勤等譯：《費正清對華回憶錄》，知識出版社1991年版，第98頁）既然是早已嚮望去美，為什麼又要與辛亥革命乃至法國革命、美國革命扯在一起呢？我們當然不敢說他隱瞞了原始思想，但至少可以說回憶錄常常會有太理性化的特點。這也是我為什麼把大段原文放在注釋裏而不作正文的原因。

14　蔣廷黻去美經費是從靖港的店鋪中向二堂兄借的。從《回憶錄》的敍述內容看，他去美國並沒有告訴父親與二伯父。最初，他和林格爾夫人一起從湘潭順流而下到上海。但到上海後，林格爾夫人突然變卦，不再返回美國而要回湘潭繼續辦學，並要蔣同回湘潭。蔣當時認為已經走了將近一半的路程，不能半途而廢，「不論林格爾夫人回不回湘潭，我都要去美國」。於是在林格爾夫人安排下，他從上海出發，隻身赴美。以上均見《回憶錄》第五章。

15　《回憶錄》第六章：《留美初期》，第54頁。

16　他的女兒蔣壽仁在《欣慰與回憶》一文中寫道：「我在紐約讀大學時，父親常回憶他在美國讀書的情形。他初到美國，在一個小城的中學半工半讀，一切沒上軌道，就生了一場大病。那時候，他英文會話還有困難，又沒有錢，是小城的社會力量照顧了他，因此父親很看重他們，這也是父親在青少年時代對基督教教義發生興趣的一個重要原因。」（見嶽麓版《中國近代史·外三種》，第198頁）

17　　　　蔣廷黻在大學期間修過化學、生物學、植物學以及心理學、進化論等課程。

18\20　　《回憶錄》第七章：《四年美國自由教育》，第 62 頁及第 59 頁。

19　　　　《回憶錄》第七章，第 62—63 頁。俾斯麥（1815—1898），德國政治家，曾任普魯
　　　　　士王國首相和德意志帝國首相。推行「鐵血政策」，發動丹麥戰爭、普奧戰爭和普
　　　　　法戰爭，統一了德意志。1871 年參與鎮壓巴黎公社。推行大陸政策，確立德國在歐
　　　　　洲大陸的霸權。1890 年去職。著有《回憶錄》。

　　　　　加富爾（1810—1861），意大利政治家。曾任撒丁王國首相和意大利王國首相。
　　　　　1855 年聯合英、法、土耳其發動抗擊沙俄的克里米亞戰爭。1859 年又聯合法國發
　　　　　動對奧戰爭，收復倫巴第，但又將尼斯等地割讓法國，換取意大利北部的統一。
　　　　　1861 年合併西西里和那不勒斯，成立意大利王國。

　　　　　馬志尼（1805—1872），意大利民族獨立運動領袖。早年曾加入「燒炭黨」，後被
　　　　　驅逐出國，1831 年在法國馬賽創立「青年意大利黨」。策劃並領導 1848 年意大利
　　　　　革命，成為 1849 年羅馬共和國三頭政治的領導人之一。意大利革命失敗後，仍積
　　　　　極為意大利統一而堅持鬥爭，並支持加里波第對西西里與那不勒斯的遠征。著有
　　　　　《論人的義務》等。

　　　　　加里波第（1807—1882），意大利民族獨立運動領導人。早年當過海員。參加過「意
　　　　　大利青年黨」。1843 年起義失敗後流亡南美，參加巴西共和黨人起義和維護烏拉圭
　　　　　獨立的戰鬥。1848 年回國後領導保衛羅馬共和國的鬥爭。1860 年率領「紅衫軍」
　　　　　解放西西里和那不勒斯，後將兩地與撒丁王國合併。曾兩度組織反對教皇統治羅馬
　　　　　的軍事鬥爭，都告失敗。著有《加里波第自傳》。

21　　　　《回憶錄》第七章：《四年美國自由教育》，第 62—63 頁。

22\23　　同上。

24　　　　歐伯林學院的中國留學生人有 20 多名，在當時算是留學生較多的學校。蔣廷黻說：
　　　　　「在歐伯林的其他中國學生，大部分均較我年長，中文也較我好，但對自然科學不感
　　　　　興趣。原因很簡單，因為他們認為實驗室工作困難。」（見《回憶錄》第七章，第
　　　　　60 頁）

25　　　　《回憶錄》第八章：《赴法插曲》，第 65 頁。

26\27　　蔣廷黻說：「我對一向主張全世界人民自決的威爾遜，實在不解，何以他竟違背了他
　　　　　自己的原則」；又說：「不過，我想威氏此舉必有不便公之於世的充分理由，也說不
　　　　　定。」（均見《回憶錄》第八章，第 72 頁）前一句是他對威爾遜的懷疑，後一句明
　　　　　顯是為美國政府的弱肉強食外交辯護。

28　　　　1917 年北洋政府決定參戰後，按照與協約國達成的一項協議，招募了十五萬勞工
　　　　　前往法國，有的在兵工廠工作，有的配屬盟軍擔任兵工。其中隸屬於英軍的有十萬
　　　　　人，法軍的有四萬人，美軍的有一萬人。蔣廷黻加入由美國基督教青年會組織的
　　　　　「哥倫比亞騎士隊」，到法國戰地中國勞工營中去鼓勵士氣。

29 　　《回憶錄》第八章，第 72 頁。蔣廷黻在巴黎期間，國內已經發生「五四運動」。對此，蔣在《回憶錄》中並未提及，也未作評論。

30 　　《回憶錄》第九章：《哥大研究與華盛頓會議》，第 73—74 頁。

31 　　詹姆斯·魯濱遜（1863—1936），畢業於哈佛大學。1890 年在德國弗賴堡大學獲哲學博士學位。在德期間深受該國「新史學」思潮影響，回美國後竭力宣傳「新史學」主張，成為美國「新史學派」開山祖。先在賓夕法尼亞大學任教，1895 年任哥倫比亞大學歷史學教授，後又任美國歷史學會會長。1919 年，在紐約創辦「社會研究新書院」，編輯《美國歷史評論》雜誌。著有《西歐歷史導論》《文明的考驗》，編有《新史學》論文集等。其中《新史學》書，我國商務印書館於 1964 年出版中譯本。蔣廷黻就讀哥大時，他正忙於創辦社會研究新書院，所以沒有能聽他的課。

32 　　關於美國「新史學」派的基本主張，可以參見張廣智教授的著作《克麗奧之路——歷史長河中的西方史學》，復旦大學出版社 1989 年版。

33 　　《回憶錄》第九章，第 78 頁。

34 　　參見蔣廷黻《中國近代史》第三章：《自強及其失敗》；《總論》；另見陳之邁：《蔣廷黻的志事與平生》（一），《傳記文學》八卷三期，第 7 頁。

35\36 　同上。

37 　　陳之邁：《蔣廷黻的志事與平生》（一），《傳記文學》八卷三期，第 4 頁。

38\39 　同上。

40 　　同上書（五），《傳記文學》九卷一期，第 26 頁。

41 　　同上書（三），《傳記文學》八卷五期，第 43 頁。

42\43 　羅家倫：《壇坫風淒》，《傳記文學》八卷一期，第 31 頁。關於「中國留美學生華盛頓會議後援會」的活動，陳翰笙：《四個時代的我》一書中也有回憶，但文中沒有提及蔣廷黻，就像蔣的回憶錄中也未提及陳翰笙一樣。見陳書第 24 頁，中國文史出版社 1988 年版。

44 　　陳之邁：《蔣廷黻的志事與平生》（五），《傳記文學》九卷一期，第 25 頁。蔣廷黻五歲時，由母親作主和鄰村賀姓之女訂婚。在美攻讀大學期間，他一再寫信給家裏要求解除婚約，直到臨近畢業時婚約正式解除。蔣在大學裏有過一位名叫凱塞琳的美國女友，但最終沒有結秦晉之好。蔣廷黻和唐玉瑞的婚姻在抗戰勝利後不久便告破裂。與唐離婚後，他與沈恩欽女士在紐約舉行了簡樸的婚禮。

45 　　蔣廷黻在私塾裏曾讀過《三字經》《四書》《五經》等典籍，後來一直沒有接觸傳統學問，所以他自知「國學基礎很差」，便從六歲時在鄉間所讀的書開始溫習，重讀《四書》《五經》。

46 　　馬士（1855—1933），美國人，生於加拿大。1917 年入英國籍。1874 年畢業於哈佛大學後考入中國海關。1877 年任天津海關幫辦，次年調北京總稅務司署任職，兼

任京師同文館英文教習。1879 年調任中國海關倫敦辦事處幫辦，1883 年回華任天津海關稅務司德璀琳助手。1885 年後曾一度脫離海關幫助李鴻章整頓輪船招商局。1887 年回海關，歷任上海副稅務司、北海副稅務司、淡水副稅務司、龍州、漢口、廣州稅務司。1909 年退休。著有《中國泉幣考》《中朝制度考》《中國公行考》《中華帝國對外關係史》（三卷）、《東印度公司對華貿易編年史》（五卷）、《太平天國紀事》等書。其中《中華帝國對外關係史》第一卷出版於 1910 年，第二、三卷出版於 1918 年，是美國各大學研究中國近代外交史最風行的教材之一。此書已由張匯文等譯成中文，於 1957－1958 年由三聯書店出版。1963 年改由商務印書館出版。

47\51　《回憶錄》第十章：《革命仍須努力》，第 95 頁；第 97 頁。

48　據陳之邁說：哥大設有歷史研究法一科，為歷史研究生所必修，主要內容是教導學生如何判別、使用史料；在寫作博士論文時指導學生怎樣選擇、編排史料。蔣廷黻在哥大時受過這種嚴格訓練，回國後即應用於中國外交史的研究。見《志事與平生》（一），《傳記文學》八卷三期，第 5 頁。

49　早在 1914 年，上海華昌印刷局就曾出版過劉彥編著的《中國近時外交史》一書。1926 年商務印書館出版的曾友豪編著《中國外交史》，1928 年南京外交研究社出版王正廷《中國近代外交概要》，都比蔣廷黻《近代中國外交史資料輯要》出書早。

50　陳之邁：《蔣廷黻的志事與平生》（一），《傳記文學》八卷三期，第 5 頁。另見李濟：《回憶中的蔣廷黻先生》，《傳記文學》八卷一期，第 28 頁。

52　《回憶錄》第十一章：《國內遊歷》，第 119 頁。

53　清華大學的前身可以追溯到 1909 年（清宣統元年）8 月建立的遊美學務處肄業館。這個機構是為利用美國退還庚子賠款餘款，選取學生赴美留學前進行訓練而設立的。1911 年改名為清華學校。1925 年成立正式大學，校長仍由外交部委任。1928 年改為國立，由外交部與教育部雙重領導。

54　羅家倫：《壇坫風淒》，《傳記文學》八卷一期，第 32 頁。

55　參見〔美〕費正清主編、章建剛等譯：《劍橋中華民國史》，第二部第八章：《學術界的發展》，第 422 頁，上海人民出版社 1992 年版。

56　陳之邁：《蔣廷黻的志事與平生》（一），《傳記文學》八卷三期，第 6 頁；《回憶錄》第十二章：《清華時期》，第 124 頁。

57　《回憶錄》第十二章，第 124－125 頁。

58　《志事與平生》（一），《傳記文學》八卷三期，第 6 頁。

59　《回憶錄》第十二章，第 130 頁；131 頁；121 頁。

60\61　同上。

62　有關蔣廷黻在清華期間收集史料的情況，《回憶錄》第十二章中有詳細、生動的描述。

63\119　見嶽麓版《中國近代史‧外三種》第 124 頁；第 9 頁。

64\65　《回憶錄》第十二章，第 129 頁。

66\67　陳之邁：《蔣廷黻的志事與平生》（六），《傳記文學》九卷二期，第 31 頁。

68　　　清華教授住宅集中於三處：北院、南院、新南院。蔣廷黻住北院，與蔣同住北院的
　　　　有哲學系金岳霖，政治系張奚若、錢端升，物理系薩本棟、周培源等人。北院七號
　　　　為物理系教授葉企孫和經濟系教授陳岱蓀兩家的住宅，是清華教授常於飯後小聚之
　　　　處。蔣廷黻稱之為「非正式的俱樂部」。

69　　　《回憶錄》第十三章：《「九一八事變」與〈獨立評論〉》，第 139 頁。

70\71　《回憶錄》第十三章，第 137－139 頁。

72\73　同上。

74　　　《回憶錄》第十三章，第 138－139 頁。

75　　　蔣廷黻：《我所記得的丁在君》，《蔣廷黻選集》，第 6 冊，傳記文學出版社，1978
　　　　年再版本，第 1085 頁。

76　　　《回憶錄》第十三章，第 139 頁。

77　　　關於創辦《獨立評論》一事，胡適在其所著《丁文江傳》一書中有一段文字：
　　　　「《獨立評論》是我們幾個朋友在那個無可如何的局勢裏認為還可以為國家盡一點點
　　　　力的一件工作。當時北平城裏和清華園的一些朋友常常在我家裏或在歐美同學會裏
　　　　聚會，常常討論國家和世界的形勢。就有人發起要辦一個刊物來說說一般人不肯說
　　　　或不敢說的老實話。

　　　　在君（沈案：丁文江字在君）和我都有過創辦《努力周報》的經驗，知道這件事不是
　　　　容易的，所以都不很熱心。當時我更不熱心……」（海南出版社 1993 年版，119 頁）
　　　　可見，胡適最初對辦《獨立評論》既非首倡，也不贊成。除胡適外，丁文江也是不
　　　　熱心者之一。但蔣廷黻在《回憶錄》中稱第一個給他的提議「澆冷水」的是陶孟
　　　　和，胡適也反對，但沒有陶那樣激烈。蔣廷黻不僅沒有提到丁文江，而且說他是個
　　　　支持者：「過了一周，任家約我和另一些人到他們家中去吃飯。我又提出辦刊物的
　　　　想法，他們又和過去一樣表示反對。但出我意料的，丁文江倡議：為了測量一下我
　　　　們的熱忱，不妨先來籌募辦刊物的經費……他提議我們每人每月捐助收入的百分之
　　　　五……」（《回憶錄》第十三章，第 139 頁）

78\79　胡適：《丁文江傳》，海南出版社 1993 年版，第 121 頁；122 頁。

80　　　《回憶錄》第十三章，第 140 頁；141 頁；142 頁。

81　　　陳之邁：《蔣廷黻的志事與平生》（一），《傳記文學》八卷三期，第 6 頁。

82　　　《回憶錄》第十三章，第 144 頁；《志事與平生》（一），《傳記文學》八卷三期，第 6－
　　　　7 頁。

83 　蔣廷黻：《論專制並答胡適之先生》，《獨立評論》第 83 號（1933 年 12 月 31 日）。

84\85 　同 80。

86 　蔣廷黻：《國民黨與國民黨員》，《獨立評論》第 176 號（1935 年 11 月 10 日）

87\89 　同上。

88 　蔣廷黻：《陳果夫先生的教育政策》，《獨立評論》第 4 號（1932 年 6 月 12 日）。

90 　胡適：《中國政治出路的討論》，《獨立評論》第 17 號（1932 年 9 月 11 日）。

91 　《大公報》，1902 年 6 月（清光緒二十八年五月）創刊於天津。日報，創辦人為英斂之。社址設於天津法租界狄總領事路。1916 年由安福系財閥王郅隆接辦，1925 年 11 月 27 日停刊，是為早期的《大公報》。1926 年 9 月 1 日起，由吳鼎昌、胡政之、張季鸞合作接辦，在中小資產階級及知識份子中有廣泛影響。曾增出上海、漢口、長沙、重慶、桂林、香港等版。1949 年 2 月天津解放後，《大公報》改名《進步日報》；上海版《大公報》則仍繼續出版。1953 年元旦，《進步日報》與上海《大公報》合併為天津《大公報》。1956 年 10 月 1 日遷往北京。1966 年 9 月 10 日停刊。

92\93 　《回憶錄》第十三章《「九一八事變」與〈獨立評論〉》，第 145 頁；146 頁；146－147 頁；148 頁。

94\95 　同上。

96 　關於蔣廷黻訪蘇一事的前因後果，石源華教授所著的《中華民國外交史》有很好說明。見該書第 520－521 頁，上海人民出版社 1994 年版。

97 　《回憶錄》第十四章：《赴俄考察與歐洲之旅》，第 153 頁；155 頁；156 頁。

99\100 　同上。

98 　《蘇聯外交文件》第 17 卷，第 641 頁。轉引自石源華：《中華民國外交史》，第 520 頁。

101 　魯森伯（通譯羅森堡，1893－1946）生於勒伐爾（今愛沙尼亞塔林），曾就學於莫斯科大學建築系，1917 年離校，翌年去德國，1919 年參加納粹黨，參與啤酒店暴動。後長期從事新聞出版事業。1930 年成為聯邦議院議員。希特勒上台後為其制定外交政策。1941 年起擔任東方佔領區事務部長，積極推行日耳曼化政策。德國戰敗後被紐倫堡國際軍事法庭判處死刑。著有《未來德意志對外政策指南》《二十世紀的神話》等書多種。

102 　韋伯斯特（1886－1961），英國歷史學家，曾任不列顛學院院長、歷史科學國際委員會副主席。

　　泰奈（通譯托尼，1880－1962），英國經濟史學家，倫敦大學教授，參加工黨，並為費邊社社員。對資本主義生產方法、圈地運動、英國鄉紳階級的興起等均有著述。所著《中國的土地與勞工》一書，其最後一章為泛論中國的政治與教育。蔣廷黻將這一章全文譯出，分兩期在《獨立評論》上發表。

湯因比（1889－1975），英國歷史學家，歷史形態學派的代表人物。牛津大學教授，一度任皇家國際事務學會研究部主任。著述甚豐，代表作為《歷史研究》12 卷本，闡述世界文化演變歷史，在西方有廣泛影響。

103　蔣廷黻在《獨立評論》上共發表了 9 篇《歐遊隨筆》，其中《經過「滿洲國」》（第123 期）、《車窗中所看見的西比利亞》（第 124 期）、《觀莫斯科》（第 125 期）、《觀列寧格勒》（第 128 期）、《赤都的娛樂》（第 132 期）、《出蘇俄境》（第 138 期）、《俄德的異同》（第 139 期）等 8 篇，收入由李敖主編的《蔣廷黻選集》，台北文星書店1965 年版。本文所引原文，見《回憶錄》第十四章，第 170 頁。

104　蔣廷黻參與善後救濟工作早在 1943 年即已開始。該年 10 月 5 日，行政院議決由蔣廷黻任出席聯合國善後救濟會議代表。11 月 30 日，蔣廷黻當選為聯合國善後救濟會遠東區委員會主席。1944 年 4 月任善後救濟調查委員會主任委員。但這些都是兼職，直到行政院於 12 月設立善後救濟總署時，蔣廷黻才真正從政務處長轉任救濟總署署長。

105　蔣廷黻於 1961 年調任「駐美大使」時，仍兼任「駐聯合國常任代表」，直到 1960年才停止兼任。

106　據蔣廷黻在《回憶錄》中說：他在益智學堂讀小學時，「唸書之外，同學和我常作白日夢，其中最重要的一種是救中國。我們幻想許多使中國富強的方法，為了神聖的救國使命我們還把工作分配好。就回憶所及，我常任軍事領袖，目的是訓練軍隊打敗入侵的外國人。其他同學有的從事教育，有的從事財政，有的從事農業。」見第五章：《教會學校時期》，第 40 頁。

107　《回憶錄》第十三章，第 145－146 頁。

108　沈怡：《〈蔣廷黻的志事與平生〉序》，《傳記文學》九卷五期，第 8 頁。

109　陳之邁：《蔣廷黻的志事與平生》（六），《傳記文學》九卷二期，第 33 頁。

110　《回憶錄》第十五章：《行政院政務處長時期》，第 173 頁。

111　胡適雄詩兩句：「寄語麻姑橋下水，出山還比在山清。」因這兩句詩，後來蔣廷黻曾用過「泉清」的筆名。見《蔣廷黻的志事與平生》（一），《傳記文學》八卷三期，第 6 頁。

112　蔣廷黻：《革命與專制》，《獨立評論》第 80 號（1933 年 12 月 10 日）。

113　參見《回憶錄》第十三章第 149 頁有關對蔣介石南昌行營的軍事、政治、財經措施的描述，費正清指出：在蔣廷黻看來，「問題不在於懂得做什麼，而在於把該做的事做完。他宣稱支持一個強有力的、甚至是獨裁的領袖，這樣的人物只有蔣介石才能當之無愧。」（《費正清對華回憶錄》，第 101 頁）

114　據《胡適的日記》（手稿本）所記，1933 年 3 月 3 日，因熱河危機，胡適約丁文江、翁文灝致電蔣介石，望蔣能親臨指揮、挽救熱河；3 月 13 日，胡適與丁文江、翁文

　　　　　灝、劉子楷等去見蔣介石。參見章清：《胡適派學人群與現代中國自由主義的趨向》，
　　　　　《史林》1998 年第 1 期。

115\117 《費正清對華回憶錄》，知識出版社 1991 年版，第 103 頁。

116　　　有關行政院政務處的職掌，蔣廷黻在《回憶錄》中說得很清楚。他說：「行政院是中
　　　　　國最高的行政單位。由於蔣委員長兼任院長，所以需要祕書人員輔佐他。祕書人員
　　　　　分成兩部分：一部分是以祕書長為首，下有祕書十名。另一部分以政務處長為首，
　　　　　下有參事十名。就理論說，祕書長是協助院長執行政務的，而政務處長是替院長擬
　　　　　訂政策的。」（第十五章，第 172 頁）當時，地質學家翁文灝擔任祕書長。雖然作
　　　　　為政務處長的蔣廷黻，在公事上是與翁平行的，但翁年長於蔣，在經驗聲望各方面
　　　　　都是「老大哥」，所以蔣廷黻「一開始就把政務處作為翁的附屬單位，儘量採納他
　　　　　的意見。」（同上，第 173 頁）

118　　　參見《藝文叢書總序》，第 1 頁。

120　　　郭廷以編：《近代中國史》，第 1 冊：《引論》，商務印書館 1947 年版，第 11 頁。

121　　　同上書、冊，《例言》第 1 頁。

122　　　這裏所說蔣廷黻一生著作不多，是指他的學術論著不多。1965 年，台北文星書店在
　　　　　蔣廷黻逝世不久，即出版《蔣廷黻選集》1－6 冊（李敖作序），共收錄蔣廷黻文論
　　　　　167 篇。1978 年這套選集由傳記文學出版社再版，除刪去李敖序文外，其餘均照初
　　　　　版排印。筆者所據即傳記文學出版社版本。

123　　　《蔣廷黻選集》，第 1 冊，第 45 頁。

124　　　《回憶錄》第十二章：《清華時期》，第 126－128 頁。

125　　　陳師這篇《重印前言》，先以《中古．近代化．民族惰性》為題，發表於 1986 年 6
　　　　　月 16 日《文匯報》。

126　　　蔣廷黻：《中國近代史．外三章》，《總論》，嶽麓版第 13 頁；第 11 頁。

127\130 同上。

128　　　同上書，第 36 頁。以下節敍各章內容的引文均見蔣著《中國近代史》嶽麓版，不
　　　　　另注明。

129　　　蔣廷黻：《中國近代史》，商務印書館 1939 年版，第七節，第 127 頁。

131\132 蔣廷黻：《中國近代史．外三種》，嶽麓版第 24 頁。

133　　　同上書第 58 頁；第 17 頁；第 30 頁

136\137 同上。

134　　　李群：《殺人篇》，原載《清議報》第 88 期。轉引自張枬、王忍之編：《辛亥革命前
　　　　　十年間時論選集》，第一卷上冊，三聯書店 1960 年版，第 22 頁。

135　　　陳旭麓：《重印前言》，蔣廷黻《中國近代史．外三種》，嶽麓版第 5 頁。

138　　那是道光帝在嘉獎廣州反入城有功人員的上諭中說的話:「夷務之興,將十年矣。沿海擾累,糜餉勞師,近年雖略臻靜謐,而馭之之法,剛柔不得其平,流弊以漸而出。朕深恐沿海居民有蹂躪之虞,故一切隱忍待之。蓋小屈必有大伸,理固然也……」見梁廷枏《夷氛聞記》卷五,《鴉片戰爭》資料叢刊本,第 6 冊,第 100 頁。又,關於鴉片戰爭後清政府的對外方針由撫轉剿的變化,可參閱拙作《1843－1847 年廣州與上海對外關係的探討》,《現代與傳統》第二輯,1994 年。

139　　《軟塵私議》,《鴉片戰爭》資料叢刊本,第 5 冊,第 529 頁。

140　　梁啟超:《清代學術概論》,第 79 頁。

141　　《戶部進呈江南司郎中湯鵬為敬籌善後事宜三十條折》,《鴉片戰爭檔案史料》第 6 冊,第 378－396 頁。

142　　有關湯鵬的奏議內容及其在當時的影響,可參見拙作《〈南京條約〉與中國士大夫散論》,《史林》1997 年第 3 期。

143　　見拙著《論陳寶琛與「前清流」》,《復旦學報》1995 年第 1 期。

144　　李敖:《蔣廷黻選集序》,文星書店 1965 年版,第 14 頁。

145　　引自劉鳳翰:《蔣廷黻博士對中國近代史上幾個問題的見解》,《傳記文學》七卷六期,第 27 頁。

146　　郭廷以編:《近代中國史》第一冊,《例言》,第 2 頁。

147　　李濟:《回憶中的蔣廷黻先生》,《傳記文學》八卷一期,第 28 頁。

中國近代史

蔣廷黻

總論

中華民族到了十九世紀就到了一個特殊時期。在此以前，華族雖已與外族久已有了關係，但是那些外族都是文化較低的民族。縱使他們入主中原，他們不過利用華族一時的內亂而把政權暫時奪過去。到了十九世紀，這個局勢就大不同了，因為在這個時候到東亞來的英、美、法諸國絕非匈奴、鮮卑、蒙古、倭寇、滿清可比。原來人類的發展可分兩個世界，一個是東方的亞洲，一個是西方的歐美。兩個雖然在十九世紀以前曾有過關係，但是那種關係是時有時無的，而且是可有可無的。在東方這個世界裏，中國是領袖，是老大哥，我們以大哥自居，他國連日本在內，也承認我們的優越地位。到了十九世紀，來和我們打麻煩的不是我們東方世界裏的小弟們，是那個素不相識而且文化根本互異的西方世界。

嘉慶道光年間的中國人當然不認識那個西方世界。直到現在，我們還不敢說我們完全瞭解西洋的文明。不過有幾點我們是可以斷定的。第一，中華民族的本質可以與世界上最優秀的民族比。中國人的聰明不在任何別的民族之下。第二，中國的物產雖不及俄、美兩國的完備，然總在一般國家水平線之上。第三，我國秦始皇的廢封建為郡縣及漢唐兩朝的偉大帝國足證我民族是有政治天才的。是故論人論地，中國本可大有作為。然而到了十九世紀，我民族何以遇着空前的難關呢？第一是因為我們的科學不及人。人與人的競爭，民族與民族的競爭，最足以決勝負的，莫過於知識的高低。科學的知識與非科學的知識比賽，好像汽車與洋車的比賽。在嘉慶道光年間，西洋的科學基礎已經打好了，而我們的祖先還在那裏作八股文，講陰陽五行。第二，西洋已於十八世紀中年起始用機械生財打仗，而我們的工業、農業、運輸、軍事，仍保存唐宋以來的模樣。第三，西洋在中古的政治局面很像中國的春秋時代，文藝復興以後的局面很像我們的戰國時代。在列強爭雄的生活中，西洋人養成了熱烈的愛國心，深刻的民族觀念；我們則死守着家族觀念和家鄉觀念。所以在十九世紀初年，西洋的國家雖小，然團結有如鐵石之固；我們的國家雖大，然如一盤散沙，毫無力量。總而言之，到了十九世紀西方的世界已經具備了所謂近代文化。而東方的世界則仍滯留於中古，我們是落伍了！

近百年的中華民族根本只有一個問題，那就是：中國人能近代化嗎？能趕

2

岩倉使團

岩倉使團，是明治 4
年（1871）至明治 6 年
（1873）期間由日本政府
派遣往歐美諸國考察的
使團，多名政府高官長
期在外訪問，為當時所
罕見。左起為：木戶孝
允、山口尚方、岩崙其
視、伊藤博文、大久保
利通。

上西洋人嗎？能利用科學和機械嗎？能廢除我們家族和家鄉
觀念而組織一個近代的民族國家嗎？能的話，我們民族的前
途是光明的；不能的話，我們這個民族是沒有前途的。因為
在世界上，一切的國家能接受近代文化者必致富強，不能者
必遭慘敗，毫無例外。並且接受得愈早愈速就愈好。日本就
是一個好例子。日本的原有土地不過中國的一省，原有的文
化幾乎全是隋唐以來自中國學去的。近四十餘年以來，日本
居然能在國際上作一個頭等的國家，就是因為日本接受近代
文化很快。我們也可以把俄國作個例子。俄國在十五世紀、
十六世紀、十七世紀也是個落伍的國家，所以那時在西洋的
大舞台上，幾乎沒有俄國的地位；可是在十七世紀末年，正
當我們的康熙年間，俄國幸而出了一個大彼得，他以專制皇
帝的至尊，變名改姓，微服到西歐去學造船，學煉鋼。後來
他又請了許多西歐的技術家到俄國去，幫助他維新。那時許
多的俄國人反對他，尤其是首都莫司哥[1]的國粹黨。他不顧
一切，奮鬥到底，甚至遷都到一個偏僻的，但是濱海的尼瓦

1　即莫斯科

3
聖彼得堡

聖彼得堡由彼得大帝於
1703 年建立，位於俄
羅斯西北部，瀕臨芬蘭
灣，涅瓦河流經市區，
以聖徒彼得命名，是沙
皇俄國 1712－1918 年
間的首都。普希金將其
稱為俄羅斯「面向西方
的窗口」，至今仍是俄羅
斯最西化開放的城市。

河[1]旁，因為他想靠海就容易與近代文化發源地的兩歐往來。
俄國的近代化基礎是大彼得立的，他是俄羅斯民族大英雄之
一，所以今日的斯塔林[2]還推崇他。

　　土耳其的命運也足以表示近代文化左右國家富強力量
之大。在十九世紀初年，土耳其帝國的土地跨歐、亞、非
三洲，土耳其人也是英勇善戰的。卻是在十九世紀百年之
內，別國的科學、機械和民族主義有一日千里的長進，土耳
其則只知保守，因此土耳其遂受了歐洲列強的宰割。到了
一八七八年以後，土耳其也有少數青年覺悟了非維新不可，
但是他們遇着極大的阻力：第一，土耳其的國王，如我國的
滿清一樣，並無改革的誠意。第二，因為官場的腐敗，創造
新事業的經費都被官僚侵吞了，浪費了。國家沒有受到新事
業的益處，人民已加了許多的苛捐雜稅，似乎國家愈改革就
愈弱愈窮。關於這一點，土耳其的近代史也很像中國的近代
史。第三，社會的守舊勢力太大，以至有一個人提倡維新，
就有十個人反對。總而言之，土耳其在十九世紀末年的維新

1　即涅瓦河
2　即斯大林

4

近代土耳其國父凱末爾

穆斯塔法‧凱末爾‧阿塔圖爾克（Mustafa Kemal Atatürk, 1881－1938）在奧斯曼帝國瓦解之際，帶領土耳其國民運動，擊敗協約國軍隊，建立了土耳其共和國。凱末爾的改革讓土耳其在文化上全盤歐化、政教分離，成為了近代化與世俗主義的國家。

是三心二意的，不徹底的，無整個計劃的，其結果是在上次世界大戰中的慘敗，國家幾致於滅亡。土耳其人經過那次大國難以後一致團結起來，擁護民族領袖基馬爾[1]，於是始得復興。基馬爾一心一意為國家服務，不知有他。他認識了時代的潮流，知道要救國非徹底接受近代的文化不可。他不但提倡科學、工業，他甚至改革了土耳其的文字，因為土耳其的舊文字太難，兒童費在文字上的時間和腦力太多，能費在實學上的必致減少。現在土耳其立國的基礎算打穩了。

　　日本、俄國、土耳其的近代史大致是前面說的那個樣子。這三國接受了近代的科學、機械及民族主義，於是復興了，富強了。現在我們要研究我們的近代史。我們要注意帝國主義如何壓迫我們。我們要仔細研究每一個時期內的抵抗方案。我們尤其要分析每一個方案成敗的程度和原因。我們如果能找出我國近代史的教訓，我們對於抗戰建國就更能有所貢獻了。

1　即凱末爾

第一章

剿夷與撫夷

第一節
英國請中國訂立邦交

　　在十九世紀以前，中西沒有邦交。西洋沒有派遣駐華的使節，我們也沒有派大使公使到外國去。此中的原故是很複雜的。第一，中西相隔很遠，交通也不方便。西洋到中國來的船隻都是帆船。那時沒有蘇彝士運河[1]，中西的交通須繞非洲頂南的好望角，從倫敦到廣州頂快需三個月。因此商業也不大。西洋人從中國買的貨物不外絲、茶及別的奢侈品。我們的經濟是自足自給的，用不着任何西洋的出品。所以那時我們的國際貿易總有很大的出超。在這種情形之下，邦交原來可以不必有的。

　　還有一個原故，那就是中國不承認別國的平等，西洋人到中國來的，我們總把他們當作琉球人、高麗人看待。他們不來，我們不勉強他們。他們如來，必尊中國為上國而以藩屬自居。這個體統問題、儀式問題就成為邦交的大阻礙，「天朝」是絕不肯通融的，中國那時不感覺有聯絡外邦的必要，並且外夷豈不是蠻貊之邦，不知禮義廉恥，與他們往來有什麼好處呢？他們貪利而來，天朝施恩給他們，許他們作買賣，藉以羈縻與撫綏而已。假若他們不安分守己，天朝就要「剿夷」。那時中國不知道有外交，只知道「剿夷與撫夷」。政治家分派別，不過是因為有些主張剿，有些主張撫。

　　那時的通商制度也特別。西洋的商人都限於廣州一口。在明末清初的時候，西洋人曾到過漳州、泉州、福州、廈門、寧波、定海各處。後來一則因為事實的不方便，二則因為清廷法令的禁止，就成立了所謂一口通商制度。在廣州，外人也是不自由的，夏秋兩季是買賣季，他們可以住在廣州的十三行，買賣完了，他們必須到澳門去過冬。十三行是中國政府指定的十三家可以與外國人作買賣的。十三行的行總是十三行的領袖，也是政府的交涉員。所有廣州官吏的命令都由行總傳給外商；外商上給官吏的呈文也由行總轉遞。外商到廣州照法令不能坐轎，事實上官吏很通融。他們在十三行住的時候，照法令不能隨便出遊，逢八（那就是初八，十八，二十八）可以由通事領導到河南[2]的「花地」去遊一次。他們不能

1　即蘇伊士運河
2　廣州珠江以南，今之海珠區。

帶軍器進廣州。「夷婦」也不許進去，以防「盤踞之漸」。頂奇怪的禁令是外人不得買中國書，不得學中文。第一個耶穌教傳教士馬禮遜博士的中文教師，每次去授課的時候，身旁必須隨帶一隻鞋子和一瓶毒藥，鞋子表示他是去買鞋子的，不是去教書的，毒藥是預備萬一官府查出，可以自盡。

5

廣州十三行全景油畫

「十三行」是指行商中最興盛的十三家，但不限於十三家。行商擁有壟斷中外貿易的特權，也兼負外交職責。十三行另闢有供洋人居住、經營的「夷館」，「夷館」建築多為三層洋房，與中國商館遙相對望。

那時中國的海關是自主的，朝廷所定的海關稅則原來很輕，平均不過百分之四，滿清政府並不看重那筆海關收入，但是官吏所加的陋規極其繁重，大概連正稅要收貨價百分之二十。中國法令規定稅則應該公開；事實上，官吏絕守祕密，以便隨意上下其手。外人每次納稅都經過一種講價式的交涉，因此很不耐煩。

中國那時對於法權並不看重。在中國境內外國人與外國人的民刑案件，我國官吏不願過問，那就是說，自動的放棄境內的法權。譬如，乾隆十九年，一個法國人在廣州殺了一個英國人，廣州的府縣最初勸他們自己調解。後因英國堅決要求，官廳始理問。中國與外國人的民事案件總是由雙方設法和解，因為雙方都怕打官司之苦。倘若中國人殺了外國人，官廳絕不偏袒，總是殺人者抵死，所以外人很滿意。只有外國人殺中國人的案子麻煩，中國要求外人交兇抵死，在十八世紀中葉以前，外人遵命者多，以後則拒絕交兇，拒絕接收中國官

廳的審理，因為他們覺得中國刑罰太重，審判手續太不高明。

外人最初對於我們的通商制度雖不滿意，然而覺得既是中國的定章，只好容忍。到了十八世紀末年（乾隆末年，嘉慶初年）外人的態度就慢慢的變了。這時中國的海外貿易大部分在英國的東印度公司手裏。在廣州的外人之中，英國已佔領了領袖地位。英國此時的工業革命已經起始，昔日的手工業者慢慢的變為機械製造。海外市場在英國的國計民生上一天比一天緊要，中國對通商的限制，英國認為最不利於英國的商業發展。同時英國在印度已戰勝了法國，印度半島全入了英國的掌握。以後再往亞東發展也就更容易了，因為有了印度作發展的根據地。

當時歐洲人把乾隆皇帝作為一個模範的開明君主看。英國人以為在華通商所遇着的困難都是廣州地方官吏作出來的。倘若有法能使乾隆知道，他必願意改革。一七九二年（乾隆五十七年）正是乾隆帝滿八十歲的一年，如果英國趁機派使來賀壽，那就能得着一個交涉和促進中英友誼的機會。廣州官吏知道乾隆的虛榮心，竭力慫恿英國派使祝壽。於是英國乃派馬戛爾尼侯（Lord Macartney）為全權特使來華。

馬戛爾尼使節的預備是很費苦心的。特使乘坐頭等兵船，並帶衛隊。送乾隆的禮物都是英國上等的出品。用意不外要中國知道英國是個富強而且文明的國家。英政府給馬戛爾尼的訓令要他竭力遷就中國的禮俗，惟必須表示中英的平等。交涉的目的有好幾個：第一，英國願派全權大使常駐北京，如中國願派大使到倫敦去，英廷必以最優之禮款待之。第二，英國希望中國加開通商口岸。第三，英國希望中國有固定的、公開的海關稅則。第四，英國希望中國給她一個小島，可以供英國商人居住及貯貨，如同葡萄牙人在澳門一樣。在乾隆帝方面，他也十分高興迎接英國的特使，但是乾隆把他當作一個藩屬的貢使看待，要他行跪拜禮。馬戛爾尼最初不答應，後來有條件的答應。他的條件是：將來中國派使到倫敦去的時候，也必須向英王行跪拜禮；或是中國派員向他所帶來的英王的畫像行跪拜答禮。他的目的不外要表示中英的平等。中國不接受他的條件，也就拒絕行跪拜禮。乾隆帝很不快樂，接見以後，就要他離京回國。至於馬戛爾尼所提出的要求，中國都拒絕了。那次英國和平的交涉要算完全失敗了。

十八世紀末年和十九世紀初年，歐洲正鬧法蘭西革命和拿破崙戰爭，英國無暇顧及遠東商業的發展。等到戰事完了，英國遂派第二次的使節來華，其目的大致與第一次同。但是嘉慶給英使的待遇遠不及乾隆，所以英使不但外交失敗，並

6

《乾隆皇帝半身冬裝像》

清宮畫家郎世寧所繪，
畫中乾隆正值中年，身
穿便服。這幅紙本油畫
較為真實反映了乾隆的
容貌。

7

馬戛爾尼使團抵達京師
隨行畫師所繪

且私人對我的感情也不好。

英國有了這兩次的失敗，知道和平交涉的路走不通。

中西的關係是特別的。在鴉片戰爭以前，我們不肯給外國平等待遇；在以後，他們不肯給我們平等待遇。

到了十九世紀，我們只能在國際生活中找出路，但是嘉慶、道光、咸豐年間的中國人，不分漢滿，仍圖閉關自守，要維持歷代在東方世界的光榮地位，根本否認那個日益強盛的西方世界。我們倘若大膽的踏進大世界的生活，我們需要高度的改革，不然，我們就不能與列強競爭。但是我們有與外人並駕齊驅的人力物力，只要我們有此決心，我們可以在十九世紀的大世界上得着更光榮的地位。我們研究我民族的近代史必須瞭解近代的邦交是我們的大困難，也是我們的大機會。

第二節
英國人作鴉片買賣

在十九世紀以前，外國沒有什麼大宗貨物是中國人要買的，外國商船帶到中國來的東西只有少數是貨物，大多數是現銀。那時經濟學者，不分中外，都以為金銀的輸出是於國家有害的。各國都在那裏想法子加增貨物的出口和金銀的進口。在中國的外商，經過多年的試驗，發現鴉片是種上等的商品。於是英國東印度公司在印度乃獎勵種植，統制運銷。乾隆初年，鴉片輸入每年約四百箱，每箱約百斤。乾隆禁止內地商人販賣，但是沒有效果，到了嘉慶初年，輸入竟加了十倍，每年約四千箱。嘉慶下令禁止入口，但是因為官吏的腐敗和查禁的困難，銷路還是繼續加增。

道光對於鴉片是最痛心的，對於禁煙是最有決心的。即位之初，他就嚴申禁令，可是在他的時代，鴉片的輸入加增最快。道光元年（一八二一年）輸入尚只五千箱，道光十五年，就加到了三萬箱，值價約一千八百萬元。中國的銀子漏出，換這有害無益的鴉片，全國上下都認為是國計民生的大患。廣東有般紳士覺得煙禁絕不能實行，因為「法令者，胥役之所藉以為利也，立法愈峻，則索賄愈多」。他們主張一面加重關稅，一面提倡種植，拿國貨來抵外貨，久而久之，外商無利可圖，就不運鴉片進口了。道光十四五年的時候，這一派的議論頗得勢，但是除許乃濟一人外，沒有一人敢冒天下之大不韙，公開提倡這個辦法。道光十八年，黃爵滋上了一封奏折，大聲疾呼的主張嚴禁。他的辦法是嚴禁吸食，他說沒有人吸，就沒有人賣，所以吸者應治以死罪：

請皇上嚴降諭旨，自今年某月某日起，至明年某月某日止，准給一年限戒煙，倘若一年以後，仍然吸食，是不奉法之亂民，置之重刑，無不平允。查舊例，吸食鴉片者僅枷杖，其不指出興販者罪止杖一百，徒三年，然皆係活罪。斷癮之苦，甚於枷杖與徒杖，故甘犯明刑，不肯斷絕。若罪以死論，是臨刑之慘更苦於斷癮，臣知其情願絕癮而死於家，不願受刑而死於市。惟皇上既慎用刑之意，誠恐立法稍嚴，互相告訐，必至波及無辜，然吸食鴉片是否有癮無癮，到官熬審，立刻可辨，如非吸食之人，無大深仇，不能誣枉良善，果係吸食者，究亦無從掩飾。故雖用刑，並無流弊。

8

吸食鴉片的旗人

鴉片在唐朝作為貢品傳入中國，曾作中藥之用，至清朝中葉，罌粟種植遍及全國。從 1729 年雍正開始，此後多位清帝都曾下令禁煙。

這封奏折上了以後，道光令各省的督撫討論。他們雖不彰明的反對黃爵滋，總覺得他的辦法太激烈，他們說吸食者尚只害自己，販賣者則害許多別人，所以販賣之罪，重於吸食之罪，廣州是鴉片煙的總進口，大販子都在那裏，要禁煙應從廣州下手。惟獨兩湖總督林則徐完全贊成黃爵滋的主張，並建議各種實施辦法。道光決定吸食與販賣都要加嚴禁止，並派林則徐為欽差大臣，馳赴廣州查辦煙禁。林文忠公是當時政界聲望最好、辦事最認真的大員，士大夫尤其信任他，他的自信力也不小。他雖然以先沒有辦過「夷務」，他對外國人說：「本大臣家居閩海，於外夷一切伎倆，早皆深悉其詳。」

實在當時的人對禁煙問題都帶了幾分客氣。在他們的私函中，他們承認禁煙的困難，但是在他們的奏章中，他們總是逢迎上峰的意旨，唱高調。這種不誠實的行為是我國士大夫階級大毛病之一。其實禁煙是個極複雜、極困難的問題。縱使沒有外國的干涉，禁煙已極其困難，何況在道光間英國人絕不願意我們實行禁煙呢？那時鴉片不但是通商的大利，而且是印度政府財政收入之大宗。英國對於我們獨自尊大、閉關自守的態度已不滿意，要想和我們算一次賬，倘若我們因鴉片問題給予英國任何藉口，英國絕不惜以武力對付我們。

那次的戰爭我們稱為鴉片戰爭，英國人則稱為通商戰爭，兩方面都有理由。關於鴉片問題，我方力圖禁絕，英方則希望維持原狀：我攻彼守。關於通商問題，英方力圖獲得更大的機會和自由，我方則硬要維持原狀：彼攻我守。就世界大勢論，那次的戰爭是不能避免的。

第三節
東西對打

　　林則徐於道光十九年正月二十五日行抵廣州。經一個星期的考慮和佈置，他就動手了。他諭告外國人説：「利己不可害人，何得將爾國不食之鴉片煙帶來內地，騙人財而害人命乎？」他要外國人作二件事：第一，把已到中國而尚未出賣的鴉片「盡數繳官」；第二，出具甘結，聲明以後不帶鴉片來華，如有帶來，一經查出，甘願「貨盡沒官，人即正法」。外國人不知林則徐的品格，以為他不過是個普通官僚，到任之初，總要出個告示，大講什麼禮義廉恥，實在還不是要價？價錢講好了，買賣就可以照常做了。因此他們就觀望，就講價。殊不知林則徐不是那類的人：「若鴉片一日未絕，本大臣一日不回，誓與此事相始終，斷無中止之理。」到了二月初十，外人尚不肯交煙，林則徐就下命令，斷絕廣州出海的交通，派兵把十三行圍起來，把行裏的中國人都撤出，然後禁止一切的出入。換句話說，林則徐把十三行作了外國人的監牢，並且不許人賣糧食給他們。

　　當時在十三行裏約有三百五十個外國人，連英國商業監督義律（Captain Charles Elliot）在內。他們在裏面當然要受相當的苦，煮飯、洗碗、打掃都要自己動手。但是糧食還是有的，外人預貯了不少，行商又祕密的接濟，義律原想妥協，但是林則徐堅持他的兩種要求。是時英國在中國洋面只有兩隻小兵船，船上的水兵且無法到廣州。義律不能抵抗，只好屈服。他屈服的方法很值得我們注意。他不是命令英國商人把煙交給林則徐，他是教英商把煙交給他，並且由他以商業監督的資格給各商收據，一轉手之間，英商的鴉片變為大英帝國的鴉片。

　　義律共交出二萬零二百八十箱，共計二百數十萬斤，實一網打盡。這是林文忠的勝利，道光帝也高興極了。他批林的奏折說：「卿之忠君愛國皎然於域中化外矣。」外人尚不完全相信林真是要禁煙，他們想林這一次發大財了。林在虎門海灘挑成兩個池子，「前設涵洞，後通水溝，先由溝道引水入池，撒鹽其中，次投箱中煙土，再拋石灰煮之，煙灰湯沸，顆粒悉盡。其味之惡，鼻不可嗅，潮退，啟放涵洞，隨浪入海，然後刷滌池底，不留涓滴」。共歷二十三日，全數始盡銷燬，逐日皆有文武官員監視，外人之來觀者，詳記其事，深讚欽差大臣之坦然無私。

9

清人繪虎門銷煙圖

使用傳統的「煙土拌桐油
焚燬法」銷燬鴉片後，膏
餘滲入地表，仍可被犯了
毒癮的百姓盜掘吸食。為
根本禁絕，林則徐決定採
取「海水浸化法」。

　　義律當時把繳煙的經過詳細報告英國政府以後，靜待政
府的訓令。林文忠的大功告成，似乎可以休手了。並且朝廷
調他去做兩江總督，他可是不去。他說：已到的鴉片，即已
銷燬，但是以後還可以來。他要徹底，方法就是要外商人人
出具甘結，以後不作鴉片買賣；這個義律不答應，於是雙方
又起衝突了。林自覺極有把握。他說，英國的戰鬥力亦不過
如此，英國人「腿足纏束緊密，屈伸皆所不便」。虎門的炮台
都重修過。虎門口他又拿很大的鐵鏈封鎖起來。他又想外國
人必須有茶葉、大黃，他禁止茶葉、大黃出口，就可以致外
人的死命。那年秋冬之間，廣東水師與英國二隻小兵船有好
幾次的衝突，林報告朝廷，中國大勝，因此全國都是樂觀的。

　　英國政府接到義律的信以後，就派全權代表懿律
（Admiral George Elliot）率領海陸軍隊來華。這時英國
的外相是巴麥尊（Lord Palmerston），有名的好大喜功
的帝國主義者。他不但索鴉片賠款、軍費賠款，並且要求一
掃舊日所有的通商限制和邦交的不平等。懿律於道光二十年
（一千八百四十年）的夏天到廣東洋面。倘若英國深知中國的
國情，懿律應該在廣州與林則徐決勝負，因為林是主戰派的

領袖。但英國人的策略並不在此，懿律在廣東，並不進攻，僅宣佈封鎖海口。中國人的解釋是英國怕林則徐。封鎖以後，懿律北上，派兵佔領定海。定海並無軍備，中國人覺得這是不武之勝。以後義律和懿律就率主力艦隊到大沽口。

定海失守的消息傳到北京以後，清廷慌蹶極了。道光下令調陝、甘、雲、貴、湘、川各省的兵到沿海各省，全國腳慌手忙。上面要調兵，下面就請餉。道光帝最怕花錢，於是對林則徐的信任就減少了。七月二十二日他的上諭罵林則徐道：「不但終無實際，反生出許多波瀾，思之曷勝憤懣，看汝以何詞對朕也。」

是時在天津主持交涉者是直隸總督琦善。他下了一番知己知彼的工夫。他派人到英國船上假交涉之名去調查英國軍備，覺得英人的船堅炮利遠在中國之上。他國的汽船，「無風無潮，順水逆水，皆能飛渡。」他們的炮位之下，「設有石磨盤，中具機軸，只須移轉磨盤，炮即隨其所向」。回想中國的設備，他覺得可笑極了。山海關的炮，尚是「前明之物，勉強蒸洗備用」。所謂大海及長江的天險已為外人所據，

10
威遠將軍炮

清朝自始重視火器，火器技術在明朝基礎上發展進步，圖為康熙年御製威遠將軍炮（子母炮），為八旗專用火器。但清廷對漢人始終心存防範，限制綠營漢軍使用火器，以致火器技術倒退到不如明朝，晚清將領左宗棠見到明朝開花彈時，慨歎「利器之入中國三百餘年矣」，卻對八旗擁有先進火器渾然不知。

11
復仇女神號

復仇女神號是英國第一艘鐵殼遠洋輪船和海軍戰艦，率先使用了工業革命的先進技術，蒸汽動力，水密封艙，參與了鴉片戰爭等多場戰役。然而清軍迎戰的卻只有原為廣東地區運米的紅頭米艇，以及仿造的人力車輪船。

「任軍事者，率皆文臣，筆下雖佳，武備未諳」。所以他決計撫夷。

英國外相致中國宰相書很使琦善覺得他的撫夷政策是很有希望的。那封書的前半都是批評林則徐的話，說他如何殘暴武斷，後半提出英國的要求。琦善拿中國人的眼光來判斷那封書，覺得它是個狀紙。林則徐待英人太苛了，英人不平，所以要大皇帝替他們伸冤。他就將計就計，告訴英國人說：「上年欽差大臣林等查禁煙土，未能體仰大皇帝大公至正之意，以致受人欺朦，措置失當。必當逐細查明重治其罪。惟其事全在廣東，此間無憑辦理。貴統帥等應即返棹南還，聽候欽差大臣馳往廣東，秉公查辦，定能代伸冤抑。」至於賠款一層，中國多少會給一點，使英代表可以有面子回國。至於變更通商制度，他告訴英國人，事情解決以後，英人可照舊通商，用不着變更。懿律和義律原不願在北方打仗，所以就答應了琦善回到廣州去交涉，並表示願撤退在定海的軍隊。道光帝高興極了，覺得琦善三寸之舌竟能說退英國的海陸軍，遠勝林則徐的孟浪多事。於是下令教內地各省的軍隊概歸原防，「以節縻費」。同時革林則徐的職，教琦善去代替他。

　　琦善到了廣東以後，他發現自己把事情看的太容易了。英國人堅持賠款和割香港或加通商口岸，琦善以為與其割地，不如加開通商口岸。但是怕朝廷不答應，所以只好慢慢講價，稽延時日。英人不耐煩，遂於十二月初開火了。大角、沙角失守以後，琦善遂和義律訂立條約，賠款六百萬元，割香港與英國，以後給與英國平等待遇。道光不答應，罵琦善是執迷不悟，革職鎖拿，家產查抄入官，同時調大兵赴粵剿辦。英國政府也不滿意義律，另派代表及軍隊來華。從這時起中英雙方皆一意主戰，彼此絕不交涉。英國的態度很簡單：中國不答應她的要求，她就不停戰。道光也是很倔強的：一軍敗了，再調一軍。中國兵士有未出戰而先逃者，也有戰敗而寧死不降不逃者。將帥有戰前妄自誇大而臨戰即後退者，也有鞠躬盡瘁、死而後已者，如關天培、裕謙、海齡諸人。軍器不如人，自不待說；紀律不如人，精神不如人，亦不可諱言。人民有些甘作漢奸，有些為飢寒所迫，投入英軍作苦力。到了二十二年的夏天，英軍快要攻南京的時候，清廷知道沒有辦法，不能再抵抗，於是接受英國要求，成立《南京條約》。

第四節
民族喪失二十年的光陰

　　鴉片戰爭失敗的根本理由是我們的落伍。我們的軍器和軍隊是中古的軍隊，我們的政府是中古的政府，我們的人民，連士大夫階級在內，是中古的人民。我們雖拚命抵抗終歸失敗，那是自然的，逃不脫的。從民族的歷史看，鴉片戰爭的軍事失敗還不是民族致命傷。失敗以後還不明瞭失敗的理由力圖改革，那才是民族的致命傷。倘使同治光緒年間的改革移到道光咸豐年間，我們的近代化就要比日本早二十年。遠東的近代史就要完全變更面目。可惜道光咸豐年間的人沒有領受軍事失敗的教訓，戰後與戰前完全一樣，麻木不仁，妄自尊大。直到咸豐末年英法聯軍攻進了北京，然後有少數人覺悟了，知道非學西洋不可。所以我們說，中華民族喪失了二十年的寶貴光陰。

　　為什麼道光年間的中國人不在鴉片戰爭以後就起始維新呢？此中原故雖極複雜，但是值得我們研究。第一，中國人的守舊性太重。我國文化有了這幾千年的歷史，根深蒂固，要國人承認有改革的必要，那是不容易的。第二，我國文化是士大夫階級的生命線。文化的搖動，就是士大夫飯碗的搖動。我們一實行新政，科舉出身的先生們，就有失業的危險，難怪他們要反對。第三，中國士大夫階級（知識階級和官僚階級）最缺乏獨立的、大無畏的精神。無論在那個時代，總有少數人看事較遠較清，但是他們怕清議的指摘，默而不言，林則徐就是個好例子。

　　林則徐實在有兩個，一個是士大夫心目中的林則徐，一個是真正的林則徐。前一個林則徐是主剿的，他是百戰百勝的。他所用的方法都是中國的古法。可惜奸臣琦善受了英人的賄賂，把他驅逐了。英人未去林之前，不敢在廣東戰，既去林之後，當然就開戰。所以士大夫想中國的失敗不是因為中國的古法不行，是因為奸臣誤國。當時的士大夫得了這樣的一種印象，也是很自然的，林的奏章充滿了他的自信心，可惜自道光二十年夏天定海失守以後，林沒有得着機會與英國比武，難怪中國人不服輸。

　　真的林則徐是慢慢的覺悟了的。他到了廣東以後，他就知道中國軍器不如西洋，所以他竭力買外國炮，買外國船，同時他派人翻譯外國所辦的刊物。他在廣

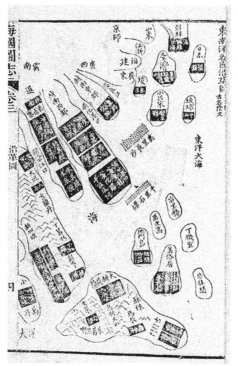

12

《海國圖志》書影

《海國圖志》是魏源在林則徐主持編譯的《四洲志》基礎上，幾經擴充而為 100 卷本，介紹當時世界上科學技術與歷史地理的綜合性鉅著。「百卷本全書約 88 萬字，並有各種地圖 75 幅，西洋船、炮、器藝等圖式 42 頁」，開宗明義提出了「師夷長技以制夷」的思想，書中並由技術、經濟擴展到政治領域，論及美國歷史與其共和制民主政體。《海國圖志》在國內影響甚微，為當時士大夫所諱言，流傳日本後卻備受關注，為之後明治維新大規模學習西方奠定了基礎。

東所搜集的材料，他給了魏默深。魏後來把這些材料編入《海國圖志》。這部書提倡以夷制夷，並且以夷器制夷。後來日本的文人把這部書譯成日文，促進了日本的維新。林雖有這種覺悟，他怕清議的指摘，不敢公開的提倡。清廷把他謫戍伊犁，他在途中曾致書友人說：

> 彼之大炮遠及十里內外，若我炮不能及彼，彼炮先已及我，是器不良也。彼之放炮如內地之放排槍，連聲不斷。我放一炮後，須輾轉移時，再放一炮，是技不熟也，求其良且熟焉，亦無他深巧耳。不此之務，即遠調百萬貔貅，恐只供臨敵之一閧。況逆船朝南暮北，惟水師始能尾追，岸兵能頃刻移動否？蓋內地將弁兵丁雖不乏久歷戎行之人，而皆覿面接仗。似此之相距十里八里，彼此不見面而接仗者，未之前聞。余嘗謂剿匪八字要言：器良技熟、膽壯心齊是已。第一要大炮得用，令此一物置之不講，真令岳、韓[1]束手，奈何奈何！

這是他的私函，道光二十二年九月寫的。他請他的朋友不要給別人看。換句話說，真的林則徐，他不要別人知道。難怪他後來雖又作陝甘總督和雲貴總督，他總不肯公開提倡改革。他讓主持清議的士大夫睡在夢中，他讓國家日趨衰弱，而不肯犧牲自己的名譽去與時人奮鬥。林文忠無疑的是中國舊文化最好的產品。他尚以為自己的名譽比國事重要，別人更不必說了。士大夫階級既不服輸，他們當然不主張改革。

主張撫夷的琦善、耆英諸人雖把中外強弱的懸殊看清楚了，而且公開的宣傳了，但是士大夫階級不信他們，而且他們無自信心，對民族亦無信心，只聽其自然，不圖振作，不圖改革。我們不責備他們，因為他們是不足責的。

1　宋朝中興名將岳飛、韓世忠。

第五節
不平等條約開始

13

《南京條約》簽訂現場

1842 年，清朝在第一次鴉
片戰爭中戰敗。隨後與英
方代表在江寧府靜海寺談
判，並在泊於下關江面的
英艦上簽訂了《南京條約》。

　　道光二十二年八月二十九日在南京所訂的《中英條約》
不過是戰後新邦交及新通商制度的大綱。次年的《虎門條約》
才規定細則。我們知道戰後的整個局面應該把兩個條約合併
起來研究。我們應該注意的有下列幾點：第一，賠款二千一百
萬兩[1]。第二，割香港。第三，開放廣州、廈門、福州、寧波、
上海為通商口岸。第四，海關稅則詳細載明於條約，非經兩
國同意不能修改，是即所謂協定關稅。第五，英國人在中國
者只受英國法律和英國法庭的約束，是即所謂治外法權。第
六，中英官吏平等往來。

　　當時的人對於這些條款最痛心的是五口通商。他們覺
得外人在廣州一口通商的時候已經不易防範，現在有五口通
商，外人可以橫行天下，防不勝防。直到前清末年，文人憂
國者莫不以五口通商為後來的禍根。五口之中，他們又以福
州為最重要，上海則是中英雙方所不重視的。割讓土地當然
是時人所反對的，也應該反對的。但是香港在割讓以前毫無
商業的或國防的重要。英人初提香港的時候，北京還不知道

1　應為 2100 萬銀圓，約合 1500 萬兩白銀。

14
1870 年的
香港維多利亞城

圖為 1841 年香港開埠之初最先發展的地區，即今之中西區及灣仔區。可見短短三十年間，香港已從一個滿是岩石的荒蕪小島，變成洋房林立，繁華壯觀的自由港。

香港在那裏。時人反對割地，不是反對割香港。

　　協定關稅和治外法權是我們近年所認為不平等條約的核心，可是當時的人並不這樣看治外法權，在道光時代的人的目光中，不過是讓夷人管夷人。他們想那是最方便、最省事的辦法。至於協定關稅，他們覺得也是方便省事的辦法。每種貨物應該納多少稅都明白的載於條約，那就可以省除爭執。負責交涉條約的人如伊里布、耆英、黃恩彤諸人知道戰前廣東地方官吏的苛捐雜稅是引起戰爭原因之一，現在把關稅明文規定豈不是一個釜底抽薪、一勞永逸的辦法？而且新的稅則平均到百分之五，比舊日的自主關稅還要略微高一點。負交涉責任者計算以後海關的收入比以前還要多，所以他們洋洋得意，以為他們的外交成功。其實他們犧牲了國家的主權，遺害不少。總而言之，道光年間的中國人，完全不懂國際公法和國際形勢，所以他們爭所不當爭，放棄所不應當放棄的。

　　我們與英國訂了這種條約，實因為萬不得已，如別的國家來要求同樣的權利，我們又怎樣對付呢？在鴉片戰爭的時候，國內分為兩派：剿夷派和撫夷派。前者以林則徐為領袖，後者以琦善為領袖。戰爭失敗以後，撫夷派當然得勢了。這一派在朝者是軍機大臣穆彰阿，在外的是伊里布和耆英。中英訂了條約以後，美法兩國就派代表來華，要求與我國訂

約。撫夷派的人當然不願意與美國、法國又打仗，所以他們自始就決定給美、法的人平等的待遇。他們説，倘若中國不給，美、法的人大可以假冒英人來作買賣，我們也沒有法子查出。這樣作下去，美、法的人既靠英國人，勢必與英國人團結一致，來對付我們，假使中國給美、法通商權利，那美國、法國必將感激中國。我們或者還可以聯絡美、法來對付英國。並且伊里布、耆英諸人以為中國的貿易是有限的。這有限的貿易不讓英國獨佔，讓美、法分去一部分，與中國並無妨礙，中國何不作個順水人情？英國為避免別國的妒嫉，早已聲明她歡迎別國平等競爭。所以美國、法國竟能和平與中國訂約。

　　不平等條約的根源一部分由於我們的無知，一部分由於我們的法制未達到近代文明的水準。

第六節
剿夷派又抬頭

　　在鴉片戰爭以前，廣州與外人通商已經三百多年，好像廣州人應該比較的多知道外國的情形，比別處的中國人應該更能與外人相安無事，其實不然，五口通商以後，惟獨廣州人與外人感情最壞，衝突最多。此中原因複雜。第一，英國在廣州受了多年的壓迫，無法出氣，等到他們打勝了，他們覺得他們出氣的日子到了，他們不能平心靜氣的原諒中國人因受了戰爭的痛苦而對他們自然不滿意，自然帶幾分的仇視。第二，廣東地方官商最感覺《南京條約》給他們私人利益的打擊。在鴉片戰爭以前，因為中外通商集中於廣州，地方官吏，不分大小，都有發大財的機會。《南京條約》以後，他們的意外財源都禁絕了，難怪他們要恨外國人。商人方面也是如此。在戰前，江浙的絲、茶都由陸路經江西，過梅嶺，而由廣州的十三行賣給外國人。據外人的估計，伍家的怡和行在戰前有財產八千多萬，恐怕是當時世界上最富的資本家。《南京條約》以後，江浙的絲、茶，外人直接到江浙去買，並不經過廣州。五口之中，上海日盛一日，而廣州則日形衰落。不但富商受其影響，就是勞工直接間接受影響的都不少，難怪民間也恨外國人。

　　仇外心理的表現之一就是殺外國人，他們到郊外去玩的時候，鄉民出其不意，就把他們殺了。耆英知道這種仇殺一定要引起大禍，所以竭力防禦，絕不寬容。他嚴厲的執行國法，殺人者處死，這樣一來，士大夫罵他是洋奴。他們說：官民應該一致對外，那可以壓迫國民以順夷情呢？因此耆英在廣東的地位，一天困難一天。

　　在廣東還有外人進廣州城的問題。照常識看來，許外國人到廣州城裏去似乎是無關宏旨的。在外人方面，不到廣州城裏去似乎也沒任何損失，可是這個入城問題竟成了和戰問題。在上海，就全無這種糾紛。《南京條約》以後，外人初到上海的時候，他們在上海城內租借民房，後來他們感覺城內街道狹小，衛生情形也不好，於是請求在城外劃一段地作為外人居留地區。上海道台也感覺華洋雜處，不便管理，乃劃洋涇浜以北的小塊地作為外人住宅區。這是上海租界的起源。廣州十三行原在城外，鴉片戰爭以前，外人是不許入城的。廣州人簡直把城

15
《浩官肖像》

伍秉鑒（1769－1843），
商名浩官（Howqua），
廣州十三行之一怡和行
的行主，清朝三品頂戴
花翎，壟斷了中國對外
海上貿易，其淨資產佔
清朝收入的五成，被認
為是當時的世界首富。
圖為英人喬治·錢納利
為其所繪肖像，因作為
商業標誌附贈友商而風
靡於世。

16
19 世紀下半葉的
上海外灘

外灘，上海話指黃浦江
的下游河灘。1843 年開
埠以前還是一片泥灘，
到 1875 年已迅速發展
為 157 家洋行雲集的
通商口岸，興建了一批
文藝復興式建築，形成
「十里洋場」的現代城市
風貌。

內作為神聖之地，外夷倘進去，就好像與尊嚴有損。外人也是爭意氣：他們以為不許他們入城，就是看不起他們。耆英費盡苦心調停於外人與廣州人民之間，不料雙方愈鬧愈起勁。道光二十七年，英人竟兵臨城下，要求入城。耆英不得已，許於二年後准外人入城，希望在兩年之內，或者中外感情可以改良，入城可以不成問題。但當時人民攻擊耆英者多，於是道光調他入京，而升廣東巡撫徐廣縉為兩廣總督，道光給徐的上諭很清楚的表示他的態度：

> 疆寄重在安民，民心不失，則外侮可弭。嗣後遇有民、夷交涉事件，不可瞻徇遷就，有失民心。至於變通參酌，是在該署督臨時加意權衡體察。總期以誠實結民情，以羈縻辦夷務，方為不負委任。

徐廣縉升任總督以後，就寫信問林則徐馭夷之法。林回答說：「民心可用。」道光的上諭和林則徐的回答都是士大夫階級傳統的高調和空談。僅以民心對外人的炮火當然是自殺。民心固不可失，可是一般人民懂得什麼國際關係？主政者應該負責指導輿論。如不指導，或指導不生效，這都是政治家的失敗。徐廣縉也是怕清議的指責，也是把自己的名譽看的重，國家事看的輕。當時廣東巡撫葉名琛比徐廣縉更頑固。他們繼承了林則徐的衣缽，他們上台就是剿夷派的抬頭。

道光二十九年，兩年後許入城的約到了期。英人根據條約提出要求。廣州的士大夫和民眾一致反對。徐廣縉最初猶疑，後亦無可奈何，只好順從民意。葉名琛自始即堅決反對履行條約。他們的辦法分兩層：第一，不與英人交易。第二，組織民眾。英人這時不願為意氣之爭與中國決裂，所以除聲明保存條約權利以外，沒有別的舉動。徐、葉認為這是他們的大勝利，事後他們報告北京說：

> 計自正月二十七日至三月二十日，居民則以工人，鋪戶則以夥伴，均擇其強壯可靠者充補。挨戶注冊，不得在外僱募。公開籌備經費，製造器械，添設柵欄，共團勇至十萬餘人。無事則各安工作，有事則立出捍衛。明處則不見荷戈持戟之人，暗中實皆折衝禦侮之士。（硃批：朕初不料卿等有此妙用。）眾志成城，堅逾金石，用能內戢土匪，外警猾夷。

為紀念勝利，道光帝賞了徐廣縉子爵，世襲雙眼花翎，葉名琛男爵，世襲花翎。道光又特降諭旨，嘉勉廣州民眾：

我粵東百姓素稱驍勇。乃近年深明大義,有勇知方,固由化導之神,亦繫天性之厚。朕念其翊戴之功,能無惻然有動於中乎!

三十年(一千八百五十年)年初道光死了,咸豐即位。在咸豐年間,國內有太平天國的內戰,對外則剿夷派的勢力更大。三十年五月,有個御史曹履泰上奏說:

查粵東夷務林始之而徐終之,兩臣皆為英夷所敬畏。去歲林則徐乞假回籍,今春取道江西養疾,使此日英夷頑梗不化,應請旨飭江西撫臣速令林則徐趕緊來京,候陛見後,令其協辦夷務,庶幾宋朝中國復相司馬[1]之意。若精神尚未復原,亦可養疴京中,勿遽回籍。臣知英夷必望風而靡,伎倆悉無可施,可永無宵肝之慮矣。

咸豐也很佩服林則徐,當即下令教林來京。林的運氣真好:他病大重,以後不久就死了,他的名譽藉此保存了。

1　指司馬光

第七節
剿夷派崩潰

林則徐死了，徐廣縉離開廣東去打太平天國去了。在廣東負外交重責的是葉名琛。他十分輕視外人，自然不肯退讓。在外人方面，他們感覺已得的權利不夠，他們希望加開通商口岸。舊有的五口只包括江、浙、閩、粵四省海岸，現在他們要深入長江，要到華北，其次他們要派公使駐北京。此外他們希望中國地方官吏不拒絕與外國公使領事往來。最後他們要求減輕關稅並廢除釐金。這些要求除最後一項外，並沒有什麼嚴重的性質。但是咸豐年間的中國人反而覺得稅收一項倒可通融，至於北京駐使，長江及華北通商及官吏與外人往來各項簡直有關國家的生死存亡，絕對不可妥協的。

咸豐四年（一八五四年），英美兩國聯合要求修改條約。當時中國沒有外交部，所有的外交都由兩廣總督辦。葉名琛的對付方法就是不交涉。外人要求見他，他也不肯接見。英美兩國的代表跑到江蘇去找兩江總督，他勸他們回廣東去找葉名琛。他們後來到天津，地方當局只允奏請皇帝施恩稍為減免各種稅收，其餘一概拒絕。總而言之，外人簡直無門可入。他們知道要修改條約只有戰爭一條路。

咸豐六年（一八五六年）葉名琛派兵登香港註冊之亞羅船上去搜海盜，這一舉動給了英國人開戰的口實。不久，法國傳教士馬神父在廣西西林被殺，葉名琛不好好處理，又得罪了法國。於是英法聯軍來和我們算總賬。

七年冬天，英法聯軍首先進攻廣東。士大夫階級所依賴的民心竟毫無力量。英法不但打進廣州，而且把總督、巡撫都俘虜了。葉後來押送印度，死在喀爾喀塔[1]。巡撫柏貴出來作英法的傀儡維持地方治安。民眾不但不抵抗，且幫助英國人把藩台衙門的庫銀抬上英船。

八年，英法聯軍到大沽口。交涉失敗，於是進攻。我們迫不得已與訂《天津條約》，接受英法的要求。於是英法撤退軍隊。

清廷對於北京駐使及長江通商始終不甘心，總要想法挽回，清廷派桂良和花

---

1 即加爾各答

沙納到上海，名為交涉海關細則，實則想取消《天津條約》。為達到這個目的，清廷準備出很大的代價。只要英法放棄北京駐使、長江開通商口岸，清廷願意以後全不收海關稅。幸而桂良及何桂清反對這個辦法；所以《天津條約》，未得挽回。清廷另一方面派科爾沁親王僧格林沁在大沽佈防。僧格林沁是當時著名勇將之一，辦事極認真。

九年，英法各國代表又到大沽，預備進京去交換《天津條約》的批准證書。他們事先略聞中國要修改《天津條約》，並在大沽設防，所以他們北上的時候，隨帶相當海軍。到了大沽口，看見海河已堵塞，他們嘖嘖不平，責中國失信，並派船拔取防禦設備，僧格林沁就令兩岸的炮台出其不意同時開炮。英法的船隻竟無法抵抗。陸戰隊陷於海灘的深泥，亦不能登岸。他們只有宣告失敗，等國內增派軍隊。

咸豐九年的冬季及十年的春季，正是清廷與太平天國內戰最緊急的時候。蘇州被太平軍包圍，危在旦夕。江、浙的官吏及上海、蘇州一帶的紳士聽見北方又與英、法開戰，簡直驚慌極了，因為他們正竭力尋求英法的援助來對付太平軍。所以他們對北京再三請求撫夷，說明外人兵力之可畏及長江下游局勢之險急。清廷雖不許他們求外人的援助，恐怕示弱於人，但外交政策並不因大沽口的勝利而轉強硬。北京此時反願意承認《天津條約》。關於大沽的戰事，清廷的辯護亦極有理。倘使英法各國代表的真意旨是在進京換約，何必隨帶重兵？海河既為中國領河，中國自有設防的權，而這種防禦或者是對太平軍，並非對外仇視的表示。海河雖阻塞，外國代表尚可在北塘上岸，有陸路進北京。我國根據以上理論的宣傳頗生效力。大沽之役以後，英法並不堅持要報復，要雪恥。他們只要求賠償損失及其他不關重要之條約解釋與修改。這種《天津條約》以外的要求遂成為咸豐十年英法聯軍的起因。

十年，英法的軍隊由側面進攻大沽炮台，僧格林沁不能支持，連天津都不守了。清廷又派桂良等出面在天津交涉。格外的要求答應了。但到簽字的時候，一則英法代表要求率衛隊進京，二則因為他們以為桂良的全權的證書不合格式，疑他的交涉不過是中國的緩兵之計，所以又決裂了。英法的軍隊直向北京推進。清廷改派怡親王載垣為欽差大臣，在通州交涉。條件又講好了，但英使的代表巴夏禮在簽字之前聲明英使到北京後，必須向中國皇帝面遞國書。這是國際間應行的禮節，但那時中國人認為這是外夷的狂悖。其居心叵測，中國絕不能容忍。載垣

17

被摧毀的大沽口炮台

清軍在大沽口嚴密佈防，然而北塘卻除鋪設地雷外，並無駐軍。俄國駐北京公使探得此情報後，引導英法聯軍出動軍艦 30 餘艘、陸戰隊 5000 人，在北塘順利登陸。英法聯軍沿路攻佔大沽口 2 座北炮台後，清軍放棄了南炮台，撤防天津。

18

清末熱河行宮舊影

承德避暑山莊又稱熱河行宮，是清朝皇帝的夏季行宮，周圍並建有蒙藏等地藏傳佛教式樣的寺廟，是康熙帝為便於木蘭圍獵、鞏固邊疆民族關係，於 1703 年始建。1860 年第二次鴉片戰爭中，咸豐帝避居此地，名為北狩，實為逃難，熱河行宮見證了清王朝的由盛轉衰。

19
恭親王奕訢

奕訢（1833－1898），
愛新覺羅氏，道光帝第
六子，咸豐帝同父異母
弟弟，晚清洋務派代表
人物，頑固派因此稱其
「鬼子六」。

20
文祥

文祥（1818－1876），
瓜爾佳氏，諡文忠，長
期擔任軍機大臣，自強
運動的主要領導人之
一。被認為是清廷中勤
勉正直的政治人物。

乃令軍隊捕拿英法代表到通州來交涉人員。這一舉激怒外人，軍事又起了。

　　咸豐帝原想「親統六師，直抵通州，以伸天討，而張撻伐」。可是通州決裂以後，他就逃避熱河，派恭親王奕訢留守北京。奕訢是咸豐的親弟，這時只二十八歲。他當然毫無新知識。八年天津交涉的時候，他竭力反對長江通商。捕拿外國交涉代表最初也是他提議的，所以他也是屬於剿夷派的。但他是個有血性的人，且真心為國圖謀。他是清朝後百年宗室中之賢者。在道咸時代，一般士大夫不明天下大勢是可原諒的，但是戰敗以後而仍舊虛驕，如附和林則徐的剿夷派，或是服輸而不圖振作、不圖改革，如附和耆英的撫夷派，那就不可救藥了。恭親王把握政權以後，天下大勢為之一變，他雖缺乏魄力，他有文祥作他的助手。文祥雖是親貴，但他的品格可說是中國文化的最優代表，他為人十分廉潔，最盡孝道。他可以作督撫，但因為有老母在堂，不願遠行，所以堅辭。他辦事負責而認真，且不怕別人的批評。我們如細讀《文文忠年譜》，我們覺得他真是一個「先天下之憂而憂，後天下之樂而樂」的大政治家。

　　奕訢與文祥在元首逃難，京都將要失守的時候，接受大命。他們最初因無外交經驗，不免舉棋不定。後來把情勢看清楚了，他們就毅然決然承認外人的要求，與英法訂立《北京條約》。條約簽定以後，英法退軍，中國並沒喪失一寸土地。咸豐六年的《天津條約》和十年的《北京條約》是三年的戰爭和交涉的結果。條款雖很多，主要的是北京駐使和長江通商。歷史上的意義不外從此中國與西洋的關係更要密切了。這種關係固可以為禍，亦可以為福，看我們振作與否。奕訢與文祥絕不轉頭回看，留戀那已去不復回的閉關時代。他們大着膽向前進，到國際生活中去找新出路。我們研究近代史的人所痛心的就是這種新精神不能出現於鴉片戰爭以後而出現於二十年後的咸末同初。一寸光陰一寸金，個人如此，民族更如此。

第二章

洪秀全與曾國藩

第一節
舊社會走循環套

　　第一章已經討論了道光、咸豐年間自外來的禍患。我們說過那種禍患是不可避免的，因為我們無法阻止西洋科學和機械勢力，使其不到遠東來。我們也說過，我們很可以轉禍為福，只要我們大膽的接受西洋近代文化，以我們的人力物力，倘若接受了科學機械和民族精神，我們可以與別國並駕齊驅，在國際生活之中，取得極光榮的地位。可是道光時代的人不此之圖。鴉片之役雖然敗了，他們不承認是敗了。主戰的剿夷派及主和的撫夷派，在戰爭之後，正如在戰爭之前，均未圖振作。直到受了第二次戰敗的教訓。然後有人認識時代的不同而思改革。

　　在沒有敘述同治光緒年間的新建設以前，我們試再進一步的研究道咸年間中國的內政。在近代史上，外交雖然要緊，內政究竟是決定國家強弱的根本要素。譬如：上次世界大戰以前，德國的外交失敗了，所以戰爭也失敗了，然而因為德國內政健全，戰後尚不出二十年，她又恢復她的地位了，這就是自力更生。

　　不幸到了十九世紀，我們的社會、政治、經濟都已到腐爛不堪的田地。據前清政府的估計，中國的人口在康熙四十年（一千七百零一年）約有二千萬[1]；到了嘉慶五年（一千八百年）增加到三萬萬。百年之內竟有十五倍的增加！這種估計雖不可靠，然而我國人口在十八世紀有很大的增加，這是毫無疑問的。十七世紀是個大屠殺的世紀。開初有明朝末年的內亂，後又有明清的交戰及滿清有計劃的屠殺漢人，如揚州十日及嘉定屠城。我們也不要忘記張獻忠在四川的屠殺，近年中央研究院發表了很多明清史料，其中有一件是康熙初年四川某縣知事的人口年報，那位縣老爺說他那縣的人口，在大亂之後，只有九百餘人，而在一年之內，老虎又吃了一大半！康熙、雍正、乾隆三朝是大亂之後的大治，於是人口增加。這是中國幾千年來的圈套，演來演去，就是聖賢也無法脫逃。

　　那時的人一方面不知利用科學節制生育，另一方面又不知利用科學增加生產。在大亂之後，大治之初，人口減少，有荒可墾，故人民安居樂業，生活程度略為提高。這是老百姓心目中的黃金時代。後來人口一天多一天，荒地則一天減

1　作者有誤，此二千萬應為丁數，而非人口總數。

21
揚州史可法衣冠冢

史可法（1602－1645），累任至南明兵部尚書，鎮守揚州，城破後壯烈就義。清兵圍攻揚州時傷亡甚大，惱羞成怒下令屠城，據《揚州十日記》載，軍民罹難者多達八十萬之眾。此外，因抗拒侮辱漢族的剃髮令，嘉定先後遭三次屠城。曾國藩幕僚趙烈文故稱，「國初創業太易，誅戮太重」。

少一天，而且新墾的地不是土質不好，就是水源不足，於是每人耕地的面積減少，生活程度降低。老百姓莫明其妙，只好燒香拜佛，嗟歎自己的命運不好。士大夫和政府縱使有救世之心，亦無救世之力，只好聽天災人禍自然演化。等到土匪一起，人民更不能生產，於是小亂變為大亂。

中國歷史還有一個循環套。每朝的開國君主及元勛大部分起自民間，自奉極薄，心目中的奢侈標準是很低的，而且比較能體恤民間的痛苦，辦事亦比較認真，這是內政倡明、吏治澄清的時代。後來慢慢的統治階級的慾望提高，奢侈標準隨之提高，因之官吏的貪污亦大大的長進。並且舊社會裏，政界是才子惟一的出路，不像在近代文化社會裏，有志之士除作官以外，可以經營工商業，可以行醫，可以作新聞記者、大學教授、科學家、發明家、探險家、音樂家、美術家、工程師，而都名利兩全，其所得往往還在大官之上。有人說：中國舊日的社會很平等，因為官吏都是科舉出身，而且舊日的教育是很不費錢的。這種看法，過於樂觀。前清一代的翰林那一個在未得志以前，曾經下過苦力？我們可以進一步的問，前清一代的翰林，那一個的父親曾下過苦力？林

則徐、曾國藩是前清有名的貧苦家庭的子弟，但是細考他們的家世，我們就知道他們的父親是教書先生，不是勞力者。中國舊日的資本家有幾個不是做官起家？中國舊日的大商業那一種沒有官吏作後盾，仗官勢發財？總而言之，在中國舊日的社會裏，有心事業者集中於政界，專心利祿者也都擠在官場裏。結果是每個衙門的人員永在加增之中，而衙門的數目亦天天加多。所以每個朝代到了天下太平已久，人口加增很多，民生痛苦的時候，官吏加多，每個官吏的貪污更加厲害，人民所受的壓榨也更加嚴重。

中國到了嘉慶年間，已到了循環套的最低點。嘉慶初年所革除的權臣和珅，據故宮博物院所保存的檔案，積有私產到九萬萬兩之多，當時官場的情形可想而知。歷嘉慶、道光兩朝，中國幾無日無內亂，最初有湖北、四川、陝西三省白蓮教徒的叛亂，後有西北回教徒之亂，西南苗、猺之亂，同時東南沿海的海盜亦甚猖獗。這還是明目張膽與國家對抗者，至於潛伏於社會的匪徒幾遍地皆是。道光十五年，御史常大淳上奏說：

> 直隸、山東、河南向有教匪，輾轉傳習，惑眾斂錢。遇歲歉，白晝野搶，名曰均糧。近來間或拿辦，不斷根株。湖南之永州、郴州、桂陽，江西之南安、贛州與兩廣接壤，均有會匪結黨成群，動成巨案。

西洋勢力侵略起始的時候，正是我們抵抗力量薄弱的時候。到了道光年間，我們的法制有名無實，官吏腐敗，民生痛苦萬分，道德已部分的失其維繫力。我們一面須接受新的文化，一面又須設法振興舊的政教。我民族在近代所遇着的難關是雙層的。

第二節
洪秀全企圖建新朝

洪秀全所領導的太平天國運動，就是上一節所講的那個時代和那種環境的產物。

洪秀全是廣東花縣人，生於嘉慶十八年，即西曆一八一三年。傳說他的父親是個農民，家境窮苦，但他自幼就入村塾讀書，到十六歲才輟學，作鄉村教師。這樣似乎他不是出身於中國社會的最卜層，他自己並不是個勞力者。他兩次到廣州去考秀才，兩次都失敗了。於是心懷怨恨。這是舊社會常有的事，並不出奇。洪秀全經驗的特別是他在廣州應試的時候，得着耶穌教傳教士的宣傳品。後來大病四十多天，病中夢見各種幻象，自說與耶穌教義符合，於是信仰上帝，創立上帝會。最早的同志是馮雲山，也是一位因考試失敗而心懷不平者，他們因為在廣東傳教不順利，所以遷移其活動於廣西桂平縣。

中國自古以來的民間運動都帶點宗教性質，西洋中古的時候也是如此。可是洪秀全與基督教發生關係，不過是偶然的事。他的耶穌教也是個不倫不類的東西。他稱耶和華為天父，耶穌為天兄，自為天弟。他奉天父天兄之命來救世。他的命令就是天父天兄的命令。崇拜耶和華上帝者，「無災無難」；不崇拜者，「蛇虎傷人」。他的兵士，如死在戰場，就是登仙。孔教、佛教、道教，都是妖術。孔廟及寺觀都必須破壞。

洪秀全的上帝會吸收了許多三合會的份子。這個三合會是排滿的祕密團體，大概是明末清初時代起始的。洪秀全或者早有了種族革命的思想。無論如何，他收了三合會的會員以後，他的運動以推倒滿清為第一目的。他罵滿人為妖人。滿人之改變中國衣冠和淫亂中國女子（三千粉黛，皆為羯狗所污；百萬紅顏，竟與騷狐同寢。）是洪秀全的宣傳品斥責的最好的對象。

洪秀全除推行宗教革命及種族革命以外，他有社會革命的思想沒有？他提倡男女平權，但他的宮庭充滿了妃妾，太平天國的王侯將帥亦皆多蓄妻妾。他的詔書中有田畝制度，其根本思想類似共產主義：「有田共耕，有飯同食，有衣同穿，有錢同使。」但是他的均田主義，雖有詳細的規定，並未實行。是他不願實行呢？還是感覺實行的困難而不願試呢？就現在我們所有的史料判斷，我們可以

1:Taiping wang
2:Taiping spcarman
3:Taiping muskctccr

22
太平軍繪畫

1　太平王

2　太平軍長槍兵

3　太平軍火槍手

23
天王洪秀全玉璽拓片

孫中山自幼受太平天國故事熏習，認為「是朱（元璋）非洪（秀全），是蓋以成功論豪傑也」，但亦批評道「洪氏之覆亡，知有民族而不知有民權，知有君主而不知有民主」。洪秀全利用「拜上帝會」的宗教幌子，以打倒滿清為旗幟，目的是想建立新一輪王朝。

說洪秀全對於宗教革命及種族革命是十分積極的，對於社會革命則甚消極。他的黨徒除馮雲山以外，尚有燒炭的楊秀清，後封東王；耕種山地的蕭朝貴，後封西王；曾捐監生與衙門胥吏為伍的韋昌輝，後封北王；及富豪石達開，後稱翼王。他的運動當然是個民間運動，反映當時的民間痛苦和迷信，以及潛伏於民間的種族觀念。

　　道光三十年夏天，洪秀全在廣西金田村起兵。九月，佔蒙山縣（舊名永安），於是定國號為太平天國，自稱天王。清兵進圍永安。洪秀全於咸豐二年春突圍，進攻桂林，未得，改圖湖南。他在長沙遇着很堅強的抵抗，乃向湘江下流進攻。他在嶽州得着吳三桂留下來的軍械，並搶奪了不少的帆船。實力補充了以後，他直逼武漢。他雖打下了漢陽、武昌，他不留兵防守、設官立治。他一直向長江下游進攻，沿途攻破了九江、安慶、蕪湖，咸豐三年春打進南京，就定都於此。名叫天京。在定都南京以前，洪秀全的行動，類似流寇，定都南京以後，他才開始他的建國工作。

　　從道光三十年（一千八百五十年）到咸豐三年（一千八百五十三年）可說是太平天國的順利時期。在這時期內，社會對洪秀全的運動是怎樣應付呢？一般安分守己的國民不分貧富，是守中立的。太平軍到了，他們順從太平軍，貢獻金錢；官軍到了，他們又順從官軍，又貢獻金錢。他們是順民，其實他們是左右為難的。他們對滿清政府及其官吏，絕無好感，因為他們平素所受的痛苦也夠了。並且官軍的紀律不好，在這期內，太平軍的紀律還比較好一點。同時老百姓感覺太平軍是造亂份子，使他們不能繼續過他們的平安日子。太平軍到處破壞廟宇，毀滅偶像，迷信的老百姓看不慣，心中不以為然。各地的土匪都趁火打劫。太平軍所經過的地方，就是他們容易活動的地方。他們幹他們的事，對於官軍及太平軍無所偏倚。有組織的祕密會社則附和太平軍，如湖南的哥老會及上海的小刀會。大多數士大夫階級，積極反對洪秀全的宗教革命。至於排滿一層，士大夫不是不知道漢人的恥辱，但是他們一則因為洪秀全雖為漢人，雖提倡種族革命，然竭力破壞幾千年來的漢族文化，滿人雖是外族，然自始即擁護漢族文化；二則他們覺得君臣之分既定，不好隨便作亂，亂是容易的，撥亂反正則是極難的，所以士大夫階級，這時對於種族革命並不熱心。

　　太平軍的軍事何以在這時期內這樣順利呢？主要原因不是太平軍本身的優點。論組織訓練，太平軍很平常；論軍器，太平軍尚不及官軍；論將才，太平

軍始終沒有出過大將。太平軍在此時期內所以能得勝，全因為它是一種新興的勢力，富有朝氣，能拚命，能犧牲。官軍不但暮氣很重，簡直腐化不成軍了。當時的官軍有兩種，即八旗和綠營。八旗的戰鬥力隨着滿人的漢化、文弱化而喪失了。所以在乾隆嘉慶年間，清朝用綠營的時候已逐漸加多，用八旗的時候已逐漸減少。到了道光咸豐年間，綠營已經成了清廷的主力軍隊，其腐化程度正與一般政界相等。士兵的餉額甚低，又為官長剝削，所以自謀生計，把當兵作為一種副業而已。沒有紀律，沒有操練，害民有餘，打仗則簡直談不到。並且將官之間，猜忌甚深，彼此絕不合作。但是綠營在制度上也有一種好處：這種軍隊雖極端腐化，然是統一的國家的軍隊，不是個人的私有武力。在道、咸以前，地方大吏沒有人敢擁兵自重，與朝庭對抗。私有的武力，是太平天國內亂的意外副產品，以後我們要深切的注意它的出世。

第三節
曾國藩刷新舊社會

　　曾國藩是我國舊文化的代表人物，甚至於理想人物。他生在嘉慶十六年，一八一一年，比洪秀全大兩歲。他是湖南湘鄉人，家世業農。他雖沒有下過苦力，他的教育是從艱難困苦中奮鬥出來的。他成翰林的時候，正是鴉片戰爭將要開始的時候。他的日記雖提及鴉片戰爭，他似乎不大注意，不瞭解那次戰爭的歷史意義。他仍埋首於古籍中。他是一個實踐主義的理學家。無論我們是看他的字，讀他的文章，或是研究他的為人辦事，我們自然的想起我們鄉下那個務正業的小農民，他和小農民一樣，一生一世，不作苟且的事情。他知道文章學問、道德功業都只有汗血才能換得來，正如小農民知道要得一粒一顆的稻麥都非出汗不可。

　　在咸豐初年曾國藩官作到侍郎，等於現在的各部次長。他的知己固然承認他的文章道德是特出的，但是他的知己不多，而且少數知己也不知道他有大政治才能，恐怕連他自己也不知道。所以在他的事業起始的時候，他的聲望並不高，

他也沒有政治勢力作他的後盾。但是湖南地方上的士大夫階級確承認他的領袖地位。他對洪秀全的態度就是當時一般士大夫的態度，不過比別人更加積極而已。

那時的官兵不但不能打仗，連鄉下的土匪都不能對付，所以人民為自衛計，都辦團練。這種團練就是民間的武力，是務正業的農民藉以抵抗不務正業的遊民土匪。這種武力，因為沒有官場化，又因為與農民有切身利害關係，保存了我國鄉民固有的勇敢和誠實。曾國藩的事業就是利用這種鄉勇，而加以組織訓練，使它成為一個軍隊。這就是以後著名的湘軍。團練是當時全國皆有的，並不是曾國藩獨創的，但是為什麼惟獨湘軍能成大事呢？原故就在於曾國藩所加的那點組織和訓練。

曾國藩治兵的第一個特別是精神教育的注重。他自己十二分相信孔孟的遺教是我民族的至寶。洪秀全既然要廢孔教，那洪秀全就是他的敵人，也就是全民族的敵人。他的「討賊檄文」罵洪秀全最激烈的一點就在此：

> 舉中國數千年禮義人倫、詩書典則，一旦掃地蕩盡，此豈獨我大清之變，乃開闢以來，名教之奇變，我孔子、孟子之所痛哭於九泉，凡讀書識字者，又烏可袖手安坐，不思一為之所也？

他是孔孟的忠實信徒，他所選的官佐都是他的忠實同志，他是軍隊的主帥，同時也是兵士的導師。所以湘軍是個有主義的軍隊。其實精神教育是曾國藩終身事業的基礎，也是他在我國近代史上地位的特別。他的行政用人都首重主義。他覺得政治的改革必須先有精神的改革。前清末年的官吏，出自曾文正門下者，皆比較正派，足見其感化力之大。

曾國藩不但利用中國的舊禮教作軍隊的精神基礎，而且利用宗族觀念和鄉土觀念來加強軍隊的團結力。他選的官佐幾全是湖南人，而且大半是湘鄉人。這些官佐都回本地去招兵，因此兵士都是同族或同里的人。這樣他的部下的互助精神特別濃厚。這是湘軍的第二特點。

歷史上的精神領袖很少同時也是事業領袖，因為注重精神者往往忽略事業的具體條件。在西洋社會裏，這兩種領袖資格是完全分開的。管教者不必管事，管事者不必管教。在中國則不然：中國社會幾千年來是政教不分，官師合一的。所以在中國，頭等領袖必須兼雙層資格。曾國藩雖注重為人，並不忽略作事。這是他的特別的第三點。當時綠營之所以不能打仗，原故雖多，其中之一是待遇太薄。曾氏在起始辦團練的時候，就決定每月陸勇發餉四兩二錢，水勇發三兩

25
身穿清兵戎裝的
湘軍將領

據羅爾綱《湘軍人物表》統計，在可考的 156 名湘軍將領中，湘籍者就佔 130 名。而在敵對方的太平軍中，亦以湖南湖北人佔多數，只有少數來自廣西。

六錢，比綠營的餉額加一倍。湘軍在待遇上享有特殊權利。湘軍作戰區域是長江沿岸各省。在此區域內水上的優勢很能決定陸上的優勢。所以曾國藩自始就注重水師。關於軍器，曾氏雖常說打仗在人不在器，然而他對軍器的製造，尤其對於大炮的製造，是很費苦心的。他用盡心力去羅致當時的技術人才。他對於兵士的操練也十分認真。他自己常去督察檢閱。他不寬縱他的軍官，也不要軍官寬縱他的部下。

曾國藩的事業，如同他的學問，也是從艱難困苦中奮鬥出來的。他要救舊社會舊文化，而那個舊社會舊文化所產生的官僚反要和他搗亂。他要維持滿清，但滿清反而嫉妒他、排斥他。他在長沙練勇的時候，舊時的官兵恨他的新方法、新標準，幾乎把他打死了，他逃到衡州去避亂。他最初的一戰是個敗仗，他投水自盡，幸而被部下救起來。他練兵打仗，同時他自己去籌餉。以後他成了大事，並不是因為滿清和官僚自動的把政權交給他，是因為他們的失敗迫着他們求曾國藩出來任事，迫着他們給他個作事的機會和權利。

第四節
洪秀全失敗

洪秀全得了南京以後，我們更能看出他的真實心志不在建設新國家或新社會，而在建設新朝代。他深居宮中，務求享作皇帝的福，對於政事則不放在心上。宮廷的建築，宮女的徵選，金銀的聚斂，官制宮制的規定，這些事情是太平天王所最注意的。他的宗教後來簡直變為瘋狂的迷信。楊秀清[1]向他報告國事的困難，他回答說：

> 朕奉上帝聖旨、天兄耶穌聖旨，下凡作天下萬國獨一真主，何懼之有？不用爾奏，政事不用爾理，欲出外出，欲在京住，由於爾，朕鐵桶江山，你不扶，有人扶，爾說無兵，朕之天兵，多過於水，何懼曾妖（國藩）乎？

快要滅亡的時候，南京絕糧，洪秀全令人民飲露充飢，說露是天食。

這樣的領袖不但不能復興民族，且不能作為部下團結的中心。在咸豐六年，洪秀全的左右起了很大的內訌。東王楊秀清個人獨掌大權，其他各王都須受東王的節制。照太平天國的儀式，天王稱萬歲，東王稱九千歲，西王八千歲，餘遞減。別的王都須到東王府請安議事，並須跪呼千歲。在上奏天王的時候，東王立在陛下，其餘則跪在陛下，因此楊秀清就為其同輩所憤恨。同時天王也怕他要取而代之。六年九月，北王韋昌輝設計誘殺楊秀清和他的親屬黨羽。翼王石達開心懷不平，北王又把翼王家屬殺了。天王為聯絡翼王起見，下令殺北王，但翼王以後還是獨樹一幟，與天王脫離關係。經過此次的內訌，太平天國打倒滿清的希望完全消滅。以後洪秀全尚能抵抗八年，一則因為北方有大股捻匪作他的聲援，二則因為他得了兩個後起的良將，忠王李秀成和英王陳玉成。

在滿清方面，等到別人都失敗了，然後重用曾國藩，任他為兩江總督，節制江、浙、皖、贛四省軍事。湖北巡撫胡林翼是與他同道合的，竭力與他合作。他的親弟曾國荃是個打硬仗的前線指揮。以後曾國藩舉薦他的門生李鴻章作江蘇巡撫，他的朋友左宗棠作浙江巡撫。長江的中游和下游都是他的勢力範圍，他於

26
太平天國忠王府

位於蘇州的太平天國忠王李秀成府邸，在拙政園部分基礎上改建而成，是目前保存規模最大的太平天國王府建築。圖為李鴻章所部淮軍攻佔忠王府後所攝。

27
《李秀成親供手跡》

曾國藩篡改供辭，向清廷奏稱洪秀全「因官軍急攻，服毒身死」，作者亦從此說。直至上世紀60年代初，曾氏家藏《李秀成親供手跡》影印公開，才知洪秀全係因天京缺糧，久食一種名為甜露的野菜充飢，致病發逝世。現今學界一般認同此說。

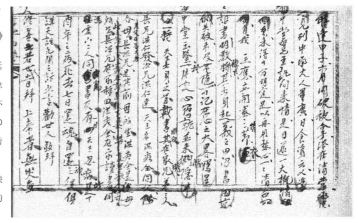

28
《克復金陵圖》

太平軍倚恃高大的明城牆，在天京圍城戰中困守長達兩年，直到紫金山天堡城失守，被湘軍從龍脖子段城牆攻破。曾國荃部湘軍將城內居民財產燒殺劫掠一空，是為湘軍南京屠城。

是得通盤籌劃。他對於洪秀全採取大包圍的戰略。同時英、美、法三國也給了曾、左、李三人不少的幫助。同治三年（一八六四年）湘軍在曾國荃領導之下打進南京，洪秀全自殺，太平天國就此亡了。

洪秀全想打倒滿清，恢復漢族的自由，這當然是我們應該佩服的。他想平均地權，雖未實行，也足表現他有相當政治家的眼光。他的運動無疑的是起自民間，連他的宗教，也是迎合民眾心理的。但是他的人格上及才能上的缺點很多而且很大。倘若他成了功，他也不能為我民族造幸福。總而言之，太平天國的失敗，證明我國舊式的民間運動是不能救國救民族的。

曾國藩所領導的士大夫式的運動又能救國救民族嗎？他救了滿清，這是毫無疑問的。但是滿清並不能救中國，倘若他客觀的誠實的研究滿清在嘉慶、道光、咸豐三代的施政，他應該知道滿清是不可救藥的。他未嘗不知道此中實情，所以他平定太平天國以後，他的態度反趨於消極了。平心而論，曾國藩要救清朝是很自然的，可原諒的。第一，中國的舊禮教既是他的立場，而且士大夫階級是他的憑依，他不能不忠君。第二，他想清廷經過大患難之後，必能有相當覺悟。事實上同治初年的北京，因為有恭親王及文祥二人主政，似乎景象一新，頗能有為。所以嘉、道、咸三代雖是多難的時代，同治年間的清朝確有中興的氣象。第三，他怕滿清的滅亡要引起長期的內亂。他是深知中國歷史的，我國幾千年來，每次換過朝代，總要經過長期的割據和內亂，然後天下得統一和太平。在閉關自守、無外人干涉的時代，內戰雖給人民無窮的痛苦，尚不至於亡國。到了十九世紀，有帝國主義者繞環着，長期的內戰就能引起亡國之禍，曾國藩所以要維持滿清，最大的理由在此。

在維持滿清作為政治中心的大前提之下，曾國藩的工作分兩方面進行。一方面他要革新，那就是說，他要接受西洋文化的一部分；另一方面他要守舊，那就是說，恢復我國固有的美德。革新守舊，同時舉行，這是曾國藩對我國近代史的大貢獻。我們至今還佩服曾文正公就是因為他有這種偉大的眼光。徒然恢復我國的舊禮教而不接受西洋文化，我們還不能打破我民族的大難關，因為我們絕不能拿禮義廉恥來抵抗帝國主義者的機械軍器和機械製造。何況舊禮教本身就有它的不健全的地方，不應完全恢復，也不能完全恢復呢！同時徒然接受西洋文化而不恢復我國固有的美德，我們也不能救國救民族，因為腐化的舊社會和舊官僚根本不能舉辦事業，無論這個事業是新的，或是舊的。

　　曾國藩的革命事業，我們留在下一章討論。他的守舊事業，我們在前一節裏，已經說過。現在我們要指出他的守舊事業的流弊。湘軍初起的時候，精神紀律均好，戰鬥力也高。後來人數多了，事業大了，湘軍就退化了。收復南京以後，曾自己就承認湘軍暮氣很深，所以他遣散了好多。足證我國治軍的舊法根本是有毛病的。此外湘軍既充滿了宗族觀念和家鄉觀念，兵士只知道有直接上級長官，不知道有最高統帥，更不知道有國家。某回，曾國荃回家鄉去招兵，把原有的部隊交曾國藩暫時管帶。這些部隊就不守規矩。國藩沒有法子，只好催國荃趕快回營。所以湘軍是私有軍隊的開始。湘軍的精神以後傳給李鴻章所部的淮軍，而淮軍以後又傳給袁世凱的北洋軍。我們知道民國以來的北洋軍閥利用私有的軍隊，割據國家，阻礙統一。追究其禍根，我們不能不歸咎於湘軍。於此也可看出舊法子的毛病。

第三章

自強及其失敗

第一節
內外合作以求自強

　　恭親王及文祥從英法聯軍的經驗，得了三種教訓。第一，他們確切的認識西洋的軍器和練兵的方法遠在我們之上。咸豐十年，擔任京津防禦者是僧格林沁和勝保。這兩人在當時是有名的大將。他們慘敗了以後，時人只好承認西洋軍隊的優勝。第二，恭親王及文祥發現西洋人不但願意賣軍器給我們，而且願意把製造軍器的祕密及訓練軍隊的方法教給我們。這頗出於時人意料之外。他們認為這是我們自強的機會。第三，恭親王及文祥發現西洋人並不是他們以先所想象那樣，「狼子野心，不守信義」。英法的軍隊雖然佔了北京，並且實力充足，能為所欲為，但《北京條約》訂了以後，英法居然依據條約撤退軍隊，交還首都。時人認為這是了不得的事情，足證西洋人也守信義，所以對付外人並不是全無辦法的。

　　從這三種教訓，恭親王及文祥定了一個新的大政方針，第一，他們決定以夷器和夷法來對付夷人。換句話說，他們覺得中國應該接受西洋文化之軍事部分。他們於是買外國軍器，請外國教官。他們說，這是中國的自強之道。第二，他們知道自強不是短期內所能成立的。在自強沒有達到預期的程度以前，中國應該謹守條約以免戰爭。恭親王及文祥都是有血性的人，下了很大的決心要推行他們的新政，在國家危急的時候他們膽敢出來與外人周旋，並且專靠外交的運用，他們居然收復了首都。時人認為這是他們的奇功。並且恭親王是咸豐的親弟、同治的親叔。他們的地位是全朝最親貴的，有了他們的決心和資望，他們在京內成了自強運動的中心。

　　同時在京外的曾國藩、左宗棠、胡林翼、李鴻章諸人也得着同樣的教訓，最初使他們注意的是外人所用的輪船，在長江下游私運軍火糧食賣給太平軍。據說胡林翼在安慶曾有過這樣的經驗：

　　馳至江濱，忽見二洋船，鼓輪西上，迅如奔馬，疾如飄風，文忠（即胡）變色不語，勒馬回營，中途嘔血，幾至墮馬，閻丹初尚書向在文忠幕府，每與文忠論及洋務，文忠輒搖手閉目，神色不怡者久之，曰：此非吾輩所能知也。

可見輪船給胡文忠印象之深，曾、左、李大致相同。曾在安慶找了幾位明數理的舊學者和鐵匠木匠去試造輪船，造成了以後不能行動。左在杭州作了同樣的試驗，得同樣的結果，足證這般人對於西洋機械的注重。

29

常勝軍士兵

常勝軍，初名洋槍隊，是由清朝官商出資，英美等國軍官組建的僱傭軍，士兵以中國、南洋、歐美裔為主。英人戈登接任指揮後嚴禁士兵劫掠，軍紀嚴明，與李鴻章的淮軍密切配合攻打太平軍，後被清廷解散。

在長江下游作戰的時候，太平軍和湘軍、淮軍都競買洋槍。李鴻章設大本營於上海，與外人往來最多，認識西洋文化亦比較深切，他的部下還有英國軍官戈登（Gordon）統帶的長勝軍[1]。他到了上海不滿一年，就寫信給曾國藩說：

> 鴻章嘗往英法提督兵船，見其大炮之精純、子藥之細巧、器械之鮮明、隊伍之雄整，實非中國所能及。……深以中國軍器遠遜外洋為恥，日戒諭將士虛心忍辱，學得西人一二祕法，期有增益……若駐上海久而不能資取洋人長技，咎悔多矣。

同治三年（一八六四年）他又寫給恭親王和文祥說：

1　應為常勝軍

　　鴻章竊以為天下事窮則變，變則通。中國士大夫沉浸於章句小楷之積習，武夫悍卒又多粗蠢而不加細心，以致用非所學，學非所用。無事則斥外國之利器為奇技淫巧，以為不必學，有事則驚外國之利器為變怪神奇，以為不能學。不知洋人視火器為身心性命之學者已數百年。一旦豁然貫通，參陰陽而配造化，實有指揮如意，從心所欲之快。……前者英法各國，以日本為外府，肆意誅求。日本君臣發憤為雄，選宗室及大臣子弟之聰秀者，往西國製器廠師習各藝，又購製器之器，在本國製習。現在已能駕駛輪船，造放炸炮。去年英人虛聲恫喝，以兵臨之。然英人所恃而為攻戰之利者，彼已分擅其長，用是凝然不動，而英人固無如之何也。夫今之日本即明之倭寇也，距西國遠而距中國近。我有以自立，則將附麗於我，窺伺西人之短長；我無以自強，則並效尤於彼，分西人之利藪。日本以海外區區小國，尚能及時改轍，知所取法。然則我中國深維窮極而通之故，夫亦可以皇然變計矣。……杜摯有言曰：「利不百，不變法；功不十，不易器。」蘇子瞻曰：「言之於無事之時，足以為名，而恆苦於不信；言之於有事之時，足以見信，而已苦於無及。」鴻章以為中國欲自強則莫如學習外國利器。欲學習外國利器，則莫如覓製器之器，師其法而不必盡用其人。欲覓製器之器，與製器之人，則我專設一科取士，士終身懸以為富貴功名之鵠，則業可成，業可精，而才亦可集。

　　這封信是中國十九世紀最大的政治家，最具歷史價值的一篇文章。我們應該再三誦讀。李鴻章第一認定我國到了十九世紀惟有學西洋的科學機械然後能生存。第二，李鴻章在同治三年已經看清中國與日本，孰強孰弱，要看那一國變的快。日本明治維新運動的世界的、歷史的意義，他一下就看清了，並且大聲疾呼的要當時的人猛醒與努力。這一點尤足以表現李鴻章的偉大。第三，李鴻章認定改革要從培養人才下手，所以他要改革前清的科舉制度。不但此也；他簡直要改革士大夫的人生觀。他要士大夫放棄章句小楷之積習，而把科學工程懸為終身富貴的鵠的。因為李鴻章認識時代之清楚，所以他成了同治光緒年間自強運動的中心人物。

　　在我們這個社會裏，作事極不容易。同治年間起始的自強運動，雖未達到目的，然而能有相當的成績，已經費了九牛二虎之力。倘若當時沒有恭親王及文

祥在京內主持，沒有曾國藩、李鴻章、左宗棠在京外推動，那末，英法聯軍及太平天國以後的中國還要麻木不仁，好像鴉片戰爭以後的中國一樣。所以我們要仔細研究這幾位時代領袖人物究竟作了些什麼事業。

30

李鴻章與俾斯麥合影

李鴻章（1023－1901），人稱李中堂、李傅相，安徽合肥人，創立淮軍，與湘軍一道剿滅太平天國。李鴻章與曾國藩、左宗棠、張之洞並稱為「晚清四大名臣」。圖為 1896 年李鴻章以元首禮遇出訪德國時，與已退休的俾斯麥（1815－1898）合影。

第二節
步步向前進

自強的事業頗多，我先擇其要者列表於下：

咸豐十一年　恭親王及文祥聘請外國軍官訓練新軍於天津。

同年　　　　恭親王和文祥設立同文館於北京。是為中國新學的起始。

同年　　　　恭親王和文祥託總稅司赫德（Robert Hart）購買炮艦，聘請
　　　　　　　英國海軍人員來華創設新水師。

同治二年　　李鴻章設外國語文學校於上海。

同治四年　　曾國藩、李鴻章設江南機器製造局於上海，附設譯書局。

同治五年　　左宗棠設造船廠於福州，附設船政學校。

同治九年　　李鴻章設機器製造局於天津。

同治十一年　曾國藩、李鴻章挑選學生赴美國留學。

同年　　　　李鴻章設輪船招商局。

光緒元年　　李鴻章籌辦鐵甲兵船。

光緒二年　　李鴻章派下級軍官赴德學陸軍，船政學生赴英、法學習造船和
　　　　　　　駕船。

光緒六年　　李鴻章設水師學堂於天津，設電報局，請修鐵道。

光緒七年　　李鴻章設開平礦務局。

光緒八年　　李鴻章築旅順軍港，創辦上海機器製布廠。

光緒十一年　李鴻章設天津武備學堂。

光緒十三年　李鴻章開辦黑龍江漠河金礦。

光緒十四年　李鴻章成立北洋海軍。

以上全盤建設事業的動機是國防，故軍事建設最多。但我們如仔細研究就知道國防的近代化牽連甚多。近代化的軍隊第一需要近代化的軍器，所以有江南及天津兩個機械製造廠的設立。那兩個廠實際大部分是兵工廠。第二，新式軍器必須有技術人材去駕使，所以設立武備學堂，和派遣軍官出洋留學。第三，近代化的軍隊必須有近代化的交通，所以有造船廠和電報局的設立，及

31
部署在鎮南關的
克虜伯大炮

洋務運動期間，李鴻章共
從德國購買了近 2000 門
克虜伯大炮，部署在沿海
邊境防線。1885 年中法戰
爭，清軍在此擊敗法軍。
1907 年革命黨人佔領鎮
南關，孫中山趕赴前緣指
揮，親自發炮轟擊清軍。

鐵路的建築。第四，新式的國防比舊式的費用要高幾倍。
以中古的生產來負擔近代的國防是絕對不可能的。所以李
鴻章要辦招商局，來經營沿江沿海的運輸，創立製布廠來
挽回權利，開煤礦金礦來增加收入。自強運動的領袖們並
不是事前預料到各種需要而定一個建設計劃。他們起初只
知道國防近代化的必要。但是他們在這條路上前進一步以
後，就發現必須再進一步；再進一步以後，又必須更進一
步。其實必須走到盡頭然後能生效。近代化的國防不但需
要近代化的交通、教育、經濟，並且須要近代化的政治和
國民。半新半舊是不中用的。換句話説：我國到了近代要
圖生存非全盤接受西洋文化不可。曾國藩諸人雖向近代化
方面走了好幾步，但是他們不徹底，仍不能救國救民族。

32
輪船招商局

因清政府擔心航運業落
入外國企業手中,遂由
李鴻章發起輪船招商
局,以其「官督商辦」、
盈虧自負的模式,打破
了晚清洋務企業純粹官
辦的格局,是近代中國
第一家民用企業。

33
漢陽兵工廠

漢陽兵工廠由張之洞創
辦,擁有來自德國的鍊
鋼與槍炮製造設備,是
近代中國少有可以生產
各式陸軍輕重兵器的軍
工企業。

34
唐胥鐵路

唐胥鐵路是一條連接唐山至胥各莊的運煤鐵路，於 1881 年通車，是第一條中國自行修建的近代化鐵路。1888 年唐胥鐵路展修至天津，全長 130 公里，圖為直隸總督李鴻章視察舊影。

35
江南機器製造
總局炮廠

江南機器製造總局成立於 1865 年，是自強運動中規模最大、預算最多的兵工廠，經費來自從上海海關抽取百分之十的關稅，後又提升至百分之二十，相當於每年至少 40 萬兩以上。

第三節
前進遇着阻礙

　　曾國藩及其他自強運動的領袖雖走的路線不錯，然而他們不能救國救民族。此其故何在？在於他們的不徹底。他們為什麼不徹底呢？一部分因為他們自己不要徹底，大部分因為時代不容許他們徹底。我們試先研究領袖們的短處。

　　恭親王奕訢、文祥、曾國藩、李鴻章、左宗棠這五個大領袖都出身於舊社會，受的是舊教育。他們沒有一個人能讀外國書，除李鴻章以外，沒有一個人到過外國。就是李鴻章的出洋尚在甲午戰敗以後，他的建設事業已經過去了。這種人能毅然決然推行新事業就了不得，他們不能完全瞭解西洋文化是自然的，很可原諒的。他們對於西洋的機械是十分佩服的，十分努力要接受的。他們對於西洋的科學也相當尊重，並且知道科學是機械的基礎。但是他們自己毫無科學機械的常識，此外更不必說了。他們覺得中國的政治制度及立國精神是至善至美，無須學西洋的。事實上他們的建設事業就遭了舊的制度和舊的精神的阻礙。我們可以拿李鴻章的事業作例子。

　　李鴻章於同治九年（一千八百七十年）起始作直隸總督兼北洋大臣。因為當時要人之中以他最能對付外人，又因為他比較勇於任事，而且他的淮軍是全國最近代化最得力的軍隊，所以從同治九年到光緒二十年的中日戰爭，李鴻章是那個時代的中心人物。國防的建設全在他手裏。他特別注重海軍，因為他看清楚了如果中國能戰勝日本海軍，無論日本陸軍如何強，不能進攻高麗，更不能為害中國。那末，李鴻章辦海軍第一個困難是經費。經費所以困難就是因為中國當時的財政制度，如同一般的政治制度是中古式的。中央政府沒有辦海軍的經費，只好靠各省協濟。各省都成見很深，不願合作。在中央求各省協助的時候各省務求其少；認定了以後，又不能按期十足撥款，總要延期打折扣。其次當時皇室用錢，漫無限制，而且公私不分。同治死了以後，沒有繼嗣，於是西太后選了一個小孩子作皇帝，年號光緒，而實權還不是在西太后手裏！等到光緒快要成年親政的時候，光緒和他的父親醇親王奕譞怕西太后不願意把政權交出來，醇親王定計重修頤和園，一則以表示光緒對西太后的孝敬，一則使西太后沉於遊樂就不干政了。

重修頤和園的經費很大，無法籌備，醇親王乃請李鴻章設法。李氏不敢得罪醇親王，更不敢得罪西太后，只好把建設海軍的款子移作重修頤和園之用。所以在甲午之戰以前的七年，中國海軍沒有添訂過一隻新船。在近代政治制度之下，這種事情是不能發生的。

36

西太后慈禧
（1835－1908）

慈禧 70 壽辰期間在頤和園裝扮成「普陀山觀音大士」，照片左右係崔玉貴、李蓮英。

在李鴻章所主持之機關中並沒有新式的文官制度和審計制度。就是在極廉潔極嚴謹的領袖之下，沒有良好的制度，貪污尚且無法杜絕，何況李氏本人就不廉潔呢？在海軍辦軍需的人經手的款項既多，發財的機會就更大。到了甲午戰爭的時候，我們船上的炮雖比日本的大，但炮彈不夠，並且子彈所裝的不盡是火藥。外商與官吏狼狽為奸，私人發了財，國事就敗壞了。

李鴻章自己的科學知識的幼稚，也是他的事業失敗的原故之一。北洋海軍初成立的時候，他請了英國海軍有經驗的軍官作總教官和副司令。光緒十年左右，中國海軍紀律很嚴，操練很勤，技術的進步很快，那時中國的海軍是很有希

望的。後來李鴻章誤聽人言，辭退英國海軍的軍官而聘請德國陸軍騎兵的軍官來作海軍的總教官，以後我國的海軍的技術反而退步。並且李鴻章所用的海軍總司令是個全不知海軍的丁汝昌，丁氏原是淮軍帶馬隊的。他作海軍的領袖當然只能誤事，不能成事。甲午戰爭的時候，中國海軍佔世界海軍的第八位，日本的海軍佔第十一位。我們的失敗不是因為船不如人、炮不如人，為戰略戰術不如人。

北洋海軍的情形如此，其他的自強事業莫不如此。總之，同治光緒年間的自強運動所以不能救國，不是因為路線錯了，是因為領袖人物還不夠新，所以不能徹底。

但是倘若當時的領袖人物更新，更要進一步的接受西洋文化，社會能容許他們嗎？社會一定要給他們更大的阻礙。他們所行的那種不徹底的改革已遭一般人的反對，若再進一步，反對一定更大。譬如鐵路：光緒六年（一千八百八十年）李鴻章、劉銘傳奏請建築，到了光緒二十年還只建築天津附近的一小段。為什麼呢？因為一般人相信修鐵路就破壞風水。又譬如科學：同治五年（一八六六年）恭親王在同文館添設科學班，請外國科學家作教授，招收翰林院的人員作學生。他的理由是很充足的。他說買外國輪船槍炮不過一時權宜之計，治本的辦法在於自己製造。但是要自己製造，非有科學的人才不可。所以他想請外國人來教中國青年學習科學。他又說：

夫天下之恥，莫恥於不若人。……日本蕞爾小國尚知發憤為雄。獨中國狃於因循積習，不思振作，恥孰甚焉？今不以不如人為恥，而獨以學其人為恥，將安於不如，而終不學，遂可雪其恥乎？

他雖說的名正言順，但還有人反對。當時北京有位名高望重的大學士倭仁就大聲疾呼的反對說：

竊聞立國之道，尚禮義不尚權謀；根本之圖在人心，不在技藝。今求之一藝之末而又奉夷人為師，無論夷人詭譎，未必傳其精巧，即使教者誠教，所成就者不過術數之士。古今來未聞有恃術數而能起衰振弱者也。天下之大，不患無才。如以天文算學必須講習，博採旁求必有精其術者，何必夷人？何必師事夷人？

恭親王憤慨極了。他回答說：

該大學士既以此舉為窒礙，自必別有良圖，如果實有妙策，可以制外國而不

37
首批官派留美幼童

1872－1875 年間，清政府先後派出 4 批共 120 名幼童留美，他們平均年齡只有 12 歲，本是窮苦人家的子弟，寄宿在美國家庭，語言及學業表現卻都相當優異。後因剪辮、歸信基督教、認同西方先進理念等原因，清政府下令召回幼童，原定十五年的留學計劃在九年後夭折。但憑藉個人努力，他們在 20 世紀初年都取得了可觀成就。

為外國所制，臣等自當追隨大學士之後，竭其樗昧，悉心商辦。如別無良策，僅以忠信為甲冑、禮義為干櫓等詞，謂可折衝樽俎，足以制敵之命，臣等實未敢信。

倭仁不過是守舊的糊塗蟲，但是當時的士大夫居然聽了他的話，不去投考同文館的科學班。

同治光緒年間的社會，如何反對新人新政，我們從郭嵩燾的命運可以更加看得清楚。郭氏的教育及出身和當時一般士大夫一樣，並無特別，但是咸豐末年英法聯軍之役，他跟着僧格林沁在大沽口辦交涉，有了那次經驗，他根本覺悟，知道中國非徹底改革不可。他的覺悟還比恭親王諸人的更深刻。據他的研究，我們在漢、唐極盛時代固常與外族平等往來；閉關自守而又獨自尊大的哲學，是南宋勢力衰弱時代的理學先生們提倡出來的，絕不足以為訓。同治初年，江西南昌的士大夫群起毀教堂，殺傳教士。巡撫沈葆楨（林則徐的女婿）稱讚士大夫的正氣，郭嵩燾則斥責沈氏頑固。郭氏作廣東巡撫的時候，汕頭的人，像以先廣州人，不許外國人進

城。他不顧一切，強迫汕頭人遵守條約，許外國人進城。光緒元年雲貴總督岑毓英因為反對英國人進雲南，祕密在雲南緬甸邊境上把英國使館的翻譯官殺了。郭嵩燾當即上奏彈劾岑毓英。第二年，政府派他出使英法，中國有公使駐外從他起。他在西歐的時候，他努力研究西洋的政治、經濟、社會，他覺得不但西洋的輪船槍炮值得我們學習，就是西洋的政治制度和一般文化都值得學習。他發表了他的日記，送給朋友們看。他常寫信給李鴻章，報告日本派到西洋的留學生不限於機械一門，學政治、經濟的都有。他勸李鴻章擴大留學範圍。他的這些超時代的議論，引起了全國士大夫的謾罵。他們說郭嵩燾是個漢奸，「有二心於英國」。湖南的大學者如王闓運之流撰了一副對子罵他：

> 出乎其類，拔乎其萃，不容於堯舜之世；
> 未能事人，焉能事鬼，何必去父母之邦。

38
郭嵩燾
（1818－1891）

　　王闓運的日記還説：「湖南人至恥與為伍。」郭嵩燾出使兩年就回國了。回國的時候，沒有問題，他是全國最開明的一個人，他對西洋的認識遠在李鴻章之上。但是時人反對他，他以後全無機會作事，只好隱居湖南從事著作。他所著的《養知書屋文集》至今尚有披閲的價值。

　　繼郭嵩燾作駐英法公使的是曾紀澤。他在外國五年多，略識英語。他的才能眼光與郭嵩燾等。因為他運用外交，從俄國收回伊犂，他是國際有名的外交家。他回國的時候抱定志向要推進全民族的近代化。卻是他也遭時人的反對，找不着機會作事，不久就氣死了。

　　同光時代的士大夫階級的守舊既然如此，民眾是否比較開通？其實民眾和士大夫階級是同鼻孔出氣的。我們近六十年來的新政都是自上而下，並非由下而上。一切新的事業都是由少數先知先覺者提倡，費盡苦心，慢慢的奮鬥出來的。在甲午以前這少數先知先覺者都是在朝的人。甲午以後，革新的領袖權慢慢的轉到在野的人的手裏，卻是這些在野的領袖都是知識份子，不是民眾。嚴格説來，民眾的迷信是我民族近代接受西洋文化大阻礙之一。

第四節
士大夫輕舉妄動

在同治光緒年間，民眾的守舊雖在士大夫階級之上，但是民眾是被動的，領導權統治權是在士大夫階級手裏。不幸，那個時代的士大夫階級，除極少數外，完全不瞭解當時的世界大勢。

同治共十三年，從一千八百六十二年到一千八百七十四年。在這個時期內，德意志統一了，意大利統一了，美國的中央政府也把南方的獨立運動消滅，恢復而又加強美國的統一了。那個時期是民族主義在西洋大成功的時期。這些國家統一了以後，隨着就是國內的大建設和經濟的大發展。在同治以前，列強在國外行帝國主義的，僅英、俄、法三國。同治以後，加了美、德、意三國。競爭者多了，競爭就愈厲害。並且在同治以前，英國是世界上惟一的工業化國家，全世界都銷英國的製造品。同治以後，德、美、法也逐漸工業化、資本化了。國際上除了政治勢力的競爭以外，又有了新起的熱烈的經濟競爭。我國在光緒年間處境的困難遠在道光、咸豐年間之上。

帝國主義是我們的大敵人。同治光緒年間如此，現在還是如此。要救國的志士應該人人瞭解帝國主義的真實性質。帝國主義與資本主義是有關係的。關係可以說有三層：第一，資本主義的國家貪圖在外國投資。國內的資本多了，利息就低。譬如：英美兩國資本很多，資本家能得百分之四的利息就算很好了。但是如果英美的資本家能把資本投在中國或印度或南美洲，年利很容易達到百分之七或更高些。所以英美資本家競向未開發的國家投資。但是接受外國來的資本不一定有害，英美的資本家也不一定有政治野心。美國在十九世紀的下半期的建設大部分是利用英國資本舉辦的。結果英國的資本家固然得了好處，但是美國開闢了富源，其人民所得的好處更多。我們的平漢鐵路原是借比國[1]資本建築的。後來我們按期還本付息，那條鐵路就變為我們的了。比國資本家得了好處，我們得了更大的好處。所以孫中山先生雖反對帝國主義，他贊成中國利用外債來建設。但是有些資本家要利用政治的壓力去得投資的機會，還有政治野心家要用資本來擴充

1　即比利時

政治勢力。凡是國際投資有政治作用的，就是侵略的、帝國主義的。凡是國際投資無政治作用的，就是純潔的，投資者與受資者兩方均能收益。所以我們對於外國的資本應採的態度如同對水一樣，有的時候，有的地方，在某種條件之下，我們應該掘井取水，或開河引水；在別的時候、地方和條件之下，我們則必須築堤防水。

帝國主義與資本主義的第二層關係是商業的推銷。資本主義的國家都利用機械製造。工廠規模愈大，出品愈多，得

39

漢口大智門火車站

京漢鐵路，初名盧漢鐵路（盧溝橋到漢口），又名平漢鐵路，現為京廣鐵路的北段部分。是清政府修築的一條貫通南北的大幹線，使武漢成為九省通衢，並帶動了石家莊、鄭州等沿線城市的崛起。圖為京漢鐵路的南端終點站——大智門火車站，舊時武漢的地標。

40

交通銀行漢口分行

1906 年京漢鐵路通車後，「利權收回」運動迅速高漲，清政府奏准設立官商合辦的股份制商業銀行——交通銀行，負責借款贖回京漢鐵路路權，經過努力，於1908 年 12 月收回。

利就更厚。困難在市場。各國競爭市場原可以專憑商品之精與價格之廉，不必靠武力的侵略或政治的壓力。但在十九世紀末年，國際貿易的自由一天少一天。各國不但提高本國的關稅，並且提高屬地的關稅。這樣一來，商業的發展隨着政權的發展，爭市場等於爭屬地。被壓迫的國家，一旦喪失關稅自主，就永無發展工業的可能。雖然，國際貿易大部分還是平等國家間之貿易，不是帝國與屬地之間的貿易。英國與美、德、法、日諸國的貿易額，遠大於英國與其屬地的貿易額。英國的屬地最多，尚且如此，別國更不必說了。

帝國主義與資本主義的第三層關係是原料的尋求。世界上沒有一國完全不靠外來的原料。最富有原料的國家如英、美、俄尚且如此，別的國家所需的外來原料更多。日本及意大利是最窮的，棉、煤、鐵、油四種根本的原料，日、意都缺乏。德國較好，但仍不出棉和石油。那末，一國的工廠雖多，倘若沒有原料，就會完全沒有辦法。所以帝國主義者，因為要找工業的原料，就大事侵略。雖然，資本主義不一定要行帝國主義而後始能得到原料。同時，出賣原料者不一定就是受壓迫者。譬如：美國的出口貨之中，石油和棉花是大宗。日本、德國、意大利從美國輸入石油和棉花，不能、也不必行帝國主義，因為美國不但不禁止石油和棉花的出口，且竭力推銷。

總之，資本主義可變為帝國主義，也可以不變為帝國主義。未開發的國家容易受資本主義的國家的壓迫和侵略，也可以利用外國的資本來開發自己的富源及利用國際的通商來提高人民的生活程度。資本主義如同水一樣：水可以資灌溉，可以便利交通，也可以成災，要看人怎樣對付。

同時我們不要把帝國主義看得過於簡單，以為世界上沒有資本主義就沒有帝國主義了。七百年以前的蒙古人還在遊牧時代，無資本也無工業，但是他們對我的侵略，還在近代資本主義國家之上。三百年以前的滿洲人也是如此。在西洋方面，中古的亞拉伯人[1]以武力推行回教，大行其宗教的帝國主義。十八世紀末年法國革命家以武力強迫外國接受他們的自由平等，大行其革命的帝國主義。據我們所知，歷史上各種政體，君主也好，民主也好，各種社會經濟制度，資本主義也好，封建主義也好，共產主義也好，都有行帝國主義的可能。

1　即阿拉伯人

同光時代的士大夫完全不瞭解時代的危險及國際關係的運用。他們只知道破壞李鴻章諸人所提倡的自強運動。同時他們又好多事，倘若政府聽他們的話，中國幾無年無日不與外國打仗。

長江流域有太平天國之亂的時候，北方有捻匪，陝、甘、新疆有回亂，清廷令左宗棠帶湘軍去收復西北。俄國趁我回亂的機會就佔領了伊犁。這是俄國趁火打劫的慣技。在十九世紀，俄國佔領我們的土地最多。咸豐末年，俄國趁太平天國之亂及英法聯軍，強佔我國黑龍江以北及烏蘇里以東的地方，共三十萬方英里。現在俄國的阿穆爾省及濱海省包括海參崴在內，就是那次搶奪過去的。在同治末年。俄國佔領新疆西部，清廷提出抗議的時候，俄國又假仁假義的説，他全無領土野心，他只代表我們保守伊犁，等到我們平定回亂的時候，他一定把土地退還給我們。其

41

左宗棠（1812－1885）
攝於蘭州

同治年間，相繼發生陝甘回亂（1862－1873）和新疆回亂（1864－1877），左宗棠 1867 年接任陝甘總督，創辦蘭州製造局修造槍炮。平定陝甘回亂後，又於 1876 年繼續西征收復新疆，擊敗入侵新疆的阿古柏軍及陝甘回亂首領白彥虎殘部。

42

左宗棠部蘭州軍營

43

1872 年同治回亂中
被夷為平地的肅州府

44

入侵新疆的阿古柏軍

實俄國預料中國絕不能平定回亂，中國勢力絕不能再伸到新疆。那末俄國不但可以併吞伊犁，還可以蠶食全新疆。中國一時沒有辦法，只好把伊犁作為中俄間的懸案。

左宗棠軍事的順利不但出於俄國意料之外，還出於我們自己的意料之外。他次第把陝西、甘肅收復了。到了光緒元年，他準備進攻新疆，軍費就成了大問題。從道光三十年洪秀全起兵到光緒元年，二十五年之間，中國無時不在內亂內戰之中，實已兵疲力盡，何能再經營新疆呢？並且交通不便，新疆民族複雜，面積浩大，成敗似乎毫無把握。於是發生大辯論，左宗棠頗好大喜功，他一意主進攻。他說祖宗所遺留的土地，子孫沒有放棄的道理，他又說倘若新疆不保，陝甘就不能保；陝甘不保，山西就不能保；山西不保，河北就不能保。他的理由似乎充足，言論十分激昂。李鴻章的看法正與左的相反。李說自從乾隆年間中國佔領新疆以後，中國沒有得着絲毫的好處，徒費駐防的兵費。這是實在的情形。他又說中國之大禍不在西北而在東邊沿海的各省，因為沿海的省份是中國的精華，而且帝國主義者的壓迫在東方的過於在西方的。自從日本維新以後，李鴻章更加焦急。他覺得日本是中國的真敵，因為日本一心一意謀我，他無所圖，而且相隔既近，動兵比較容易。至於西洋各國彼此互相牽制，向外發展不限於遠東，相隔又遠，用兵不能隨便。李鴻章因此主張不進攻新疆而集中全國人力物力於沿海的國防及腹地各省的開發。邊省雖然要緊，但是腹地倘有損失，國家大勢就去了。反過來說，倘若腹地強盛起來，邊省及藩屬自然的就保存了。左宗棠的言論比較動聽，李的比較合理，左是高調，李是低調。士大夫階級一貫的尚感情，唱高調，當然擁護左宗棠。於是借外債，移用各省的建設費，以供左宗棠進攻新疆之用。

左宗棠的運氣真好。因為新疆發生了內訌，並沒有遇着堅強的抵抗。光緒三十年[1]底，他把全疆克服了。中國乃派崇厚為特使，到俄國去交涉伊犁的退還。崇厚所定的條約雖收復了伊犁城，但城西的土地幾全割讓與俄國，南疆及北疆之交通險要區亦割讓。此外，崇厚還許了很重要的通商權利，如新疆加設俄國領事館，經甘肅、陝西到漢口的通商路線，及吉林、松花江的航行權。士大夫階級主張殺崇厚，廢約，並備戰。這正是青年言論家如張之洞、張佩綸、陳

1　應為光緒三年

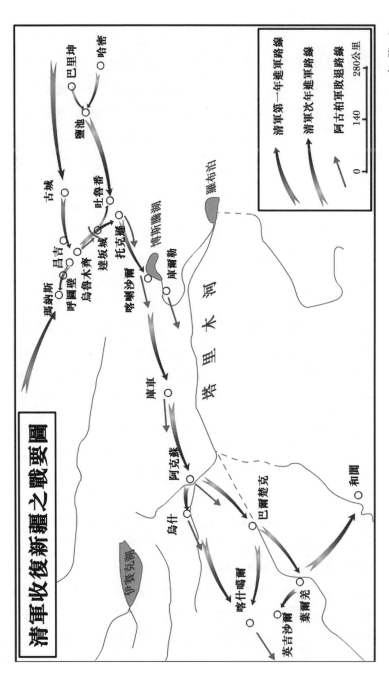

45
清軍收復新疆
之戰要圖

寶琛初露頭角的時候。清廷竟為所動。於是腳慌手忙，調兵遣將，等到實際備戰的時候，政府就感覺困難了：第一，從伊犁到高麗東北角的圖們江止，沿中俄的交界線處處都要設防。那裏有這麼多軍隊呢？首當其衝的左宗棠在新疆的部隊，就太疲倦，不願打仗。第二，俄國遠東艦隊故作聲勢，從海參崴開到日本洋面。中國因此又必須於沿海沿長江設防。清廷乃起用彭玉麟督長江水師來對付俄國的海軍。彭玉麟想滿載桐油木柴到日本洋面去施行火攻。兩江總督劉坤一和他開玩笑，說時代非三國，統帥非孔明，火攻之計，恐怕不行呢！李鴻章看見書生誤國，當然極為憤慨。可是抗戰的情緒很高，他不敢公開講和。他只好使用手段。他把英國有名的軍官戈登將軍請來作軍事顧問。戈登是個老實人，好說實話。當太平天國的末年，他曾帶所謂常勝軍，立功不少。所以清廷及一般士大夫頗信任他。他的意見怎樣呢？他說，中國如要對俄作戰，必須作三件事：一、遷都於西安；二、長期抗戰至少十年；三、滿人預備放棄政權，因為在長期戰爭之中，滿清政權一定不能維持。清廷聽了戈登的意見以後，乃決心求和。我國近代史的一幕滑稽劇才因此沒有開演。

　　幸而俄國在光緒三四年的時候，正與土耳其打仗，與英國的關係也很緊張，所以不願多事。又幸而中國當時有青年外交家曾紀澤，以極冷靜的頭腦和極堅強的意志，去貫徹他的主張。原來崇厚所訂的條約並沒有奉政府的批准，尚未正式成立，曾紀澤運用外交得法，挽回了大部分的通商權利及土地，但償價加倍，共九百萬盧布。英國駐俄大使稱讚曾紀澤說：「憑外交從俄國取回她已佔領的土地，曾侯要算第一人。」

　　中俄關於伊犁的衝突告一段落的時候，中法關於越南的衝突就起了。

　　中國原來自己是個帝國主義，我們的版圖除本部以外，還包括緬甸、暹邏、越南、琉球、高麗、蒙古、西藏，這些地方可以分為兩類。蒙古、西藏屬於第一類，歸理藩部管，朝廷派有大臣駐紮其地。第二類即高麗、越南等屬國，實際中國與他們的關係很淺，他們不過按期朝貢，新王即位須受中國皇帝的冊封。此外我們並不派代表常駐其國都，也不干涉他們的內政，在經濟方面，我們也十分消極。我們不移民，也不鼓勵通商，簡直是得不償失。但是我們的祖先何以費力去得這些屬地呢？此中也有原故；光緒七年（一八八一年）翰林院學士周德潤先生說得清楚：

　　臣聞天子守在四夷，此誠應遠憂深之計。古來敵國外
患，伏之甚微，而蓄之甚早。不守四夷而守邊境，則已無及
矣；不守邊境而守腹地，則更無及矣。我朝幅員廣闊，龍沙
雁海，盡列藩封。以琉球守東南，以高麗守東北，以蒙古守
西北，以越南守西南：非所謂山河帶礪，與國同休戚者哉？

　　換句話說，在歷史上屬國是我們的國防外線，是代我守
門戶的。在古代，這種言論有相當的道理；到了近代，局勢
就大不同了。英國在道光年間直攻了廣東、福建、浙江、江
蘇，英法聯軍直打進了北京，所謂國防外線簡直沒有用處。
倘使在這種時代我們還要保存外線，我們也應該變更方案。
我們應該協助這些弱小國家獨立，因為獨立的高麗、琉
球、越南、緬甸絕不能侵略我們。所怕的不是他們獨立，
是怕他們作帝國主義者的傀儡。無論如何，外人既直攻我
們的腹地，我們無暇去顧外線了。協助這些弱小國家去獨立
是革命的外交，正如蘇聯革命的初年，外受列強的壓迫，內
有反革命的抗戰，列寧（Lenin）於是毅然決然放棄帝俄的
屬國。

　　法國進攻越南的時候，士大夫階級大半主張以武力援助越南。張佩綸、陳寶琛、張之洞諸人特別激昂。李鴻章則反對。他的理由又是要集中力量火速籌備腹地的國防事業。清廷一方面怕清議的批評，一方面又怕援助越南引起中法戰爭，所以舉棋不定。起初是暗中接濟越南軍費和軍器，後來果然引起中法戰爭。那個時候官吏不分文武，文人尤好談兵。北京乃派主戰派的激烈份子張佩綸去守福州船廠。陳寶琛去幫辦兩江的防務。用不着說，紙上談兵的先生們是不濟事的。法國海軍進攻船廠的時候，張佩綸逃得頂快了。陳寶琛在兩江不但無補實際，連議論也不發了。打了不久就講和，和議剛成又打，再後還是接受法國的條件。越南沒有保存，我們的國防力量反大受了損失。左宗棠苦心創辦的福州船廠就在此時被法國毀了。

47
順化皇城內，
越南法屬時期

第五節
中日初次決戰

李鴻章在日本明治維新的初年就看清楚了日本是中國的勁敵。他並且知道中國的勝負要看那一國的新軍備進步的快。他特別注重海軍，因為日本必須先在海上得勝，然後能進攻大陸。所以他反對左宗棠以武力收復新疆，反對為伊犁問題與俄國開戰，反對為越南問題與法國打仗。他要把這些戰費都省下來作為擴充海軍之用。他的眼光遠在一般人之上。

李鴻章既注重中日關係，不能不特別注意高麗。在國防上高麗的地位極其重要，因為高麗作敵人陸軍侵略我東北的根據地，也可以作敵人海軍侵略我山東河北的根據地。反過來看，高麗在日本的國防上的地位也很要緊。高麗在我們手裏，日本尚感不安，一旦被俄國或英國所佔，那時日本所感的威脅就更大了。所以高麗也是日本必爭之地。

在光緒初年，高麗的國王李熙年幼，他的父親大院君李是應攝政。大院君是個十分守舊的人，他屢次殺傳教士，他堅決不與外人通商。在明治維新以前，日韓關係，在日本方面，由幕府主持，由對馬島之諸侯執行。維新以後，大權歸日皇，所以日韓的交涉也改由日本中央政府主持。大院君厭惡日本的維新，因而拒絕與新的日本往來。日本國內的舊諸侯武士們提倡「征韓」。這種征韓運動，除了高麗不與日本往來外，還有三個動機：（一）日本不向海外發展不能圖強；（二）日本不先下手，西洋各國，尤其是俄國，恐怕要下手；（三）征韓能為一般不得志的武士謀出路。光緒元年（即日本明治八年）發生高麗炮擊日本船的案子，所謂江華島事件。主張征韓者更有所藉口。

當時日本的政治領袖如岩倉、大久保、伊藤、井上諸人原反對征韓。他們以為維新事業未發展到相當程度以前，不應輕舉妄動的貪圖向外發展。但是在江華島事件發生以後，他們覺得無法壓制輿論，不能不有所主動。於（是）他們一面派黑田青隆[1]及井上率艦隊到高麗去交涉通商友好條約，一面派森有禮來北京試探中國的態度，並避免中國的阻抗。

1　應為黑田清隆，後任日本第二任內閣總理大臣。

　　森有禮與我們的外交當局大起辯論。我們始終堅持高麗是我們的屬國：如日本侵略高麗，那就是對中國不友誼，中國不能坐視。森有禮則說中國在朝鮮的宗主權是有名無實的，因為中國在高麗不負任何責任，就沒有權利。

　　黑田與井上在高麗的交涉成功。他們所訂的條約承認高麗是獨立自主的國家。這就是否認中國的宗主權，中國應該抗議，而且設法糾正。但是日本和高麗雖都把條文送給中國，北京沒有向日本提出抗議，也沒有責備高麗不守本分。中國實為傳統觀念所誤。照中國傳統觀念，只要高麗承認中國為宗主，那就夠了。第三國的承認與否是無關宏旨的。在光緒初年中國在高麗的威信甚高，所以政府很放心，就不注意日韓條約了。

48
迎恩門

迎恩門始建於明初，位於漢城西大門外，是朝鮮王朝迎接宗主國中國使者處。朝鮮半島脫離宗藩體系獨立後，於1897年拆除迎恩門，在原址附近另建獨立門。

　　高麗與日本訂約的問題過了以後，中日就發生琉球的衝突。琉球自明朝洪武五年（一三七二年）起隸屬於中國。歷五百餘年，琉球按期進貢，曾未中斷，但在明萬曆三十年（一六○二年）琉球又向日本薩末諸侯稱藩，成了兩屬，好像一個女子許嫁兩個男人。幸而這兩個男人曾未遇面，所以這種奇怪現象竟安靜無事的存在了二百七十多年。自日本維新，力行廢藩以後，琉球在日本看來，既然是薩末的藩屬，也在應廢之列。日本初則阻止琉球入貢中國，終則改琉球為日本一縣。中國當然反對，也有人主張強硬對付日本，但日

本實在時候選的好，因為這正是中俄爭伊犁的時候。中國無法，只好把琉球作為一個懸案。

可是琉球問題暴露了日本的野心。士大夫平素看不起日本的到這時也知道應該戒備了。日本既能滅琉球，就能滅高麗。琉球或可不爭，高麗則勢在必爭。所以他們專意籌劃如何保存高麗。光緒五六年的時候，中國可以說初次有個高麗政策。李鴻章認定日本對高麗有領土野心，西洋各國對高麗則只圖通商和傳教。在這種形勢之下，英、美、法各國在高麗的權利愈多，他們就愈要反對日本的侵略。光緒五年李鴻章寫給高麗要人李裕元的信說得很清楚：

> 為今之計，似宜用以毒攻毒、以敵制敵之策，乘機次第與泰西各國立約，藉以牽制日本。彼日本恃其詐力，以鯨吞蠶食為謀，廢滅琉球一事，顯露端倪。貴國不可無以備之。然日本之所畏服者泰西也。以朝鮮之力制日本或虞其不足，以統與泰西通商制日本，則綽乎有餘。

經過三年的勸勉與運動，高麗才接受這種新政。光緒八年春，由中國介紹，高麗與英、美、德、法訂通商條約。

高麗不幸忽於此時發生內亂。國王的父親大院君李昰應一面反對新政，一面忌王后閔氏家族當權。他於光緒八年六月忽然鼓動兵變，圍攻日本使館，誅戮閔族要人。李鴻章的謀士薛福成建議中國火速派兵進高麗，平定內亂，一則以表示中國的宗主權，一則以防日本。中國派吳長慶率所部淮軍直入高麗京城。吳長慶的部下有兩位青年，張謇和袁世凱。他們膽子很大，高麗的兵也沒有抵抗的能力。於是他們把大院君首先執送天津，然後派兵佔領漢城險要，幾點鐘的功夫，就把李昰應的軍隊打散了。吳長慶這時實際作高麗的主人翁了。後高麗許給日本賠款並許日本使館保留衛隊。這樣，中日兩國都有軍隊在高麗京都，形成對峙之勢。

八年夏初之季，中國在漢城的勝利，使起許多人輕敵。張謇主張索性滅高麗。張佩綸和鄧承修主張李鴻章在煙台設大本營，調集海陸軍隊，預備向日本宣戰。張佩綸說：

> 日本自改法以來，民惡其上，始則欲復封建，繼則欲改民政。薩、長二黨爭權相傾，國債山積，以紙為幣，雖兵制步伍泰西，略得形似，然外無戰將，內無謀臣。問其師船則以扶桑一艦為冠，固已鐵蝕木窳，不耐風濤，餘皆小炮小舟

而已，去中國定遠鐵船、超勇、揚威遠甚，問其兵數，則陸軍四五萬人，水軍三四千人，猶且官多缺員，兵多缺額，近始雜募遊惰，用充行伍，未經戰陣，大半恇怯，又去中國淮湘各軍遠甚。

鄧承修也是這樣說：

扶桑片土，不過內地兩行省耳。總核內府現銀不滿五百萬兩。窘迫如此，何以為國？水師不滿八千，船艦半皆朽敗，陸軍內分六鎮，統計水陸不盈四萬，而又舉非精銳。然彼之敢於悍然不顧者，非不知中國之大也，非不知中國之富且強也，所恃者中國之畏事耳，中國之重發難端耳。

這兩位自命為「日本通」者，未免看事太易。李鴻章看的比較清楚。他說：

彼自變法以來，一意媚事西人，無非欲竊其緒餘，以為自雄之術。今年遣參議伊藤博文赴歐洲考察民政，復遣有棲川親王赴俄，又分遣使聘意大利，駐奧匈帝國，冠蓋聯翩，相望於道，其注意在樹交植黨。西人亦樂其傾心親附，每遇中日交涉事件，往往意存袒護。該國洋債既多，設有危急，西人為自保財利起見，或且隱助而護持之。

夫未有謀人之具，而先露謀人之形者，兵家所忌。日本步趨西法，雖僅得形似，而所有船炮略足與我相敵。若必跨海數千里與角勝負，制其死命，臣未敢謂確有把握。

第東征之事不必有，東征之志不可無。中國添練水師，實不容一日稍緩。昔年戶部指撥南北洋海防經費，每歲共四百萬兩。無如指撥之財，非盡有着之款。統計各省關所解南北洋防費，約僅及原撥四分之一。可否請旨敕下戶部總理衙門，將南北洋每年所收防費，核明實數，務足原撥四百萬兩之數。如此則五年之後，南北洋水師兩枝當可有成。

這次大辯論終了之後，越南問題又起來了。張佩綸、鄧承修諸人忽然忘記了日本，大事運動與法國開戰。中、法戰事一起，日本的機會就到了。這時高麗的黨政軍正成對壘之陣。一面有開化黨，其領袖即洪英植、金玉均、朴泳孝諸人，其後盾即日本公使竹添進一郎。這一派是親日的，想藉日本之勢力以圖獨立的。對面有事上黨，領袖即金允植、閔泳翊、尹泰駿諸人，後盾是袁世凱。這一派是

聯華的，想託庇於我們的保護之下，以免日本及其他各國的
壓迫。漢城的軍隊有中國的駐防軍和袁世凱代練的高麗軍在
一面，對面有日本使館的衛隊及日本軍官所練的高麗軍。在
中法戰爭未起以前，開化黨不能抬頭，既起以後，竹添就大
活動起來，說中國自顧不暇，那能顧高麗？於是洪英植諸人
乃決計大舉。

　　光緒十年十月十七夜，洪英植設宴請外交團及高麗要
人。各國代表都到，惟獨竹添稱病不至。後忽報火警，在座
的人就慌亂了。閔泳翊出門，被預埋伏兵士所殺。洪英植跑
進王宮，宣稱中國兵變，強迫國王移居，並召竹添帶日兵進
宮保衛。竹添這時不但無病，且親率隊伍入宮。國王到了開
化黨的手裏以後，下詔召事上黨領袖。他們一進宮就被殺
了。於是宣佈獨立，派開化黨的人組閣。

　　十月十九日，袁世凱帶他所練的高麗兵及中國駐防漢城
的軍隊進宮。中日兩方就在高麗王宮裏開戰了。竹添見不能
抵抗，於是撤退。王宮及國王又都到袁世凱手裏。洪英植、

49
在朝鮮時的袁世凱

1885 年袁世凱 26 歲，
出任「清朝駐紮朝鮮總
理交涉通商事宜」全權
代表，位同三品道員，
在朝鮮內政外交上以宗
主國欽差自居，儼然太
上皇，在任 10 年。

朴泳孝被亂兵所殺，金玉均隨着竹添逃到仁川，後投日本；政權全歸事上黨及袁世凱，開化黨完全打散了。袁世凱這時候尚不滿三十，忽當大事，因電報不通無法請示，只好便宜行事。他敢大膽的負起責任，制止對方的陰謀。難怪李鴻章從此看重他，派他作駐高麗的總代表。

竹添是個浪人外交家。他如果沒有違反日本政府的意旨，至少他超過了他政府所定的範圍。事變以後，日本政府以和平交涉對高麗，亦以和平交涉對中國。光緒十一年春，伊藤與李鴻章訂《天津協定》，雙方皆撤退駐高麗的軍隊，但高麗以後如有內亂，中日皆得調兵進高麗。

光緒十一年（一八八五年）英俄兩國因為阿富汗的問題，幾至開戰。他們的衝突波及遠東。英國為預防俄國海軍從海參崴南下，忽然佔領高麗南邊之巨磨島。俄國遂謀佔領高麗東北的永興灣。高麗人見日本不可靠，有與俄國暗通、求俄國保護者。在這種形勢之下，英國感覺危險，日本更怕英、俄在高麗得勢。於是日本、英國都慫恿中國在高麗行積極政策。英國覺得高麗在中國手裏與英國全無損害，倘到俄國手裏，則不利於英國甚大。日本亦覺得高麗在中國手裏他將來還有法子奪取；一旦到了俄國手裏，簡直是日本的致命之傷。所以這種形勢極有利於我們，李鴻章與袁世凱遂大行其積極政策。

從光緒十一年到二十年，中國對高麗的政策完全是李鴻章和袁世凱的政策。他們第一緊緊的把握高麗的財政，高麗想借外債，他們竭力阻止。高麗財政絕無辦法的時候，他們令招商局出面借款給高麗。高麗的海關，是由中國海關派員代為管理，簡直可說是中國海關的支部。高麗的電報局是中國電報局的技術人員用中國的材料代為設立，代為管理的。高麗派公使到外國去，須先得中國的同意，到了外國以後，高麗的公使必須遵守三種條件：

一、韓使初至各國，應先赴中國使館具報，請由中國欽差挈同赴外部，以後即不拘定。

一、遇有朝會公宴酬酢交際，韓使應隨中國欽差之後。

一、交涉大事關係緊要者，韓使應先密商中國欽差核示。

這種政策雖提高了中國在高麗的地位，但與光緒五年李鴻章最初所定的高麗政策絕對相反。最初李要高麗多與西洋各國往來，想藉西洋的通商和傳教的權利來抵制日本的領土野心。此時李、袁所行的政策是中國獨佔高麗。到了光緒

十八九年，日本感覺中國在高麗的權利膨脹過甚，又想與中國對抗。中國既獨佔高麗的權利，到了危急的時候，當然只有中國獨當其衝。

甲午戰爭直接的起因又是高麗的內亂。光緒二十年（即甲午，西曆一八九四年）高麗南部有所謂東學黨，聚眾數千作亂，中日兩國同時出兵，中國助平內亂，日本藉口保衛僑民及使館。但東學黨造亂的地方距漢城尚遠，該地並無日本僑民，且日本派兵甚多，遠超保僑所需之數。李鴻章知道日本另有野心，所以竭力先平東學黨之亂，使日本無所藉口。但是內亂平定之後，日本仍不撤兵。日本聲言高麗內亂之根在內政之不修明，要求中日兩國共同強迫高麗改革內政。李不答應，因為這就是中日共管高麗。

這時日本輿論十分激烈，一意主戰。中國輿論也激烈，要求李鴻章火速出兵，先發制人。士大夫覺得高麗絕不可失，因為失高麗就無法保東北。他們以為日本國力甚小：「倭不度德量力，敢與上國抗衡，實以螳臂擋車，以中國臨之，直如摧枯拉朽。」李鴻章則覺得一調大兵，則雙方勢成騎虎，終致欲罷不能。但他對於外交又不讓步。他這種軍事消極、外交積極的辦法，是很奇怪的，他有他的理由。俄國公使喀西尼（Cassini）答應了他，俄國必勸日本撤兵，如日本不聽，俄國必用壓服的方法。李覺得既有俄國的援助，不必對日本讓步。殊不知喀西尼雖願意給我援助，俄國政府不願意。原來和戰的大問題，不是一個公使所能負責決定的。等到李鴻章發現喀西尼的話不能兌現，中日外交路線已經斷了，戰事已經起始了。

中日兩國同於七月初一宣戰。八月十八（陽曆九月十七）兩國海軍在高麗西北鴨綠江口相遇。那一次的海軍戰爭是我民族在這次全面抗戰以前最要緊的一個戰爭。如勝了，高麗可保，東北不致發生問題，而在遠東中國要居上日本居下了。所以甲午八月十八的海軍之戰是個劃時代的戰爭，值得我們研究。那時我國的海軍力比日本海軍大。我們的佔世界海軍第八位，日本佔第十一位。我們的兩個主力艦定遠和鎮遠各七千噸；日本頂大的戰艦不過四千噸。但日本的海軍也有優點，日本的船比我們快，船上的炮比我們多，而且放的快。我們的船太參差不齊，日本的配合比較合用。所以從物質上說來，兩國海軍實相差不遠。那一次我們失敗的原故很多。第一，戰略不如人。我方原定艦隊排「人」字陣勢，由定遠、鎮遠兩鐵甲船居先，稱戰鬥之主力。海軍提督丁汝昌以定遠為坐艦，艦長是劉步蟾。丁本是騎兵的軍官，不懂海軍。他為人忠厚，頗有氣節，李鴻章靠

50
定遠號鐵甲艦

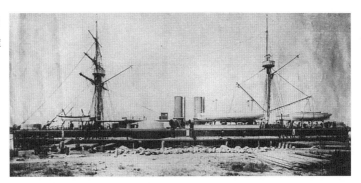

51
鎮遠號鐵甲艦

52
日艦正調整隊形以
迎戰北洋水師

他不過作精神上的領導而已。劉步蟾是英國海軍學校畢業的
學生，學科的成績確是上等的。而且頗識莎士比亞的戲劇，
頗有所謂儒將的風度。丁自認不如劉，所以實際是劉作總指
揮。等到兩軍相望的時候，劉忽下令把「人」字陣完全倒置，
定遠、鎮遠兩鐵甲船居後，兩翼的弱小船隻反居先。劉實膽
怯，倒置的原故想圖自全。這樣一來陣線亂了，小船的人員
都心慌了。而且日本得乘機先攻我們的弱點了。

　　其次，我們的戰術也不及人。當時在定遠船上的總炮手
英人泰樂爾（Tyler）看見劉步蟾變更陣勢，知道形勢不好。
他先吩咐炮手不要太遠就放炮，不要亂放炮，因為船上炮彈
不多，必命中而後放。吩咐好了以後，他上望台，站在丁提
督旁邊，準備幫丁提督指揮。但丁不懂英文、泰樂爾不懂中
文，兩人只好比手勢交談。不久炮手即開火，而第一炮就誤
中自己的望台，丁受重傷，全戰不再指揮，泰樂爾亦受輕
傷。日本炮彈的準確遠在我們的之上，結果，我海軍損失過
重，不敢再在海上與日人交鋒。日人把握海權，陸軍輸送得
行動自由，我方必須繞道山海關。其實海軍失敗以後，大事
就去了。陸軍之敗更甚於海軍。

53
海軍公所

北洋水師是清朝規模最
大、斥資最鉅的現代化海
軍，一度為世界第八、
亞洲第一，卻在甲午戰
爭中全軍覆沒。圖為位
於山東威海劉公島的北
洋水師衙門──海軍公
所，被日軍侵佔後所攝。

次年三月，李鴻章與伊藤訂《馬關和約》。中國承允高麗獨立，割台灣及遼東半島，賠款二萬萬兩。近代的戰爭固不是兒戲。不戰而求和當然要吃虧，這一次要吃虧的是高麗的共管。但戰敗以後而求和，吃虧之大遠過於不戰而和。同治光緒年間的政治領袖如曾、左、李及恭親王、文祥諸人原想一面避戰，一面竭力以圖自強。不幸，時人不許他們，對自強事業則多方掣肘，對邦交則好輕舉妄動，結果就是誤國。

54
光化門舊影

光化門是朝鮮王朝景福宮的正門，也被視為近代韓國的國門。從 1592 年壬辰倭亂到 1910 年日韓合併，光化門屢毀屢建，命運多舛。圖為 1905 年所攝。

55
日佔朝鮮總督府

1895 年《馬關條約》簽訂之後，朝鮮高宗稱帝獨立，脫離與清朝的宗藩關係。但旋即於 1910 年被日本吞併。圖為日佔時期的朝鮮總督府，修建時拆除了景福宮部分建築，光化門亦被遷走。1995 年，作為「日本殖民統治象徵」被拆除。

第四章

瓜分及民族之復興

第一節
李鴻章引狼入室

　　甲午戰爭未起以前及既起以後，李鴻章用各種外交方法，想得西洋各國的援助，但都失敗了。國際的關係，不比私人間的關係，是不講理，不論情的。國家都是自私自利的。利害相同就結合為友，為聯盟；利害衝突就成為對敵。各國的外交家都是精於打算盤的。西洋各國原想在遠東大大的發展，但在甲午以前，沒有積極推動，一則因為他們忙於瓜分非洲；二則因為他們互相牽制各不相下；三則因為在遠東尚有中國與日本兩個獨立國家，具有相當的抵抗能力。在中日戰爭進行的時候，李鴻章雖千方百計的請求他們的援助，他們總是抱隔岸觀火的態度，嚴守中立。他們覺得中國愈敗，愈需要他們的援助，而且愈願意出代價。同時他們又覺得日本雖打勝仗，戰爭總要削減日本的力量。在西洋人的眼光裏，中日戰爭，無論誰敗，實是兩敗俱傷的。他們反可坐收漁人之利。所以他們不援助我們於未敗之前。

　　等到《馬關條約》一簽字，俄、德、法三國就聯合起來，強迫日本退還遼東半島，包括旅順、大連在內。主動是俄國，德、法不過附和，當時俄國財政部長威特（Witte）正趕修西比利亞[1]鐵路，他發現東邊的一段，如繞黑龍江的北岸，路線太長，工程太困難，如橫過我們的東三省，路線可縮短，工程也容易的多。同時海參崴太偏北，冬季結冰，不便航行。如果俄國能得大連、旅順，俄國在遠東就能有完善的軍港和商港。完成西比利亞鐵路及得一個不凍冰的海口；這是威特想要乘機而達到的目的。法國當時聯俄以對德，俄要法幫忙，法不敢拒絕，何況法國也有野心家想乘機向遠東發展呢？德國的算盤打得更精。他想附和俄國，一則可以使俄國知道德國是俄國的朋友，俄國不必聯絡法國；二則俄國如向遠東發展，在歐洲不會多事，德國正好順風推舟；三則德國也可以向我們索取援助的代價。這是三國干涉《馬關和約》實在的動機。

　　俄、德、法三國的作法是十分冠冕堂皇的。《馬關條約》發表以後，他們就向我們表示同情，說條約太無理，他們願助中國挽回失地的一部分。在我們那時

1　即西伯利亞

痛恨日本的情緒之下，這種友誼的表示是求之不得的。我們
希望三國能把台灣及遼東都替我們收回來。同時三國給與所
謂友誼的勸告，說日本之佔領遼東半島不利於遠東和平。戰
後之日本固不敢不依從三國的勸告，於是退還遼東，但加賠
款三千萬兩。中國覺得遼東半島不止值三千萬兩，所以我們
覺得應感激三國的援助。

　　《馬關條約》原定賠款二萬萬兩，現在又加三千萬兩，中
國當然不能負擔。威特一口答應幫我從法、俄銀行借一萬萬
兩，年息四釐。數目之大，利率之低，誠使我們受寵若驚。
俄國真可算是我們的好朋友！

　　光緒二十二年，一八九六年，俄皇尼古拉二世（Nicholas
II）行加冕典禮。帝俄政府向我表示：當中俄兩國特別要好的
時候，中國應該派頭等大員去作代表，才算是給朋友面子。
中國乃派李鴻章為慶賀加冕大使。這位東方的畢士麥克[1]於是
到歐洲去了。威特深知中國的心理，所以他與李鴻章交涉的
時候，首言日本之可惡可怕，這是李鴻章願意聽的話，也是

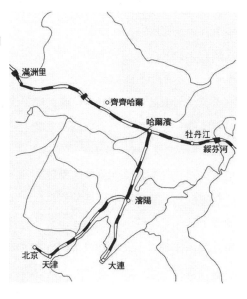

56
中東鐵路路線圖

全國人士願意聽的話。這種心理的進攻既然順利，威特乃進一步陳言俄國對我之援助如何是心有餘而力不足。他説當中日戰爭之際，俄國本想參戰，但因交通不便，俄軍未到而中日戰爭就完了。以後中國如要俄國給予有力的援助，中國必須使俄國修條鐵路橫貫東三省。李鴻章並未駁辯威特的理論，但主張在中國境內之鐵路段，應由中國自修，威特告以中國人力財力不足，倘自修，則十年尚不能成，將緩不濟急。威特最後説，如中國堅拒俄國的好意，俄國就不再助中國了。這一句話把李鴻章嚇服了。於是他與威特簽定密約，俄許援助中國抵抗日本，中許俄國建築中東鐵路。

　　光緒二十二年的《中俄密約》是李鴻章終身的大錯。甲午戰爭以後，日本並無於短期內再進攻中國的企圖。是時日本政府反轉過來想聯絡中國。因為西洋倘在中國勢力太大，是於日本不利的。威特的本意不是要援助中國，是要利用中東鐵路來侵略中國的。以後瓜分之禍，及日俄戰爭、二十一條、九一八這些國難都是那個密約引出來的。

　　李鴻章離開俄國以後，路過德、法、比、英、美諸國，他在柏林的時候，德國政府試探向他要代索遼東的報酬，他沒有答應。德國公使以後又在北京試探，北京也沒有答應。光緒二十三年秋，山東曹州殺了兩個傳教士，德國乘機一面派兵佔領青島，一面要想租借膠州灣及青島及在山東修鐵路和開礦的權。中國於二十四年春答應了。山東就算是德國的利益範圍。

　　俄國看見德國佔了便宜，於是調兵船佔旅順、大連。俄國説為維持華北的勢力均衡，並為助我的方便，他不能不有旅順、大連，並且還要修南滿鐵路。中國也只好答應。我們費三千萬贖回來的遼東半島，這時俄國又奪去了。俄國還説，他是中國惟一的朋友！俄國的外交最陰險：他以助我之名，行侵我之實。以後他在東北既有了中東鐵路、南滿鐵路及大連、旅順，東三省就成了俄國的勢力範圍。

　　於是英國要求租借威海衛和九龍及長江流域的優越權利。法國要求租廣州灣及廣東、廣西、雲南的優越權利。日本要求福建的優越權利。意大利要求租浙江的三門灣。除意大利的要求以外，中國都答應了。這就是所謂瓜分。惟獨美國沒有提出要求，但他運用外交，使各國不完全割據各國所劃定的範圍，使各國承認各國在中國境內都有平等的通商權利。這就是歷史上有名的門戶開放主義。

　　這種瓜分運動就是甲午的敗仗引起來的。在近代的世界，敗仗是千萬不能打的。

第二節
康有為輔助光緒變法

　　假使我們是甲午到戊戌那個時代的人，眼看見我國的國家被小小的日本打敗了，打敗了以後又要割地賠款，我們還不激昂慷慨想要救國嗎？又假使我們就是那個時代的人，新知識新技術都沒有，所能作的僅八股文章，所讀過的書，僅中國的經史，我們救國方案還不是離不開我們的經典，免不了作些空泛而動聽的文章？假使正在這個時候，我們中間出了一個人提出一個偉大的方案，既合乎古訓，又適宜時局，其文章是我們所佩服的，其論調正合乎我們的胃口，那我們還不擁護他嗎？康有為就是這時代中的這樣的人。

　　康有為是廣東南海縣人，生在咸豐五年，一八五五年，比孫中山先生大十一歲 [1]。他家好幾代都是讀書人。他的家教和他的先生朱九江給他的教訓，除預備他能應考試、取科名外，特別注重中國政治制度的沿革及一般所謂經世致用之學。他不懂任何外國文字，在戊戌以前，也沒有到外國去過。但他到過香港、上海，看見西洋人地方行政的整齊，受了很大的刺激。他覺得這種優美的行政必有文化和思想的背景和淵泉。可惜那個時候國內還沒有討論西洋政治、經濟的書籍。康有為所能得的僅江南製造局及教會所譯的初級天文、地理、格致 [2]、兵法、醫藥及耶穌教經典一類的書籍。但他是個絕頂聰明的人，「能舉一反三，因小以知大，自是於其學力中別開一境界」。

　　我們已經說過，同光時代李鴻章所領導的自強運動限於物質方面，是很不徹底的。後來梁啟超批評他說：

　　知有兵事而不知有民政，知有外交而不知有內治，知有朝廷而不知有國民，知有洋務而不知有國務，以為吾中國之政教風俗，無一不優於他國，所不及者惟槍耳，炮耳，船耳，機器耳。吾但學此，而洋務之能事畢矣。

1　應為生在咸豐八年，一八五八年，比孫中山先生大八歲。

2　即物理

　　這種批評是很對的。可是李鴻章的物質改革已遭時人的
反對，倘再進一步的改革政治態度，時人一定不容許他。甲
午以後，康有為覺得時機到了。李鴻章所不敢提倡的政治改
革，康有為要提倡。這就是所謂變法運動。

　　我國自秦漢以來，兩千多年，只有兩個人曾主張變法，
一個是王莽，一個是王安石。兩個都失敗了。王莽尤其成為
千古的罪人。所以沒有（人）敢談變法。士大夫階級都以為
法制是祖宗的法制、先聖先賢的法制，歷代相傳，絕不可變
更的。康有為知道非先打破這個思想的難關，變法就無從下
手。所以在甲午以前，他寫了一篇《孔子改制考》。他說孔子
根本是個改革家。孔子作《春秋》的目的就是要改革法制。
《春秋》的真義在《公羊傳》裏可以看出來。《公羊傳》講「通
三統」，那就是說夏、商、周三代的法制並無沿襲，各代都因
時制宜，造出各代的法制。《公羊傳》又講「張三世」，那就
是說，以專制政體對亂世，立憲政體對升平之世，共和政體
對太平之世。康有為這本書的作用無非是抓住孔子作他思想
的傀儡，以便鎮壓反對變法的士大夫。

57
康有為與梁啟超

康有為在甲午年中了舉人，乙未年成了進士。他是那個國難時期的新貴。他就趁機會組織學會，發行報紙來宣傳，一時附和的人很不少。大多數並不瞭解他的學說，也不知道他的改革具體方案，只有極少數可以說是他的忠實同志。但是他的運動盛極一時，好像全國輿論是擁護他的。

孔子是舊中國的思想中心。抓住了孔子，思想之戰就成功了。皇帝是舊中國的政治中心。所以康有為的實際政治工作是從抓住皇帝下手。他在嚴重的國難時期之中，一再上書給光緒皇帝，大講救國之道。光緒也受了時局的刺激，很想努力救國。他先研究康有為的著作，後召見康有為。他很賞識他，因為種種的困難，只教他在總理衙門行走，戊戌春季的瓜分，更刺激了變法派和光緒帝。於是他又派康有為的四位同志楊銳、劉光第、林旭、譚嗣同在軍機處辦事。從戊戌四月二十三日到八月初康有為輔助光緒行了百日的維新。

在這百天之內，康有為及其同志推行了不少的新政。其中最要緊的有二件事。第一，以後政府的考試不用八股文，都用政治、經濟的策論。換句話說，以後讀書人要做官不能靠虛文，必須靠實學。第二，調整行政機構。康有為裁汰了許多無用的衙門和官職，如詹事府、通政司、光祿寺、鴻臚寺、太僕寺、大理寺，以及總督同城的巡撫、不治河的河督、不運糧的糧道、不管鹽的鹽道。同時他添了一個農工商總局，好像我們現在的經濟部，想要推行經濟建設。這兩件大新政，在我們今日看起來，都是應該早辦的，但在戊戌年間，雖然國難那樣嚴重，反對的人居大多數。為什麼呢？一句話，打破了他們的飯碗。人人都知道廢八股，提倡實學，但數百翰林、數千進士、數萬舉人、數十萬秀才、數百萬童生，全國的讀書人都覺得前功盡棄。他們費了多少的心血，想從之乎也者裏面，陞官發財。一旦廢八股，他們絕望了。難怪他們要罵康有為洋奴漢奸。至於被裁的官員更不要說，無不切齒痛恨。

康有為既然抓住皇帝來行新政，反對新政的人就包圍西太后，求「太后保全，收回成命」。這時光緒雖作皇帝，實權仍在西太后手裏。他們兩人之間久不和睦。西太后此時想索性廢光緒皇帝。新派的人於是求在天津練兵的袁世凱給他們武力的援助。袁世凱嫌他們孟浪，不肯合作，而且洩露他們的機密。西太后先發制人，把光緒囚禁起來，說皇帝有病，不能理事，復由太后臨朝訓政。康有為逃了，別人也有逃的，也有被西太后處死的。他們的新政完全打消了。

第三節
頑固勢力總動員

在戊戌年的變法運動之中，外國人頗偏袒光緒帝及維新派，反對西太后及頑固黨。因此一個內政的問題就發生國際關係了。後康有為、梁啟超逃難海外，又得着外國人的保護。他們在逃難之中發起保皇會，鼓動外國人和華僑擁護光緒。這樣，西太后和頑固黨就恨起洋人來了。西太后要廢光緒，立端王載漪的兒子溥儁作皇帝。剛毅、崇綺、徐桐、啟秀諸頑固份子想在新王之下操權，於是慫恿廢立。但各國駐京公使表示不滿意，他們的仇外的心理更進了一層。

頑固黨僅靠廢立問題還不能號召天下，他們領導的運動所以能擴大，這是因為他們也是愛國份子。自鴉片戰爭到庚子年，這六十年中所受的壓迫，所堆積的憤慨，他們覺得中國應該火速抗戰，不然國家就要亡了。我們不要以為頑固份子不愛國，從鴉片戰爭起，他們是一貫的反對屈服，堅強的主張抗戰。在戊戌年，西太后復政以後，她硬不割讓三門灣給意大利。她令浙江守土的官吏準備抗戰。後意大利居然放棄了他的要求，頑固黨更加覺得強硬對付洋人是對的。

外人在中國不但通商佔地，還傳教。這一層尤其招頑固份子的憤恨。他們覺得孔孟的遺教是聖教，洋人的宗教是異端、是邪教，中國最無知的愚民，都知道孝敬父母、尊順君師，洋人是無父無君的。幾千年來，都是外夷學中國，沒有中國學外夷的道理。這種看法在當時是很普遍的。譬如大學士徐桐是大理學家倭仁的門弟子，自己也是個有名的理學家，在當時的人物中，算是一個正派君子。他和他的同志是要保衛中國文化而與外人戰。他們覺得剷草要除根，排斥異端非盡驅逐洋人不可。

但是中國與日本戰尚且打敗了，怎能一時與全世界開戰呢？頑固份子以為可以靠民眾。利用民眾或「民心」或「民氣」去對外，是林則徐、徐廣縉、葉名琛一直到西太后、載漪、剛毅、徐桐傳統的法寶。凡是主張剿夷的莫不覺得四萬萬同胞是有勝無敗的。甲午以後，山東正有民間的義和團出現。頑固份子覺得這個義和團正是他們所需要的武力。

義和團（又名義和拳）最初是大刀會，其本質與中國流行民間的各種會匪並無區別。這時的大刀會專以洋人，尤其是傳教士為對象，民眾對洋人也有多年的

58

西方傳教士趕着毛驢，
和中國嚮導到鄉下傳教

1840 年後，新教和天主教在華傳教事業發展迅速，至 1900 年已有 2500 位傳教士。傳教士在創辦報刊雜誌、譯介中西文明、發展醫療教育和慈善救濟事業等方面均頗有建樹，但由於教會擁有治外法權、宗教習俗衝突以及各方勢力煽動等因素，導致晚清教案頻發，一般中國百姓抱有仇恨心理。

59

1893 年的石室
聖心大教堂

英法聯軍於第二次鴉片戰爭攻陷廣州，兩廣總督葉名琛被俘，戰後在兩廣總督署原址由巴黎外方傳教會興建天主教堂，1888 年落成。因教堂全部以花崗石砌造，故稱為石室。

積憤。外國傳教士免不了偏袒教徒，而教徒有的時候免不了
仗洋人的勢力欺侮平民。民間許多帶宗教性質的廟會敬神，
信基督教的人不願意合作。這也引起教徒與非教徒的衝突。
民間尚有種種謠言，說教士來中國的目的不外挖取中國人的
心眼以煉藥丹，又一說教士竊取嬰孩腦髓、室女紅丸。民間
生活是很痛苦的，於是把一切罪惡都歸到洋人身上。洋人、
附洋人的中國人，以及與洋人有關的事業如教堂、鐵路、電
線等，皆在被打倒之列。義和團的人自信有鬼神保佑，洋人
的槍炮打不死他們。山東巡撫李秉衡及毓賢前後鼓勵他們，
因此他們就以扶清滅洋的口號在山東擾亂起來。

60
—
61

義和團團民

　　己亥年（光緒二十五年，一八九九年）袁世凱作山東
巡撫，他就不客氣把義和團當作亂民，派兵痛剿。團民在山
東站不住，於己亥冬庚子春逃入河北。河北省當局反表示歡
迎，所以義和團就在河北得勢了。毓賢向載漪、剛毅等大替
義和團宣傳，說他們如何勇敢、可靠。載漪和剛毅介紹義和
團給西太后，於是義和團在北京得勢了。西太后及想實行廢
立的親貴、頑固的士大夫及頑固愛國志士都與義和團打成一
片，精誠團結去滅洋，以為滅了洋人他們各派的公私目的都
能達到。庚子年拳匪之亂是我國頑固勢力的總動員。

　　經過四次的御前會議，西太后乃於五月二十五日向各國同時宣戰。到七月二十日，董福祥的軍隊連同幾萬拳匪，拿着他們的引魂幡、混天大旗、雷火扇、陰陽瓶、九連環、如意鈎、火牌、飛劍，及其他法寶，僅殺了一個德國公使，連東交民巷的公使館都攻不破。同時八國聯軍由大沽口進攻，佔天津，慢慢的逼近北平。於是西太后同光緒帝逃到西安。李鴻章又出來收拾時局。

62

被圍攻後的東交民巷

東交民巷是當時各國駐華使館區，因此成為義和團攻擊的重點。在圍攻使館的 50 多天裏，慈禧從未停止對使館人員的生活供給和慰問，甚至是軍火供應，同洋人「處處留着餘地」。

63

被焚燬的翰林院

混雜義和團的甘軍決計火攻，通過點燃鄰近的翰林院，進而延燒至整個使館區。作為明清兩代學術文化薈萃之地，翰林院在這場大火中焚燬殆盡，所藏《永樂大典》《四庫全書》付之一炬。

64

燃燒中的正陽門

義和團因抵制洋貨，縱火焚燒了位於大柵欄的一家洋藥房，火勢迅速蔓延，殃及正陽門箭樓，前門大街數千家店鋪化為一片廢墟。圖為當時情景。

65

《庚子西狩叢談》

慈禧倉皇出逃，飢寒交迫，時任河北懷來知縣吳永，因進獻小米粥、雞蛋等物，迎駕有功而被重用，深知西狩內情，所著《庚子西狩叢談》向被目為信史。

庚子西狩叢談卷之一

　　　　　　　　　　　　　　　　　　　　　　觀復道人口述
　　　　　　　　　　　　　　　　　　　　　　覺園居士筆記

前清庚子拳匪之難八國聯軍入京師兩宮西狩於時同鄉吳興吳君漁川方任直隸懷來縣事以倉猝迎鑾不誤供應大為兩宮所激賞由知縣超擢府道恩眷優渥京外嘖嘖稱一時佳話上海各戲館至特為編演新劇以歆動社會觀者填隘予亦曾一往寓目陳設布景頗新麗而劇中情節殊弗類科白鄙俚全是三家村禮數滿村聽唱蔡中郎此固不足深究然默端當日吳君以荒城僻邑倮然坐困無端而空中霹靂忽報皇太后駕到皇上駕到王公宰相陸續俱到此真夢想不到之事亦喜亦懼定別有一番情景惜不獲與局中人把臂晤談一詢真況也

民國八載予佐山東省慕漁川方任膠東道尹以事晉省停屆公餘之於省署西圍囑予為陪濟南當陸海孔道冠蓋絡繹公私宴會無虛夕予苦不善酬應往往託故辭謝是日聞漁川在座頓觸素懷欣然赴召私念漁川以盛年下位驟膺殊眷遭曠代非常之異數意其人必精強機警目聽而眉語才氣發露

庚子西狩叢談　卷一

一

66
東南各省與列強簽署
《東南保護條款》

1900年慈禧同時向十一國宣戰，敕令東南各省北上勤王，遭到了李鴻章、張之洞、劉坤一等地方實力派漢族大員的聯合抗命，保東南半壁江山免於塗炭，「若不量力而輕於一試，恐數千年文物之邦，從此已矣」。事後清廷非但不敢懲戒，反予以褒揚，自此威信掃地。圖為與列強簽署《東南保護條款》時，兩江總督劉坤一（前排中坐者）會見英國駐滬領事團合影。

67
慈禧抓拍鏡頭

庚子拳亂後，慈禧反省縱容頑固勢力，有意塑造開明的改革派形象。圖為慈禧迴鑾行經正陽門甕城內觀音廟拈香時，向高處圍觀的洋人揮手致意。

68
兩宮迴鑾

圖為慈禧、光緒兩宮迴鑾北京時的情景。儀仗隊隊伍正進入大清門（中華門），兩旁官吏士卒跪迎。

69
1901 年的李鴻章

1901 年 9 月 7 日，李鴻章作為清朝議和代表在北京簽署了《辛丑條約》。兩個月後，「裱糊匠」李鴻章心力交瘁、與世長辭。

　　拳匪之亂的結束是《辛丑條約》，除懲辦禍首及道歉外，《辛丑條約》有三個嚴重的條款。第一，賠款四萬萬五千萬兩，分三十九年還清，在未還清以前，按每年四釐加利，總計實九萬萬八千餘萬兩。俄國的部分最多（那時中俄尚是聯盟國），佔百分之二十九，德國次之，佔百分之二十，法國佔百分之十六弱，英國佔百分之十一強，日本與美國各佔百分之七強。第二，各國得自北京到山海關沿鐵路線駐兵。近來日本增兵平津，就藉口《辛丑條約》。第三，劃定並擴大北京的使館區，且由各國留兵北京以保禦使館。

　　這種條款，夠嚴重了。但我們所受的損失最大的還不是《辛丑條約》的各款。此外還有東三省的問題。庚子年，俄國趁拳亂派兵佔領全東北三省。《辛丑條約》訂了以後，俄國不肯退出，反向我要求各種特殊權利。假使中國接受了俄國的要求，東北三省在那個時候就要名存實亡了。張之洞、袁世凱竭力反對接受俄國的條款，日本、英國、美國從旁贊助他們。李鴻章主張接受俄國的要求，但是幸而他在辛丑的冬天死了，不然東北三省就要在他手裏送給俄國了。日本、英國看見形勢不好，於壬寅（光緒二十八年）年初，締結同盟條約來對付俄國。美國雖未加入，但表示好感。中國當時的輿論亦贊助同盟。京師大學堂（以後的北京大學）的教授上書政府，建議中國加入同盟，變為中日英三國的集團來對付俄國。俄國看見國際情形不利於他，乃與中國訂約，分三期撤退俄國在東三省的軍隊。條約雖簽字了，俄國以後又中途變計。日本乃出來與俄國交涉。光緒三十年（一千九百零四年）兩國交涉失敗，就在我們的國土上打起仗來了。

　　那一次的日俄戰爭，倘若是俄國全勝了，不但我們的東三省，連高麗都要變為俄國的勢力範圍；倘若日本徹底的打勝了俄國，那高麗和東北就要變成日本的範圍，中國左右是得不了便宜的。幸而事實上日本只局部的打勝了，結果兩國講和的條約仍承認中國在東北的主權，不過劃北滿為俄國

鐵路及其他經濟事業的範圍，南滿包括大連、旅順在內，為
日本的範圍。這樣，日俄形成對峙之勢，中國得收些漁人
之利。

70
日俄戰爭雙方合影

1904 年 4 月 5 日，遼寧
大連，日軍司令乃木希
典（第二排左二）接受沙
俄旅順要塞司令斯特塞
爾（第二排右二）投降後
雙方合影。日俄戰爭的
結果予清朝上下很大震
動，認為「日俄之勝負，
立憲專制之勝負也」，刺
激了清末立憲運動。

第四節
孫總理提民族復興方案

在未述孫中山先生的事業以前，我們試回溯我國近代史的過程。我們說過，我們到了十九世紀遇着空前未有的變局，在十九世紀以前，與我民族競爭的都是文化不及我、基本勢力不及我的外族。到了十九世紀，與我抗衡的是幾個以科學、機械，及民族主義立國的列強。我們在道光間雖受了重人的打擊，我們仍舊不覺悟，不承認國家及民族的危險，因此不圖改革，妄費了民族二十年的光陰。直到受了英法聯軍及太平天國的痛苦，然後有同治初年由奕訢、文祥、曾國藩、李鴻章、左宗棠領導的自強運動。這個運動就是我國近代史上第一個應付大變局的救國救民族的方案。簡單的說，這個方案是要學習運用及製造西洋的軍器來對付西洋人。這是一個不徹底的方案，後來又是不徹底的實行。為什麼不徹底呢？一則因為提案者對於西洋文化的認識根本有限，二則因為同治光緒年間的政治制度及時代精神不容許自強運動的領袖們前進。同時代的日本採取了同一路線，但是日本的方案比我們的更徹底。日本不但接受了西洋的科學和機械，而且接受了西洋的民族精神及政治制度之一部分。甲午之戰是高度西洋化近代化之日本戰勝了低度西洋化近代化之中國。

甲午以後，康有為所領導的變法運動是我國近代史上救國救民第二個方案。這個方案的主旨是要變更政治制度，其最後目的是要改君主立憲，以期民族精神及維新事業得在立憲政體之下充分發揮和推進。變法運動無疑的是比自強運動更加西洋化近代化。康有為雖託孔子之名，及皇帝的威嚴去變法，他依舊失敗，因為西太后甘心作頑固勢力的中心。滿清皇室及士大夫階級和民間的頑固勢力本極雄厚，加上西太后的支助，遂成了一種不可抑遏的反潮。嚴格說來，拳匪運動可說是我國近代史上第三個救國救民的方案，不過這個方案是反對西洋化、近代化的，與第一第二兩個方案是背道而馳的。拳匪的慘敗是極自然的。慘敗代價之大足證我民族要圖生存絕不可以開倒車。

等到自強、變法、反動都失敗了，國人然後注意孫中山先生所提出的救國救民的方案。這個方案的偉大與中山先生的少年環境是極有關係的。

中山先生是廣東香山縣人，生於前清同治五年，西曆一千八百六十六年。
他的家庭是我國鄉下貧苦農夫的家庭，他小的時候，就在田莊上幫助父親耕種，
十三歲，他隨長兄德彰先生到檀香山。他在那裏進了教會學校。十六歲的時候，
他回到廣州入博濟醫學校。次年，他轉入香港英國人所設立的醫學專科。他在
這裏讀書共十年，於光緒十八年畢業，成醫學博士。中法戰爭的時候，他正十九
歲，所受刺激很大。他在學校所結納的朋友，如鄭士良、陳少白、陸皓東等多與
祕密反對滿清的會黨有關。所以在這個時候，他已有了革命的思想。

中山先生的青年生活有幾點值得特別注意。第一，他與外人接觸最早，十三
歲就出國了。他所入的學校全是外國人所設立的學校。他對西洋情形及近代文化
的認識遠在李鴻章、康有為諸人之上。這是我民族一種大幸事，因為我們既然只
能從近代化找出路，我們的領袖人物應該對近代文化有正確深刻的認識。第二，
中山先生的教育是科學的教育，而且是長期的。科學的思想方法是近代文化的至
寶。但是這種方法不是一兩個月的訓練班或速成學校所能培養的。我們倘不瞭解
這一點，我們就不能瞭解為什麼中山先生所擬的救國方案能超越別人所提的方
案。中山先生的一切方案是具體的、精密的、有步驟的、方方面面都顧到的，因
為他的思想是受過長期科學訓練的。

光緒十年的中法之戰給了中山先生很大的刺激。光緒二十年的中日之戰所給
的刺激更大。此後他完全放棄行醫，專門從事政治。次年，他想襲取廣州以為革
命的根據地。不幸事泄失敗，他逃到國外。在檀香山的時候，他組織了興中會。
當時風氣未開，清廷監視很嚴，所以興中會的宣言不提革命，只說政府腐敗，國
家危急，愛國志士應該聯合起來以圖國家的富強。宣言雖是這樣的和平，海外僑
胞加入興中會的還是很少。中山先生從檀香山到美國、英國，一面鼓吹革命，一
面考察英美的政治。在英國的時候，使館職員誘他入館，祕密的把他拘禁起來，
想運送回國。幸而得着他的學校教師的援助終得出險，後又赴法。這是中山先生
初次在海外逃難的時期，也是他的革命的三民主義初熟的時期。

庚子拳匪作亂的時候，鄭士良及史堅如兩同志奉中山先生的命令想在廣東起
事，不幸都失敗了。但是庚子年的大悲劇搖動了許多人對滿清的信念。留學生到
日本去的也大大的加增。從此中山先生的宣傳容易的多，信徒加增也很快。日本
朋友也有贊助的。到了甲辰年（光緒三十年，西曆一千九百零四年），他在日本
組織同盟會，並創辦《民報》。這是我民族初次公開的革命團體。《同盟會宣言》

71

四大寇

前排左起：楊鶴齡、孫
中山、陳少白、尤列。
他們常在香港中環的楊
耀記會面，倡言革命，
被時人稱為「四大寇」。

72

**孫中山倫敦蒙難時的
求救便條**

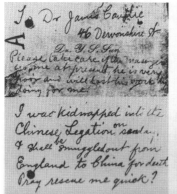
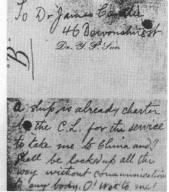

及《民報發刊詞》是中山先生初次公開的正式的以革命領袖
的資格，向全世界發表他的救國救民族的方案。甲辰以後，
中山先生尚有二十年的革命工作，對他所擬的方案尚有不少
的補充，但他終身所信奉的主義及方略的大綱已在《同盟會
宣言》和《民報發刊詞》裏面立定基礎了。

　　《民報發刊詞》說明了三民主義的歷史必然性。歐洲羅
馬帝國滅亡以後，各民族割據其地，慢慢的各養成其各別的
語言、文字、風俗、法制。到了近代，各民族遂成了民族國
家。但在各國之內王室專制，平民沒有參政之權，以致民眾

受壓迫的痛苦。十八世紀末年，十九世紀初年，歐人乃舉行
民權的革命。在十九世紀，西洋人雖已實行民族主義和民權
主義，但社會仍不安。這是因為歐美在十九世紀科學發達，
工業進步，社會貧富不均。中國應在工業初起的時候，防患
未然，利用科學和工業為全民謀幸福，這就是民生主義，中
山先生很激昂的說：

　　夫歐美社會之禍，伏之數十年，及今而後發見之，又不
能使之遽去。吾國治民生主義者，發達最先，睹其禍害於未
萌。誠可舉政治革命社會革命，畢其功於一役，還視歐美，
彼且瞠乎後也。

　　這是中山先生的愛國熱忱和科學訓練所創作的救國方
案。其思想的偉大是古今無比的。

73
同盟會合影

前排左二黃興，右一宋
教仁，中坐者孫中山

　　但是民族主義和民權主義在西洋尚且未實現，以落伍的
中國，外受強鄰的壓迫、內部又滿佈封建的思想，何能同時
推行三民主義呢？這豈不是偏於理想嗎？有許多人直到現在
還這樣的批評中山先生。三十三年以前，當同盟會初組織的
時候，就是加盟者大部分也陽奉陰違，口信心不信。反對同

盟會的人更加不必說了。他們並不否認三民主義的偉大，他們所猶豫的是三民主義實行的困難。其實中山先生充分的顧到了這層困難。他的革命方略就是他實行三民主義的步驟。同盟會的宣言的下半說明革命應分軍法、約法、憲法三時期，就是以後所謂軍政、訓政、憲政三階段。一般淺識的人承認軍政、憲政之自然，但不瞭解訓政階段是必要的，萬不能免的。中山先生說過：

> 由軍政時期一蹴而至憲政時期，絕不予革命政府以訓練人民之時期，又絕不予人民以養成自治能力之時間，於是第一流弊在舊污未由蕩滌，新治未由進行；第二流弊在粉飾舊污以為新治；第三流弊在發揚舊民，壓抑新治。更端言之，即第一，民治不能實現；第二，為假民治之名行專制之實；第三，則併民治之名而去之矣。此所謂事有必至，理有固然者。

當時在日本與同盟會的《民報》抗爭者是君主立憲派的梁啟超所主持的《新民叢報》。梁啟超是康有為的門徒，愛國而博學。他反對打倒滿清，反對共和政體。他要維持清室而行君主立憲。所以他在《新民叢報》裏再三發表文章攻擊中山先生的民族主義和民權主義。他說中國人民程度不夠，不能行共和制。如行共和必引起多年的內亂和軍閥的割據。他常引中國歷史為證：中國每換一次朝代必有長期的內亂。梁啟超說，在閉關自守時代，長期的內亂尚不一定要亡國。現在列強虎視，一不小心，我們就可召亡國之禍。民國以來的事實似乎證明了梁啟超的學說是對的。其實民國以來的困難都是由於國人不明瞭因而不接受訓政。

孫中山先生的三民主義和革命方略無疑的是我民族惟一復興的路徑。我們不可一誤再誤了。

第五節
民族掃除復興的障礙

庚子拳匪之亂以後，全體人民感覺滿清是我民族復興的一種障礙，這種觀察是很有根據的。甲午以前，因為西太后要重修頤和園，我國海軍有八年之久，不能添造新的軍艦。甲午以後，一則因為西太后與光緒帝爭權，二則因為滿清的親貴以為維新就是漢人得勢、滿人失權，西太后和親貴就煽動全國的一切反動勢力來打倒新政。我們固不能說，滿人都是守舊的，漢人都是維新的，因為漢人之中，思想腐舊的，也大有人在。事實上，滿人居領袖地位，他們一言一動的影響大，而他們中間守舊的成份實在居大多數。並且他們反對維新，就是藉以排漢，所以庚子以後，滿清雖逐漸推行新政，漢人始終不信服他們，不認他們是有誠意的。

庚子年的冬天，西太后尚在西安的時候，他[1]就下詔變法。以後在辛丑到甲辰那四年內，他裁汰了好幾個無用的衙門，廢科舉，設學校，練新兵，派學生出洋，許滿漢通婚。戊戌年康有為要輔助光緒帝行的新政，這時西太后都行了，而且超過了。日本勝了俄國以後，時人都覺得君主立憲戰勝了君主專制。於是在乙巳年（一九○五年）的夏天，西太后派載澤等五大臣出洋考察各國憲法，表示要預備立憲。丙午、丁未、戊申三年成了官制及法制的大調整時期。

丙午（一九○六年）九月，釐定中央官制。前清中央主要的機關有內閣、軍機處、六部、九卿。所謂九卿，多半是無用的衙門。六部採用委員制，每部有滿漢尚書各一，滿漢侍郎各二，共六人主政，責任不專，遇事推諉，並且自道咸以後，各省督撫權大，六部成了審核機關，本身幾全不舉辦事務。軍機處是前清中央政府最得力的機關，原是內閣分出來的一個委員會，實際輔佐皇帝處理大政的。自軍機處在雍正年間成立以後，內閣變成一種裝飾品。丙午年的改革，保存了軍機處，此外設立十一部，每部以一個尚書為最高長官。這種改革雖不圓滿，比舊制實在是好多了。但十一名尚書發表以後，漢人只佔五人，比以前六部滿漢各一的比例還差了。所以這種改革，不但未和緩漢人的不平，反加增了革命運動的力量。

---

1 「她」字為後起，此處無誤。

74
滿清皇族內閣

庚子拳亂後，慈禧主導了清末新政，然而清廷欲進一步加強皇族中央集權，在宣佈預備立憲後推出「皇族內閣」，令立憲派紛紛轉而與革命派合作。武昌起義爆發，急召袁世凱組建以漢人居多數的內閣，但為時已晚。

丁未年（一九○七年）滿清決定設資政院於北京，作為中央的民意機關，設諮議局於各省，作為地方的民意機關。戊申年，滿清頒佈《憲法大綱》並規定九年為預備立憲時期。如果真要立憲，九年的預備實在還不夠，但是因為當時國人對滿清全不信任，故反對九年的預備，說滿清不過藉預備之名以擱置立憲。

滿清在這幾年之內，不但藉改革以收漢人的政權，並且鐵良和良弼想盡了法子把袁世凱的北洋兵權也奪了。等到戊申的秋天，宣統繼位，其父載灃作攝政王的時候，第一條命令是罷免袁世凱。此時漢人之中尚忠於清廷而又有政治手腕者，袁世凱要算是第一，載灃還要得罪他，這不是滿清自取滅亡嗎？

同盟會和其他革命志士看清了滿人的把戲，積極的圖以武力推倒滿清的政權。丙午年，同盟會的會員蔡紹南、劉道一聯合湖南和江西交界的祕密會黨在瀏陽和萍鄉起事。他們的宣言明說他們的目的是要打倒滿清，建立民國，平均地權。這是同盟會成立以後第一次的革命，也是三民主義初次充當革命的目標。不幸失敗了。同時還有許多革命黨員祕密的在武昌及南京的新軍之中運動革命，清廷簡直是防不勝防。

這時日本政府應滿清的請求，強迫孫中山先生離開日本。中山先生乃領導胡漢民、汪精衛等到安南，在河內成立革命中心。他們在丁未年好幾次在潮州、惠州、欽州、廉州及鎮南關各處起事，戊申年又在河口起事，均歸失敗。同時江浙人所組織的光復會也積極活動，丁未年五月光復會首領徐錫麟殺安徽巡撫恩銘，此事牽連了他的同志秋瑾，兩人終皆遇害。戊申年十月，熊成基帶安徽新軍一部分突破安慶。他雖失敗了，他的行動表示長江一帶的新軍已受了革命思想的影響。

丁未、戊申兩年既受了這許多的挫折，同盟會的多數領袖主張革命策略應該變更。胡漢民當時說過：「此後非特暗殺之事不可行，即零星散碎不足制彼虜死命之革命軍，亦斷不可起。」汪精衛反對此說，他相信革命志士固應有恆德，「擔負重任，積勞怨於一躬，百折不撓，以行其志」，但是有些應該有烈德，「猛向前進，一往不返，流血以溉同種」。他和黃復生祕密的進北京，謀刺攝政王載灃。後事不成，被捕下獄。這是庚戌宣統二年的事情。

汪精衛獨行其烈德的時候，中山先生和胡漢民、黃興、趙聲正在南洋向華僑募捐，想大規模的有計劃的向滿清進攻。這是汪精衛所謂恆德。他們於庚戌年十一月在檳榔嶼定計劃，先佔廣州，然後北伐，「以黃興統一軍出湖南趨湖北，趙聲統一軍出江西趨南京」。定了計劃以後，他們分途歸國。次年，辛亥宣統三年，三月二十九日的黃花崗七十二烈士之役是他們的計劃的實現。軍事上雖失敗了，心理上則大成功，因為革命精神從此深入國民的腦際。

正在這個時候，清廷宣佈鐵路國有的計劃，給了革命黨人一個很好的宣傳的機會。那時待修的鐵路，以粵漢、川漢兩路為最急迫，困難在資本的缺乏。四川、湖北、湖南諸省的人民乃組織民營鐵路公司，想集民股築路。其實民間的資本不夠，公司的領袖人物也有借公濟私的，所以成績不好，進行很慢。郵傳大臣盛宣懷乃奏請借外債修路，把粵漢、川漢兩路都收歸國有。借外債來建設，本來是一種開明的政策，鐵路國有也是不可非議的，不過盛宣懷的官聲不好，滿清已喪失人心，就是行好政策，人民都不信任。何況民營公司的股東又要損失大利源呢？因以上各種原故，鐵路國有的問題就引起多數人的反對，革命黨又從中煽動，竟成了大革命的導火線。

同盟會的革命策略，本注重廣東，但自黃花崗失敗以後，陳其美、宋教仁、譚人鳳等就想利用長江流域為革命策源地。他們在上海設立同盟會中部總會。譚

人鳳特別注重長江中游之兩湖。那時湖北新軍中的蔣翊武組織文學社於武昌，藉以推動革命。在湖南活動的焦達豐及在湖北活動的孫武和居正，另外組織共進會。這兩個團體，雖有同盟會的會員參加，並不是同盟會的支部，而且最初彼此頗有磨擦。經譚人鳳調和以後共進會和文學社始合作。

同盟會的首領原來想在長江一帶應該有好幾年的預備工作，然後可以起事。但四川、湖北、湖南爭路的風潮擴大以後，他們就決定在辛亥年（宣統三年，一九一一年）秋天起事。發難的日期原定舊曆八月十五日，後因預備不足，改遲十天。卻在八月十八日，革命黨的機關被巡捕破獲，黨人名冊也被搜去。於是倉卒之間定八月十九即陽曆十月十日起事。

辛亥武昌起義的領袖是新軍的下級軍官熊秉坤。他率隊直入武昌，進攻總督衙門。總督瑞澂當即不抵抗出逃，新軍統制張彪也跟他逃，於是武昌文武官吏均棄城逃走。武昌便為革命軍所據。革命份子臨時強迫官階較高、聲望較好的黎元洪作革命軍的都督。

75
武昌革命軍炮兵

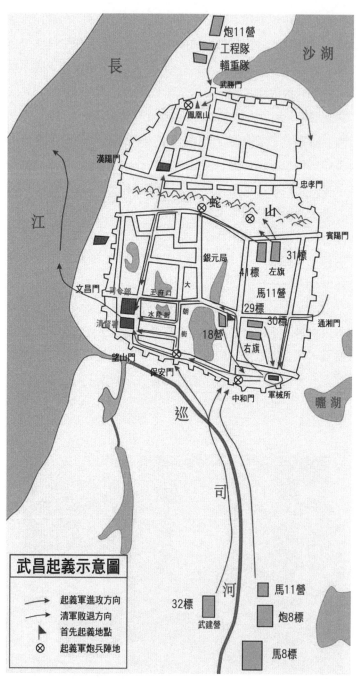

76
武昌起義示意圖

武昌起義示意圖

→ 起義軍進攻方向
→ 清軍敗退方向
▶ 首先起義地點
⊗ 起義軍炮兵陣地

77

鄂軍都督府成立

辛亥革命初期具有明確的漢民族主義色彩，鄂軍都督府採用的鐵血十八星旗即象徵內地漢人十八行省。在武昌起義後的兩個多月裏，鄂軍都督府實際行使中央軍政府的職責，認孫中山為革命領袖，以其革命理論為指導。

78

袁世凱賦閑在家

北洋軍效忠於袁世凱，為當時清軍主力，在訓練及裝備上均勝於革命軍，袁世凱藉此在革命軍與清廷之間為自身謀取政治利益。11 月 26 日北洋軍攻陷漢陽，隨後展開南北議和，同意袁世凱逼清廷退位後，就任中華民國大總統。圖為宣統初年袁世凱被罷免，賦閑在家，以圖東山再起。

79
大漢四川軍政府成立

辛亥秋，保路運動在四川反抗最為激烈，清廷調部分湖北新軍入川鎮壓，革命黨人趁機發動武昌起義。圖為 1911 年 11 月 27 日，川人湧入成都皇城內，慶祝大漢四川軍政府成立。

80
孫中山率南京臨時政府謁明孝陵

1912 年 2 月 15 日，清室退位後三天，袁世凱接任臨時大總統之際，孫中山率南京臨時政府文武官員謁明孝陵，告慰明太祖朱元璋。同盟會「驅除韃虜，恢復中華」的民族主義綱領正是繼承自明太祖，民族革命成功後，遂倡導民族平等、「五族共和」。

　　武昌起義以後，一個月之內，湖南、陝西、江西、山西、雲南、安徽、江蘇、貴州、浙江、廣西、福建、廣東、山東十三省相繼宣佈獨立。並且沒有一個地方發生激烈的戰爭。滿清的滅亡，不是革命軍以軍力打倒的，是清朝自己瓦解的。各獨立省選派代表，制定《臨時約法》，並公舉孫中山先生為中華民國的臨時總統。我們這個老古的帝國，忽然變為民國了。

　　滿清到了山窮水盡的時候，請袁世凱出來挽回大局。這種臨時抱佛腳的辦法是不會生效的。袁世凱替清室謀得的不過是退位以後的優待條件，為自己卻得了中華民國第一任正式總統的地位。

　　辛亥革命打倒了滿清，這是革命惟一的成績。滿清打倒了以後，我們固然掃除了一種民族復興的障礙，但是等到我們要建設新國家的時候，我們又與民族內在的各種障礙面對面了。

第六節
軍閥割據十五年

　　民國元年的民國有民國必須具備的條件嗎？當然沒有。在上了軌道的國家，政黨的爭權絕不使用武力，所以不致引起內戰。軍隊是國家的，不是私人的。軍隊總服從政府，不問主政者是屬於那一黨派。但是民國初年，在我們這裏，軍權就是政權。辛亥的秋天，滿清請袁世凱出來主持大政，正因為當時全國最精的北洋軍隊是忠於袁世凱的。中山先生在民國元年所以把總統的位置讓給袁世凱，也與這個原故有關。我們以先說過在太平天國以前，我國並沒有私有的軍隊，有之從湘軍起。湘軍的組織和精神傳給了淮軍，淮軍又傳給北洋軍，以致流毒於民國。不過湘軍和淮軍都隨着他們的領袖盡忠於清朝，所以沒有引起內亂。到了民國，沒有皇帝了，北洋軍就轉而盡忠於袁世凱。

　　　　　為什麼民國初年的軍隊不盡忠於民國，不擁護民國的憲法呢？我們老百姓的國民程度是很低的。他們當兵原來不是要保禦國家，是要解決個人生計問題的。如不加以訓練，他們不知道大忠，那就是忠於國家和忠於主義；只知道小忠，忠於給他們衣食的官長，和忠於他們同鄉或同族的領袖。野心家知道我國人民鄉族觀念之深，從而利用之以達到他們的割據企圖。

82
—
83

從《中華民國臨時約法》到《中華民國憲法》

1912 年南京臨時參議院通過《中華民國臨時約法》，以限制袁世凱權力，但缺乏實際約束力。其後孫中山提出軍政、訓政、憲政三階段的《建國大綱》，隨着 1927 年南京國民政府成立進入訓政時期，直到 1947 年施行《中華民國憲法》，憲政之路備經曲折。

中華民國臨時約法

第一章　總綱

第一條　中華民國由中華人民組織之
第二條　中華民國之主權屬於國民全體
第三條　中華民國領土為二十二行省內外蒙古西藏青海
第四條　中華民國以參議院臨時大總統國務員法院行使其統治權

第二章　人民

第五條　中華民國人民一律平等無種族階級宗教之區別
第六條　人民得享有左列各項之自由權
　一人民之身體非依法律不得逮捕拘禁審問處罰
　二人民之家宅非依法律不得侵入或搜索
　三人民有保有財產及營業之自由

中華民國憲法

　據孫中山先生創立中華民國之遺教，為鞏固國權，保障民權，奠定社會安寧，增進人民福利，制定本憲法，頒行全國，永矢咸遵。

第一章　總綱

第一條　中華民國基於三民主義，為民有民治民享之民主共和國。
第二條　中華民國之主權屬於國民全體。
第三條　具有中華民國國籍者為中華民國國民。
第四條　中華民國領土，依其固有之疆域，非經國民大會之決議，不得變更之。
第五條　中華民國各民族一律平等。
第六條　中華民國國旗定為紅地，左上角青天白日。

第二章　人民之權利義務

第七條　中華民國人民，無分男女、宗教

　　工商界及學界的人何以不起來反對軍閥呢？他們在專制政體下作了幾千年的順民，不知道什麼是民權，忽然要他們起來作國家的主人翁，好像一個不會游水的人，要在海洋的大波濤之中去游泳，勢非淹死不可，知識階級的人好像應該能作新國民的模範，其實也不盡然。第一，他們的知識都偏於文字方面。古書愈讀的多，思想就愈腐舊，愈糊塗。留學生分散到各國各校各學派，回國以後，他們把萬國的學說都帶回來了，五花八門，彼此爭辯，於是軍閥的割據之上又加了思想的分裂。第二，中國的讀書人，素以作官為惟一的出路。民國以來，他們中間有不少的人惟恐天下不亂，因為小朝廷愈多，他們作官的機會就愈多。所以知識階級不但不能制止軍閥，有的時候，反助桀為虐。

　　那末，我們在民國初年絕對沒有方法引國家上軌道嗎？有的，就是孫中山先生的建國方略和三民主義。中山先生早已知道滿清不是中國復興惟一的障礙。其他如國民程度之低劣，國民經濟之困難，軍隊之缺乏主義認識，這些他都顧慮到了。所以他把建國的程序分為軍政、訓政、憲政三個時期，但是時人不信他，因為他們不瞭解他的思想。他們以為滿清是我們惟一的障礙，滿清掃除了，中國就可以從幾千年的專制一躍而達到憲政。這樣，他們正替軍閥開了方便之門。這就是古人所謂「欲速則不達」。在民國初年，不但一般人不瞭解中山先生的思想，即同盟會的會員，瞭解的也很少。中山先生並沒有健全的革命黨作他的後盾。至於革命軍更談不到。當時軍隊的政治認識僅限於排滿一點，此外都是些封建思想和習慣，只夠作反動者的工具。中山先生既然沒有健全的革命黨和健全的革命軍幫他推動他的救國救民族的方案，他就毅然決然讓位與袁世凱，一方面希望袁世凱能不為大惡，同時他自己以在野的資格，努力造黨和建設。

　　假使我民族不是遇着帝國主義壓迫的空前大難關，以一個曹操、司馬懿之流的袁世凱當國主，樹立一個新朝代，那我們也可馬虎下去了。但是我們在二十世紀，所須要的，是一個認識新時代而又能領導我們向近代化那條路走的偉大領袖。袁世凱絕不是個這樣的人。他不過是我國舊環境產生的一個超等的大政客。在他的任內，他借了一批大外債，用暗殺的手段除了他的大政敵宋教仁，擴充了北洋軍隊的勢力，與日本訂了民國四年的條約，最後聽了一群小人的話，幻想稱帝。等到他於民國五年六月六日死的時候，他沒有做一件於國有益、於己有光的事情。

84

袁世凱祭天

袁氏當政後，恢復前清
舊制，起用前清舊吏。
圖為 1913 年冬至，袁氏
身着傳統十二章袞服祭
天。1915 年籌備帝制，
尚未登基便下令撤銷。

85

蔡鍔（1882－1916）

袁氏預謀稱帝後，蔡鍔
等人宣佈雲南獨立，組
織討袁護國軍。袁軍受
挫後，南方各省亦紛紛
宣佈獨立，改元後僅 82
天帝制便以失敗收場。
蔡鍔因此被譽為「護國
大將軍」。

　　袁死了以後，靠利祿結合的北洋軍隊當然四分五裂了。大小軍閥，遍地皆是。他們混打了十年。他們都是些小袁世凱。到了民國十五年的夏季，中國的政治地圖分割到什麼樣子呢？第一，東北四省和河北、山東屬於北洋軍閥奉系的巨頭張作霖。他在北京自稱大元帥，算是中華民國的元首。第二，長江下游的江、浙、皖、閩、贛五省是北洋軍閥直系孫傳芳的勢力範圍。孫氏原來是吳佩孚的部下，不過到了民國十五年，孫氏已羽翼豐滿，不再居吳佩孚之下了。第三，湖北同河南仍屬於直系巨頭，曾擁戴曹錕為總統的吳佩孚。第四，山西仍屬於北洋之附庸而保持獨立而專事地方建設之閻錫山。第五，西北算是吳佩孚的舊部下而傾向革命之馮玉祥的勢力範圍。第六，西南的四川、雲南、貴州，屬於一群內不能統一，外不能左右大局的軍閥。第七，廣東、廣西、湖南三省是革命軍的策源地。從元年到十五年，我們這個國家的演化達到了這種田地。

第七節
蔣總裁貫徹總理的遺教

　　民國十五年七月九日，國民革命軍總司令蔣中正誓師北伐，並下總動員令。這是中華民國歷史上的大分水界。前此我們雖有革命志士，但沒有健全的、有紀律的、篤信主義的政黨；前此我們雖有軍隊參加革命，但沒有革命軍。此後就大不同了。我們如要瞭解民國十五年北伐誓師為什麼是個劃時代的史實，我們必須補述孫中山先生末年的奮鬥。

86
黃埔軍校開學典禮後
孫中山與蔣介石合影

87

國民革命軍誓師北伐

1926 年 7 月 9 日，國民
革命軍誓師大會在廣州
東校場舉行，總司令蔣
介石發表北伐宣言。經
過兩年多的征戰，以相
差懸殊的兵力打倒了北
洋軍閥，實現全國形式
統一。

　　我們已經說過，中山先生在辛亥革命以前宣佈了他的
革命方略，分革命的過程為軍政、訓政、憲政三個階段。用
不着說，軍政是一個信服三民主義的革命軍對封建勢力的掃
蕩和肅清，訓政是一個信服三民主義的革命黨猛進的締造
憲政所必須的物質及精神條件。民國初年，這樣的革命軍和
革命黨都不存在，軍閥得乘機而起，陷民國於長期的內亂，
人民所受的痛苦，反過於在滿清專制之下所受的。中山先生
於是更信他的革命方略是對的。民國三年，他制定革命黨黨
章的時候，他把一黨專政及服從黨魁的精神大大的加強。民
國七年，俄國革命，雖遇着國內國外反動勢力的夾攻，終成
功了。中山先生考察俄國革命黨的組織，發現其根本綱領竟
與他多年所提倡的大同小異。原來俄國也是個政治經濟落後
的國家，俄國的問題也是火速的近代化。在十九世紀，俄國
沒有趕上時代的潮流，因此在上次的歐洲大戰，俄國以二十
倍德國的領土，兩倍德國的人口，尚不能對付德國二分之一
的武力。俄國的革命方略，在這種狀況之下當然可供我們的
參考。難怪中山先生雖知道中山主義與列寧主義有大不同之
點，早就承認列寧是他的同志。

在蘇聯革命的初年，為抵抗帝國主義起見，列寧亦樂與我們攜手。民國十二年正月二十六日，中山先生與列寧的代表越飛（Joffe）共同發表宣言，聲明兩國在各行其主義的條件之下，共同合作。十二年夏，中山先生派蔣介石同志赴俄，考察紅軍和共產黨的組織。是年冬，蘇聯派遣鮑羅廷來華作顧問。十三年初，中山先生召開全國代表大會於廣州，徹底的改組國民黨，並決定聯俄容共。同時蔣介石同志從俄回國。中山先生就請他創辦黃埔軍官學校。中山先生對黃埔軍校是抱無窮希望的。在開學的那一天，中山先生說過：

> 今天開這個學校的希望，就是要從今天起，把革命的事業，從新創造，要這學校的學生來做根本，成立革命軍。諸位學生，就是將來革命軍的骨幹。

十四年是革命策源地的兩廣的大調整時期。陳炯明勾結楊希閔、劉震寰以圖消滅新起的革命勢力。於是有兩次的東征，然後廣東得以肅清。同時革命政府協助了李宗仁、黃紹竑肅清廣西。

不幸在這年的春天，三月十二日，中山先生在北平逝世了。革命的重擔大部分從此就遺到蔣介石同志的身上了。

從十五年七月九日起的北伐，到二十六年七月七日的抗日戰爭，蔣先生的事業是讀者們所熟知的，我們可以不必細說。但是有三個重要方面我們不能不注意。

第一，現任國民黨總裁的蔣先生在最近十餘年之內的事業一貫的以中山先生遺教為本。他認定偏左的共產主義和偏右的軍閥都是誤國的。他所領導的政軍始終不離開三民主義。最初誤會的人很不少，慢慢的他們認識了他的政策，由認識而生敬仰，終則一致的擁護。所以抗戰以來，國人不分黨派區域均團結於他的領導之下，一致抗戰。

第二，近年蔣先生鞭策全國向近代化這條大路上邁進。鐵路的加修，全國公路網的完成，航空線的設立，無線電網

的佈置，義務教育的提倡，科學及工程教育的獎進，及國防
的近代化，都是近幾年的大成績。抗戰以前全世界無不承認
我民族已踏上復興之路。日本的軍閥看清了這一點，所以決
計向我們大舉進攻。

第三，九一八以來，國人有些為感情所衝動要求中央早
戰，有些反動份子另懷陰謀，以為向日抗戰，就能消滅中央
勢力，於是假愛國之美名，鼓動早戰。蔣先生為民族計忍受
國人的非議和敵人的無禮，絕不輕言戰，亦絕不放鬆民族近
代化之推進。我們能從九一八到七七得着七年寶貴光陰的建
設，這是蔣先生深謀遠見的結果。

目前的困難是一切民族在建國的過程中所不能避免的。
只要我們能追隨蔣先生，謹守中山先生的遺教，我們必能找
到光明的出路。

88

太和殿廣場華北戰區
受降儀式

1945 年 10 月 10 日，
華北戰區受降儀式在太
和殿廣場舉行，日軍代
表向我第十一戰區司令
長官孫連仲投降。典禮
僅短短 25 分鐘，現場卻
湧入約 20 萬民眾，是中
國戰區受降規模最大的
一次。

89
中國代表團簽署《聯合國憲章》

1945 年 6 月 26 日，中國代表團出席《聯合國憲章》簽字儀式，中國成為世界五大國之一。照片右起為國社黨領袖張君勱、中共代表董必武　《大公報》總經理胡政之，正在簽字者為外交家顧維鈞，代表團共有 8 人。

90
蔣廷黻在聯合國

附編

一、中國近代化的問題

　　近代世界文化有兩種重要的特別：一種是自然科學，一種是機械工業。這兩種特別引起了許多政治經濟社會的變遷，如大規模的民治，兼領數洲的大殖民帝國，資本階級與勞動階級的鬥爭，支配世界市場的大公司等。上次世界大戰以前，全世界的文化發展似乎有共同的趨勢：素不行政治的國家如中國、日本、土耳其、俄羅斯都像望着民治走；未曾使用機械的國家也步步的踏入工業革命的園地。卻是大戰以後，經蘇聯的革命，義大利、德意志、日本諸國的法西斯運動，世界的政治經濟制度反而背道而馳了，至少是各向各方去了。現在世界沒有共同的趨勢，所謂近代文化究竟是什麼，各國亦有各國的說法了。雖然，此中有一點我們必須注意：斯塔林與希特勒在政治經濟的立場上雖一個站在北極，一個站在南極，兩人對於自然科學及機械工業都是維護的。世界的一切都可革命，誰都對於自然科學及機械工業尚未聞有革命之聲。左派的，右派的；帝國主義者與反帝國主義者；男的，女的；白種，黃種；老年，幼年……沒有一個肯樹反自然科學和反機械工業的旗幟。所以我們如說中國必須科學化及機械化，並且科學化和機械化就是近代化，大概沒有人反對的。

　　這種科學機械文化發源於歐洲西部，近代史就是這種文化的發展史，歐西以外的國家都被這種文化征服了。抵抗這種文化的國家不是被西歐佔領了，化為殖民地了，就是因戰爭失敗而覺悟，而自動的接受這種文化，勝利的抵抗是沒有的，能利用這種文化來生產，來防守國土者就生存；不能者便滅亡，這是近代史中的鐵律，沒有一個民族能違犯的。

　　關於歐西以外的國家接受科學機械文化的過程有幾點值得我們的注意。第一，接受愈早愈便宜，愈遲愈吃虧。在同治光緒年間——十九世紀的後四十年——遠東歷史的最重要事實是中日兩國近代化競爭，在那個競爭之中得勝者一切都得勝了，失敗者一切都失敗了。十八及十九世紀俄羅斯及土耳其的形勢亦復如此，俄國能佔領黑海以北的土地是因為大彼得在十八世紀初年為俄國立了近代化的基礎，近代化的遲早快慢和程度是決定近代國家命脈的要素。

　　第二，科學機械文化從西歐向外發展的區域有兩種。一種是土著的人很少，西歐人移居其中，把這種文化帶去了，美洲及澳洲之成為西歐文化區域是因為美

洲及澳洲成了西歐人居住的區域。另一種是人口稠密、西人不能移殖的區域，如東歐、中國、日本、印度。西歐人的勢力到這些地方去的是政治經濟的，不是移民的，這些地方能否近代化須看地方人民自己的努力。第一種區域近代化的過程是簡單的，自然的，其經驗沒有可資我們借鏡的；第二種區域的近代化都是從艱難困苦內憂外患交迫中得來的，其過程之富有色彩和戲劇性是歷史家和政治家不能也不應忽視的。

　　印度在近代史的前幾幕就亡國了，我們可以置之不論，餘有四國可資比較，即中國、日本、俄國、土耳其。這四國的經驗有緊要的共同點，四國近代化都是自上而下的，俄國近代化的發起人是大權獨攬的大彼得。日本近代化的發起人是少數貴族的政治家。中國近代化的發起人是同治年間的權貴，在內 —— 恭親王奕訢和大學士文祥，在外 —— 長江的督撫曾國藩、李鴻章、左宗棠。土耳其近代化的發起人是少數留學西歐的知識份子。在四國，群眾都是反對近代化的。這不是說這四國的群眾是比別國的群眾特別頑固，無論在那一國，群眾是守舊的，創造是少數人的事業。在辛亥年，如果全國對國體問題有個總投票的機會，民眾十之八九是要皇帝的，現在的民眾如有全權決定要不要修汽車站，人多數會投票決定不要汽車站。數年之前，如蘇聯的民眾能自由選擇集耕或分耕，百分之九十是要維持分耕的。基瑪爾假使遵從民意，土耳其婦女的解放就不會實現了。我們在歐西文化區域內受過教育的人不知不覺的接受了那個區域內的民意哲學，忘記了我們所處的境遇完全不同。英法德美各國進步上的再進步是可遲可早的，至少不致成為國家存亡的問題。歐西文化區域以外的國家則不能不積極的推動各種反民意的改革。

　　在中、俄、日、土四國之中，近代化既是自上而下，並且常違反民意，改革的推動不能不賴政權的集中。從這四國近代化的過程，我們可以得着一個共同結論：政權愈集中的國家，其推行近代化的成績愈好。所謂好，就是改革的程度愈徹底、愈快速，沒有大彼得的橫暴 —— 不僅專制 —— 舊馬斯哥 [1] 的守舊勢力是不能打倒的，俄國或要保存韃靼的、東歐的文化直到拿破崙大戰的狂風暴雨，十八世紀的寶貴光陰將整個的空費了。在民族的競爭之中，百年的落伍是不易補救的。大彼得雖於死前未得着俄國人的感激，他是俄羅斯民族的大恩人，這是無

1　即莫斯科

容疑問的。戰後列寧和斯塔林的偉業實在就是大彼得的事業的繼進，共產黨在俄國的專制、恐怖、橫暴，可說到極度了，有許多人至今只知道包爾雪維克[1]的厲害，和俄國反革命者末日的慘痛，不知道共產黨在俄國的使命是要俄國超近代的近代化。以俄國民眾的愚蠢及昔日領袖階級的自私，非用極大的暴力，蘇俄革命是不能成功的。

　　日本明治的維新與我國所謂同治中興有一個極大的差別。日本的維新是以政治革命為基礎的。尊王派的政治目的達到了以後，政權才集中，維新家始得以天皇的尊嚴來號召全國。因為天皇的尊嚴到了絕頂，所以日本的維新家無須倡一黨專政，無須用祕探和恐怖。同光年間的中國名為統一，實不統一。曾、李、左諸人的事業不是國家通盤籌畫的事業，李鴻章在北洋負創設新陸軍和新海軍的責任，但他的財源可靠的僅北洋一隅，其他各省的協餉要看李的勢力和李與其他各省督撫的私人關係。京內的御史老爺們，甚至各衙門的胥吏及內廷的太監都能和他搗亂。到了甲午，尚有北洋艦隊敢與日本一戰，李鴻章已算大成功了。只有絕頂天才始能創造新事業，始能為民族百年大計。這些天才，因為沒有集中的政權作後盾，不知道歷史上有多少被庸人和群眾反對而消沒了。

　　土耳其在革命以前的維新很像中國在前清末年的維新，三心二意的維新，成績很少，費用很多，整個國家幾乎為這樣的維新所滅亡。等到基瑪爾用嚴密的組織統一了政權，又利用這政權來打倒一切步驟不齊的行動，然後土耳其始真正的復興了。

　　民國以來，我們一面想要接受近代的科學和機械，一面又因內戰把國家割裂了、政權分散了，所以國運反而在革命以後遭更嚴重的打擊。自國府定都南京以後，我們才慢慢的從艱難困苦之中建設了近代化的最低限度的基礎，那就是說，政權慢慢的統一了。我們不必諱言，這種統一還有不健全的地方，還有待我們努力和犧牲來完成的地方。但是近代化的問題關係民族的前途太大了。無論犧牲多大，我們不可顧惜。不近代化，我們這民族是不能繼續生存的。不統一，我們的近代化就不能進行。統一而政權不集中，或集中而運用不大膽、不猛烈，則近代化雖進行而不能快。那末，我們落伍的途距就不能追上了。

　　所謂自然科學和機械工業不是少數學者和學校的事業，也不是幾個都市的

1　即布爾什維克

事業。我們有時因為近年理工兩科的學生和設備加多,就心滿意足,以為中國就近代化了。其實中國近代化的程度是很可憐的。說農業:中國的農民與近代的科學可說是不發生關係的。說行政:僅少數上層機關有幾分近代化的皮毛,餘則因循度日。說工業:就是大都市裏面的大工廠尚且有用中古的管理方法來使用近代的機器的。倘此後政府不加以督促和鞭打,我們的生產事業都會被國際競爭所淘汰。

我們近年在各方面確有相當的進步。但是我們的進步離應付國難的程度還遠呢。我們的外交內政,大幹、冒險的幹、革命的幹,或者幹得通;小幹、三心二意的幹,就會幹不通了。所以在紀念民國二十五年的時候,我願全體同胞從大處着眼,為民族謀百年的大計,拿出我民族的偉大精神來。

(轉載《大公報》廿五年國慶特刊)

——選自《獨立評論》第二二五號(二十六年北平出版)

二、李鴻章
——三十年後的評論

三十年前，簽訂了《辛丑條約》，中外共認為中國的第一名政治家的李鴻章與此世永久告別了。

李鴻章是太平天國和英法聯軍的產物。咸豐末年，太平天國屢次想奪取上海，滬中紳士就到安慶求曾國藩派兵往援，曾氏無兵可抽，於是就舉薦李鴻章另編淮軍。同治元年，李氏率了部隊直投上海。淮軍的新力，加上上海的餉源和華爾及戈登所編的常勝軍，以及李氏本人的才能使他得收復江蘇東部。李氏遂為同治中興功臣之一，不久封爵而帶大學士榮銜了。

因太平天國而立功業得爵位者確不只李氏一人。他的特別在以上海為根據地。他未到上海以前，他不過是翰林出身，居曾國藩門下而為曾氏所器重者。至於世界知識，他毫無超於時人之上者。初到上海的時候，他還向曾氏請教處置洋務的方針。曾氏就用《四書》上「言忠信」「行篤敬」二句話回答他。此外，又說與洋人共同打仗，「縱主兵，未必優於客兵，要自有為之主者與之俱進俱退，偕作偕行」。彼時上海已成中外通商中心。洋務的困難自是當然。然而此困難就是李鴻章的機會。因此他有了幾個大發現。第一，中國軍器遠在西人之下。「……深以中國軍器遠遜外洋為恥，日戒諭將士虛心忍辱，學得西人一二祕法，期有增益而能戰之……若駐上海久而不能資取洋人長技，咎悔多矣。」（同治元年十二月十五日致曾國藩）現代人讀這種議論，當然不以為奇特，但那時候「駐上海久而不能資取洋人長技」者確大有人在。李氏在上海僅數月就發現了此點，我們不能不佩服他頭腦的靈敏。近人有謂李氏並無所創新，他的事業實不過繼承曾氏遺法。曾、李的優劣不在本文範圍之內，但到同治年間，李氏對於中外軍器差別的認識已比曾氏深切，這是毫無疑問的。在同治二年，李氏常有信給曾氏，要他領導天下改革。「若火器能與西洋相埒，平中國有餘，敵外國亦無不足。俄羅斯、日本從前不知炮法，國日以弱，自其國之君臣卑禮下人，求得英法祕巧，槍炮輪船漸能製用，遂與英法相為雄長。中土若於此加意，百年之後，長可自立，仍祈師門一倡率之。」（二年三月十七日）三年他給總理衙門的信說得更激

昂，更懇切。「中國士大夫沉浸於章句、小楷之積習，武夫悍卒又多粗蠢而不加細心，以致所用非所學，所學非所用。無事則嗤外國之利器為奇技淫巧，以為不必學；有事則驚外國之利器為變怪神奇，以為不能學。……蘇子瞻曰：『言之於無事之時，足以有為，而恆苦於不信；言之於有事之時，足以見信，而已苦於無及。』鴻章以為中國欲自強，則莫如學習外國利器。欲學習外國利器，則莫如覓製器之器，師其法而不必盡用其人。欲覓製器之器與製器之人，則或專設一科取士，士終身懸以為富貴功名之鵠，則業可成，藝可精，而才亦可集。」（此稿見《同治朝籌辦夷務始末》卷二十五。）同時曾國藩尚持行軍在人不在器之說（但此說亦有相當理由）。在李鴻章指導之下，不久淮軍已較湘軍為更強，緣故不外淮軍軍器西洋化的程度超過了湘軍。

李鴻章在上海的第二個大發現是西洋利器是中國所能購置，而且所能學製的。李鴻章以前，中國大官總認洋人為狼子野心，切不可與親近。他在上海一變舊態。結果，他知道了外國人也講信義，也有文明。相交得法，也能為中國出力。

所以除軍事上竭力連絡戈登外，他又用了馬格里替他在蘇州創設槍炮廠。

於此我們可以知道李鴻章因平太平天國而到上海所得之功名與教育和他終身事業關係的重大。沒有那種功績，他在政界就難得他以後所佔的地位。沒有得到那種教育，就是有了他以後的地位，他也不能作大事業。

英法聯軍入北京與李氏的終身事業也有大關係。咸豐十年以前，北京較各省更加頑固。我們單就恭親王奕訢一人講。咸豐八年，桂良同花沙納在天津與英法美俄四國交涉的時候，恭親王大反對長江開通商口岸，以為外人進長江去作買賣就會霸佔長江流域的土地。同時他提議捕殺英國翻譯官李泰國以了事。（參看《咸豐朝籌辦夷務始末》卷二十六）到咸豐十年，英法聯軍入京，咸豐皇帝逃往熱河，恭親王出而主持交涉。咸豐八年至十年的經驗也給了他和文祥二個教訓：（一）中國軍器遠不及西洋軍器；（二）洋人願意賣和教他們的利器與華人。從此以後北京也有要人從夢中醒過來者。京外大吏如曾、左、李有所建議，京內的恭親王和文祥從旁贊助，同時恭親王和文祥倘有新政而遭阻撓，則京外的要人如曾、左、李可以擁護。此數人的合作產生了同治光緒年代的「自強」運動。這是中國近代史的大前段。而在此段史中的主動人物要算李鴻章。當然，論地位，李尚在恭親王和曾文正之下；論時望，他也在曾之下；論政治的大佈置，他或者也在曾之下。但論圖進之急，建設之多，創造局面之大，及主政之久，他在同光兩

朝實無人可與其比。但是倘若沒有英法聯軍，他就難得京內的要人替他説話。在上海討太平天國的經驗預備了李鴻章來提倡自強，而英法聯軍為李鴻章預備了相當的時機。所以我説李鴻章是太平天國和英法聯軍的產物。

在同治時代，「自強」是政界的新名詞、新潮流，正像以後的「維新」和「革命」。「自強」的意義不外以洋器來治洋人。李鴻章的自強事業，具體説來，有以下諸種。關於軍事者：練洋槍隊洋炮隊，設立兵工廠，辦新式海軍；關於交通而附帶有軍事及經濟目的者：設立造船廠，創招商輪船局，築電線，修鐵路；關於經濟者：開礦和辦紗廠；關於教育者：辦軍事學校和方言館，派學生出洋。以上的事業，有些是曾國藩和李鴻章共同主辦的，有些是李氏一人辦的。最初的動機是軍事的，始終軍事方面是偏重的，但後來教育、交通、工業均牽連起來了。事業不能不算多，範圍不能不算廣。到了甲午年間，中國的天下幾乎是李鴻章一人支撐的。與他同時的畢士麥和伊藤都沒有負他那樣重擔的，作他那樣多的事業。

卻是甲午年李鴻章的失敗，就暴露於全地球了。因此中國的腐弱也大暴露於全世界了。此後外交和內政都換了新面目；中國歷史已入了新時期。失敗的理由頗複雜。我要簡略説説這些理由。我的主要目的不在判斷是非賢愚，而在瞭解李鴻章及其時代。

（一）掣肘者太多。李的事業既然多，所須用的錢款自然也多了。李直接所轄的區域僅直隸一省。戶部不足靠，所必須依靠者就是其他省分的協濟。當時的督撫很象近年的軍閥：畛域之見是深入骨髓的；國家的觀念是淺過於皮膚的。各省對於北洋的協濟雖經朝廷頒有定額，各省總是託詞水災旱災或地方各種急須而延宕和折扣。此外頑固的、不明世情的御史妄發言論，阻撓事業的進行，與李氏處對敵地位的大臣如李鴻藻、翁同龢輩簡直以打倒李鴻章為快幸。乙未在馬關議和初次與伊藤開議的時候，李氏因有感而對伊藤説：「我國之事囿於習俗，未能如願以償……自慚心有餘而力不足。」又説：「現在中國上下亦有明白時務之人，惜省分太多，各分畛域，有似貴國封建之時，互相掣肘，事權不一。」光緒十一年李鴻章與伊藤在天津會議的時候，中日尚稱平等；到二十一年馬關會議的時候，一則勝，一則敗，一則儼然世界上一新強權，一則仍舊半中古世的腐弱國家。所以李氏再三稱羨伊藤在日本作事的容易。原來中國社會是奇特的：尸位素餐者往往得陞官發財；居位而事事，而認真，而堅持一系統的計畫者，無不受

人的攻擊，甚至身敗名裂。在這種社會裏，李鴻章能作出他那種成績，已經難得了。

（二）李氏人格的特別。時人讚揚李氏的才能者，就他問計者甚多，但無一人服其德。他的人格能入人之腦而不能入人之心。他能掌政而不能掌教。他影響了一時的大政而不能移易風俗的毫末。在這方面，他不但不及曾國藩，就是張之洞亦在他之上。他不是中國傳統的理想政治家。我們看看曾的全集和張的全集就知道他們對於修身治學是很努力的，是當大事業作的；一看李的全集，我們只看見「作事」，看不見「為人」。在西洋的社會裏，本着才與智的勢力或能成大事；在中國的社會裏，才智以外，非加上德的感化力不可。上面所説的反動分子一大部分也就是因為李鴻章的德望不足以服人。但是關於這一點，我們不要説得過大：反對他的人那樣多還有別的緣故。他所辦的事業是新事業，處處牽連洋人與機器。他所須用的人才是「洋務家」，不是「士大夫沉浸於章句、小楷之積習」者。所以在李氏小朝廷活動而居要職者如盛宣懷、馬建忠、伍廷芳、袁世凱、徐潤、李鳳苞諸人沒有一個是「正途出身」的。那班翰林先生不免有點妒嫉。

雖然，李鴻章缺乏「德望」的幫助，這是毫無疑問的。一種流弊是引起時人的反對；另一種流弊，是他左右的腐化。中國衙門辦事雖有一定的則例和手續，但靠則例來防弊，這是萬萬做不到的。何況買槍炮、製槍炮、開工廠等新事業既出舊衙門則例之外，又有大宗款項出入？甲午的失敗大部分由於軍需品的假劣。在中國衙門裏，除非主官以身作則，以德感人，弊端是不能防的。這步功夫，李鴻章不但沒有做到，簡直就沒有做。官場舞弊是世界各國通有的病，不過在中國幾成了作官的正業；舞弊的方法已經成了一種美術。會做官者就是會舞弊者。中國近代第一期的新事業就因此失敗。

近人多批評李鴻章只圖改革皮毛，不圖改革根本。這説是有理的。李鴻章的改革，上文已經説過，是偏重軍事。政制的改革以及人民心理的改革是在他度量之外。這些基本不改而徒改軍隊是絕不能成功的。不過西洋文化的真像，李鴻章實在不知道，也無從知道。西洋十九世紀文明的一種產物——機器，他是看見過，實用過，而深知其價值的；至於其他兩種產物——民治主義和民族主義——他是不曾認識過。所以他以吸收機器，尤其是軍事的機器，當作他的終身的大事業和國家當時的急務。此其可原諒者一。他的事業，雖係「皮毛」的，已受人的反對。甲午以前，若他再提政制和民情的改革，他將不容於世了，此其

可原諒者二。甲午以後直到現在，我們飽嘗了政制和民情的改革。欲得改革的代價，談何容易？此其可原諒者三。

這些話都是廢話。此文不是為李鴻章辯護的，是為瞭解李鴻章及其時代的。李的事業是那樣，因為他的智識、人格和所處的環境是那樣。他作事的動機是對外的，是要一反鴉片戰爭以後中外不平等的局勢的。他救中國全盤的計畫是以自強為體，外交為用。在自強功夫未到相當程度以前，他想用外交來彌縫。所以他一生的精力一半用在外交上。

李鴻章於同治九年，一千八百七十年，繼曾國藩為直隸總督；不久兼北洋通商大臣。此年以前，他不過參加過總理衙門的計議，並沒有辦過一件外交大案。到北洋後，他與外交的關係一天比一天的密切了。從同治九年至光緒二十七年，中國雖有總理衙門，實在的外交總長可說是李鴻章。這三十年的外交大局是怎樣呢？一千八百七十年正值普法之戰。德意志及義大利就在這時統一了。從此列強之中又加上二個競爭者。並且在十九世紀的前半，世界惟一的工業國家是英國；在後半，尤其末後三十年，德美工業進步的速度反在英國之上，向外發展之競爭愈來愈激烈。同時東方尚有日本的維新。在同治元年，日本方起始維新的時候，李鴻章就以為大可怕。照他的看法，外面的壓力和國內的自強正在那裏賽跑，而自強已經落在壓力之後，非全國努力趕上去不足以圖存。這是他的根本思想，實在具有政治家的眼光。同時他又覺得日本之患尚急於西洋各國。西洋的向外發展不限於中國；中國以外尚有非洲、近東和中亞。日本要向外發展只能向中國。且西洋彼時所垂涎中國的土地，如俄於新疆，英於緬甸，法於安南，皆非根本重要之地。日本於高麗則不然：中韓脣齒相依；失高麗，則東三省難保，直隸、山東也受影響。所以在光緒初年籌議海防經費的時候，他主張暫棄新疆，以便集中財力於海軍，因左宗棠的反對，他的計畫沒有實行。光緒五年，崇厚與俄國立約，割讓了伊犁的要區。當時輿論很激烈，要廢崇厚所立的條約，甚至要處崇厚以死刑，鬧得中俄幾乎宣戰。李鴻章起初反對廢約，後又反對戰爭。他的理由就是中國不能東西兼顧，而西陲的利害關係遠不如東藩那樣重要。光緒八、九、十年中法爭安南的時候，他又主張中國不要積極，他的理由又是中國不能兼顧高麗與安南；與其失高麗而保安南，不如失安南而保高麗。何況安南萬不能保，而高麗則有一線之望？此中輕重緩急的權衡不能說不妥當。

李鴻章以保高麗為他的外交的中心，這是毫無疑問的。他在高麗的失敗少半

是外交的，大半是軍事的。光緒五年以前，他雖然知道了高麗的重要，卻還沒有想出一個政策。在那年，他有信致高麗國王為其擬了一種外交政策，此信是薛福成代筆的，見《庸庵文外編》卷三。他勸高麗國王多與西洋各國立通商和好條約，以便藉西人通商的勢力來抵制日本的野心。倘若西人在高麗有經濟的利益，當然不願意日人勢力太大，這是李鴻章的高麗政策的第一步。八年，美國因中國的介紹果與高麗立約。以後法英德諸國都在高麗得了通商的權利。第一步算成功了。

美韓條約簽字以後不久，高麗發生第一次內亂，李鴻章適回籍，直隸總督由張樹聲署理。一班謀士如薛福成、馬建忠主張中國火速派兵入高麗代平內亂。張氏乃派丁汝昌帶北洋海軍、吳長慶帶慶軍入高麗。從軍事上看來，這次中國為時過早。日人惟恐英俄得勢，轉慫恿中國行積極政策。這是中日戰爭前的一大關鍵。中國在當時有兩條路可走，或提國際共保高麗，或由中國單獨行積極政策。李鴻章所採取的是第二條路，因為國際共保有礙中國宗主權，而且很難持久，又因為第二路當時走得通。日俄英在彼時都覺得高麗受中國支派為害最小。英國惟一目的在防俄；中國能防俄，他的目的就達到了。所以直到甲午，英國總是鼓勵中國前進，惟患中國向高麗不充分積極。日俄兩國野心均大，但均以時機未到，不如一時讓中國看守高麗，將來從中國手奪來不是難事。甲午以前的八年，日本及俄國都取消極政策，中國得為所欲為。

適中國在朝鮮有一人敢行而又能行這種政策 —— 袁世凱。他的積極遠在李鴻章之上。俄韓勾結的時候，他主張滅朝鮮：這就是重提張謇的政策。這事幾乎實現了。不過在李袁合作之下，這政策變了方式。這中曲折無須縷述。袁世凱終究收握高麗的海關和電政。高麗借外債只能向中國；高麗用外人須得中國同意；高麗與西洋通使必須謹守中國所定的條件。這個政策不但與國際共保相反，且與李鴻章最初所擬的政策不符。在光緒五年至八年，李鴻章惟恐高麗不與外國發生關係；十二年以後，他轉而阻止高麗與西洋接近。袁在高麗愈得力愈高興：李鴻章也不一察此中的流弊。到了光緒二十年，中國在高麗宗主權已非舊日不干預內政的宗主了，完全成功：內亂由中國代平了，亂黨首領大院君李昰應由丁吳囚送保定了。這個小勝利遂使時人生輕敵之心。吳長慶的幕友張謇提議中國簡直滅高麗。張佩綸及鄧承修又奏請派李鴻章率師東征日本。此種積極政策與李的本意不符，他一概反對而不實行。但當時作吳長慶的前敵營務處者就是袁世凱。他時常與張謇往來；此種計畫遂深入他的思想。

　　從外交上看來，此役中國並沒有佔便宜，因為日本直接與高麗訂了條約，許日本駐兵漢城護衛使館。從此中日在高麗京都都有軍隊，衝突是時時可發生的。光緒十年中法戰爭緊急的時候，中日在高麗王宮前面果短兵相接了。那次中國軍事又得勝利，而外交反又失敗。結束中日衝突的李鴻章、伊藤協定明文的許了日本有與中國同等的派兵入高麗的權利。後患就伏種於此。

　　當時德國駐朝代表向李鴻章條陳了一種意見，要中國出頭與列強交涉共同擔保高麗的獨立和中立。這是很有意思的建議，因為高麗與中國的關係雖甚重要，但重要專在國防。高麗果能永久獨立，不為他國所據，則中國的國防也最鞏固了。並且高麗既有國際的擔保，中國的責任也就輕了。豈不極是經濟嗎？光緒十一、十二年的時候，英俄也加入高麗的角逐。英為防俄遂佔巨文島。俄國野心甚大，向高麗宣稱願負保護之責，但俄人亦知已經變為新式的，如當時英國在埃及那樣了。日本若再不動手將後悔無及。這是中日戰爭的遠因。

　　李鴻章行這種政策並不是因為他覺得中國自強功夫已到了相當程度可以有為；是因為他誤認日俄的消極為永久放棄他們的野心。由這種誤會他自己也墜入大霧之中了。這是他外交的第一大錯。

　　《馬關條約》以後，他與俄國訂聯盟密約是他的第二錯。聯盟不能不出代價，而中國一給俄國若何權利，他國不能不效尤，因為世界勢利的均衡不能不維持。中日戰爭以後，中國在國際上只能偷生，但於勢力均衡、機會均等之下偷生則可，於一強國羽翼之下偷生則不可。而李氏於庚子的外交尚以聯俄為上策。東三省的問題從此愈演愈危了。

　　上文已經說過李氏自強政策失敗的理由。外交彌縫的失敗根本在於李氏還未看透世界的大勢。這是我們事後之明，不應拿來作批評的根據。在當時，他還有一個政策，別人則袖手無策。他還有半知，別人則全不知。李鴻章不能救國，他人無須說了。

　　李氏失敗以後，中國非大亂不可。以後所謂維新、立憲，均是絕無希望的。

民國二十年五月十日於清華大學

三、外交與輿論

單靠外交，我們當然不能救國；忽略外交，我們確能誤國。近年國人頗能瞭解這個道理，所以對於外交極為注意。日報及雜誌差不多每一期都有討論文字。專論外交的雜誌及譯著亦日見其多。大學裏面有關外交的課程也設了不少。這都是好現象。因為我國輿論的勢力確在長進之中；關於外交，政府當局尤其不敢過於拂逆民意。錦州中立區的失敗及中日軍事協定不能成立於熱河失守以後而成立於平津危在旦夕之際，這都是政府顧忌輿論的證據。既然如此，國人的國際知識愈充足，其議論將更有價值，更有補於國事。倘輿論有勢力而無知識的根據，它一定會成一種暴力，這是很危險的。大戰以後，歐美人士知道輿論左右外交是不可免的事，於是竭力求輿論的知識化。他們除在學校及期刊上加倍的注意國際關係外，且設立專門的研究機關，如英國的王家國際關係研究所（Royal Institute of International Affairs）及美國的外交協會（Foreign Policy Association）。

我國關於外交的輿論有好幾種不健全的現象。在無事的時侯，人民是不大注意外交的；一旦有事，輿情總是十分激昂，有如狂風巨濤，以致政府對外緊急的時候反而要費其大部精力來對內。惟因平日不研究，所以到國難的時候才專感情用事。九一八以前，國人的視線，如同外交部的政策，均集中於關稅自主權的收回及領判權的取消，而東北問題反而置之度外。倘平日我們有相當的研究，我們就會知道東北問題是我國外交的最難關，不可一日忽略的；我們在恢復關稅自主及取消領判權的努力的時候，就應該顧到東北不出亂子。九一八以後，國人反對錦州中立區，反對接收幣原所提議的五條，都表現我們平日對於東北問題沒有深切的研究，不知道這問題的複雜和嚴重。

因為我們對於外交的注意是臨時抱佛腳的方式，所以我們的知識是片面的、零散的、一知半解的。為日報及雜誌撰稿的人，上焉者跑到圖書館裏翻翻英美的雜誌，東扯西湊，加上一點愛國的情感，下焉者則全靠感情的衝動和筆鋒的尖銳。英美雜誌上撰稿者有許多就只知時事，不知時事的背景，而我們以更不知背景的人來拾他們的唾餘，其結果當然是更不像樣子。外交的底蘊不是這樣所能得

到的。現在每一外交問題往往牽動世界全局，而這全局又是合各國的歷史傳統、
經濟狀況、地理環境，以及輿情潮流積成的。一隅之見斷不能洞察全局。

　　輿論不健全，無論在那一國，都是危險的。在中國更加甚。中國國力的薄弱
不容我們對外有絲毫的失當；有了，禍患就跟到來了。並且在內部未完全統一以
前，黨派的競爭常不惜拿外交的問題來作打倒政敵的資料。原來我們就不甚明瞭
國際的形勢；加上黨派有作用的撥弄是非，我們就更加糊塗了。

　　中國輿論不健全的責任，大學應負一大部份，因為製造輿論者，尤其是關於
外交的輿論，不是大學裏面的人，就是曾由大學出身者。我們的大學現在幾全在
美國及歐西留學生的手裏。他們定學制、編課程、領導研究的時候，於有意中無
意中受他們教育的支配。譬如歷史：我們大學西史的課程總是偏重英美法德而忽
略日俄；甚至於在國立的大學裏，歷史系有絕不設立日本史及俄國史者。有之，
課程少，學生亦少。一國的歷史就是一國的履歷。我們平素交友及辦事都知道第
一步是打探對方的履歷。在國際關係上，也是如此。我們大學的歷史系反忽略最
與國家興亡有關的日俄：這是一個不可原宥的罪惡。語言文學亦然：我國的大學
以英文為第一外國語或者是出於不得已，但第二外國語何必一定是法文及德文？
就中國的環境說，俄文及日文豈不比法文德文更加重要麼？我們大學的經濟系也
偏重英美法德的經濟狀況及經濟思想。除此以外，大學對於外交並沒有盡教育責
任的計劃。各院各系均各自為政，各掃其門前雪。因為外交（或國際關係）不成
一系，就無人過問了。其實如所關各系，如外國語文、政治、經濟、歷史、地
理，連合起來，很能附設外交專科，養成一般人才。這是易舉的事，所費者多在
計劃而不在金錢。

　　其次國內的日報也應負一部份的責任。據我所知，我國大都市的大報及通信
社至今還沒有常派駐外的訪員，它們的國際新聞還是全靠外國的通信社如路透、
合眾社、哈瓦思、電通、及新聯社等。這不是個辦法。我們知道此中頗有困難，
最要者莫過於經費。我以為大都市的大報，可以把國際新聞擱在營業競爭之上，
聯合起來組織一個國際通信社。

　　外交部的責任也是不能脫逃的。我們試問：我們的外交部對國人的外交知識
曾有什麼貢獻？外交部發表了什麼有價值的材料？甚至外交部的代表出席各種會
議作報告的時候尚不知利用機會作點教育工作。外交部的情報處從來不曾影響國
內的輿論。它所供給的材料多半是些官樣文章，且多是陳腐的。國人對之或是不

注意，或是不信。外交部在平日不能造輿情，遇事則為輿情所壓倒；平日不思提倡外交的研究，遇事則歎惜國人之不見諒。這是不下種而反求收穫，天下沒有這樣便宜的事。

因為國際情形的複雜，要想多數知識階級的人 ——民眾更用不着説了—— 能明瞭外交，這是根本作不到的。所以關於外交的輿論非有指導不可。我們若想讓人人充分發表他的意見，堆積起來就有健全的輿論，這簡直是作夢。在國民程度很高的國家如英美法德，外交的輿論尚不能靠自由言論；在中國那更不必説了。倫敦的《泰晤士報》，因為國際新聞的豐富和正確，且因其與政府通聲氣，對於外交一發言論，不但英人重視之，即外國人亦重視之。關於外交，《泰晤士報》簡直是英國輿論界的未冠之王。有這種領袖，然後輿論不至雜七雜八。巴黎的時報在法國的輿論界也有同樣的地位。歐戰以後設立的專門研究外交的機關就是指導輿論的好方法。美國的外交協會及英國的國際關係研究所均是輿論的好指導者。這兩個機關的出版品都在輿論界有權威；就是不贊成的人也不能不加以注意。

中國現在的輿論，在外交方面，既有相當的勢力；國民的程度在短期內既萬不能提高到能瞭解國際的形勢，我們更加須有指導者。指導的方法不外兩種，一種是創造一個中心報紙，一種是設立專門研究機關。第一個方法在中國很難實行。日報大受交通的限制，所以面積較大的國家不能有中心報紙。且中心報紙的地位是歷史的產物，非短期內政治的力量或金錢所能憑空造的。所以我們不能不採用第二種方法，靠一個研究所來作指導者。此舉的成功亦有其條件。第一，研究所必須是一個純粹學術機關，絕對的站在超然的地位。倘研究所帶了絲毫黨派的色彩就不能得社會的信用，且其研究成績必為黨派意見所蒙蔽。第二，研究所的人員必在學術界已有相當的地位，在一種學術上確實受過科學的訓練，對外交的研究確實有學術的興趣。第三，研究所應顧到日俄英美法德各方面，且不可專重與中國直接有關的問題。

倘大學、日報、外交部能各盡其責，又有一個專門研究外交的機關作全國的指導者，我相信國內的輿論必能日見健全。

——選自《獨立評論》第七十號（二十二年十月一日北平出版）

四、帝國主義與常識

我們中國的文人——知識階級——素重文字而輕事實，多特識而少常識。所以我們好講主義，易受主義宣傳的麻醉。自國民黨出師北伐到九一八，全國佈滿打倒帝國主義、取消不平等條約的標語。當時我們把一切國計民生的困難都歸罪於帝國主義者，把外人的一言一動都看為帝國主義的。因為作這種宣傳者有不少的共產主義的信徒在內，於是帝國主義就成了資本主義的別名，好像世界一日有資本主義就一定會有帝國主義，資本主義的末日就是帝國主義的末日，現在還有人拿這種論調來博民眾的歡心。

帝國主義究竟是什麼，學者的意見很不一致，所有的界說多少帶點主觀的成見，我們雖談了多年的帝國主義，連這問題的複雜我們尚未看出來。大英之統治印度，法蘭西之統治安南，日本之統治高麗：這都是帝國主義的表現。關於這一點，意見大概是一致的。不過印度、安南、高麗究竟是獨立好呢，還是繼續受外人的統治好呢？印度、安南、高麗一般的人民的日常生活，自受外族統治以後是日趨於窮於苦呢，還是日趨於富於樂呢？關於這些問題，現在不能有客觀的、科學的答覆。換句話說，就是我們承認某種現象是帝國主義的，其善惡利害還是有問題。我們拿什麼標準來評斷帝國主義的善惡呢？有些人說，不問其成績如何，外族的統治都是惡的。因為統治本身是民族生活最基本的一部份，剝奪一個民族的統治權就是剝奪它的生活的一部份。並且一切的統治都是為統治者謀利益，不是為被治者謀利益；還有些人說，治權本身沒有什麼大了不得，左右施治權者是少數，受治者是多數。從多數看起來，統治者是甲是乙，是本族或是外族，是不關緊要的；關緊要的是統治的成績，如社會的或治或亂，及經濟的或窮或富，依這個看法，我們就可以請人民投票來定帝國主義的罪惡。譬如印度：我們是否可以拿印度全國人民的票決來定英國統治印度的好壞？英國人必說：現在的印度人既不知未受英人統治以前的病苦，又不能預料獨立以後的艱難，且因受了獨立黨多年宣傳的影響只知感情用事，所以票決不足為憑。此說雖似強辯，然不無根據，中國人大概是反對中國作印度第二的，但是有不少的中國人，絲毫未受英人的逼迫，自動的搬到各地的英租界去住，甘心的脫離本族一部份的統治而接受英

人的統治，這不是民眾意志很好的一個表示，表示英人的帝國主義是善的麼？

以當時當地的被統治者的立場來評帝國主義的善惡已經是件不容易的事。這是上文所要說明的。不過除了這個立場以外，我們還須注意歷史的及宇宙的利害關係，中華民國，五族共和的中華民國，北自蒙古，南到兩粵，東起魯東，西抵帕米爾的大中華民國，也是帝國主義的產物。從歷史的及宇宙的眼光看來，這個產物是人類之福呢，還是人類之禍呢？究竟亞東成為一個中華民國好呢？還是分為無數的戎國、狄國、苗國、楚國、越國、蒙古國、西藏國好呢？如果我們承認成為一國是較好，那末，我們祖先對戎狄苗越所行的帝國主義是有功於歷史的。現在世界上所有的國家都是帝國主義的產物，都是由於一個中心民族兼併其他無數民族而成的。大英帝國不消說了，就是不列顛島之成為一個政治單位也是帝國主義的產物。蘇俄——東到太平洋，西到波蘭，北至白海，南抵黑海的蘇俄——很明顯的是列寧的祖先，費了千數百年的努力，併吞了無數民族，然後成立的，過程中所有的慘無人道的戰爭是史籍斑斑可考的，我們聽見過蘇俄反帝國主義的宣傳，我們沒有聽說蘇俄要放棄西比利亞、中央亞細亞，及黑海以北的土地。

我們在上文內僅僅討論最明顯的帝國主義，就是以一族而統治他族。我們的結論是：這無疑的是帝國主義，然而善惡利害還須待考，但是帝國主義不僅有一種方式。因為政治及武力的侵略不一定要到統治的程度然後算得帝國主義，日本雖說「滿洲國」是獨立國——其獨立的最好表現就是日本承認其有與日本立約的權利——我們不能不說日本對中國及「滿洲國」所行的是帝國主義，關於這一點，我想國人是無異議的。若然，蘇俄在外蒙古所行的也是帝國主義，此中不同的就是東北的人幾全是漢人，外蒙古的人幾全是蒙古人，所以我們若要原諒蘇俄的話，我們可以說：東北問題是日本帝國主義和中華民族主義的衝突，外蒙古問題是蘇俄帝國主義和中華帝國主義的衝突。至於蘇俄在外蒙古所行的是帝國主義這是毫無疑問的，因為外蒙古原來是在中國的政治經濟單位之內，經蘇俄的努力，現在已經圈在蘇俄的政治經濟單位之內去了。

比日本在東北及蘇俄在外蒙的帝國主義還要隱微一點的是英國在波斯及埃及，美國在喀利平群島及中美小國的帝國主義。普通的時候，這些國家有政治自由；到非常的時候，英美必出而干涉；更次的要算美國在南美各國的勢力。最次的就是列強彼此間的壓力：華府會議的時候，英美聯合逼迫日本承認五與三的海軍比較。日本人說，這是英美的帝國主義；日俄戰爭的時候，德國趁機逼俄國訂立

有利於德的商約。俄人也說，這是德國的帝國主義。列強所加於弱小民族者未嘗
不想彼此相加，但是在普通的時候因為勢力均衡無能為力而已。一旦均衡動搖，
強國對強國亦能加以壓迫和侵略，亦能行帝國主義，戰後德國所受的痛苦並不亞
於中國近年所受的痛苦。在這個世界立國，國都是洪水，同時又是堤防，究竟是
甲國向乙國泛流，還是乙國向甲國沖洗，要看甲乙雙方水勢大小的比例及堤工高
低堅弱的比例。誰是帝國主義者，誰是受壓迫和侵略者，實無永久固定的形勢。

　　除了政治及武力侵略以外，現代還有所謂經濟侵略、文化侵略，及主義侵
略。我們受過近幾年的宣傳的人都以為這些現象是極明顯而簡單的帝國主義，
其實這些現象都是極複雜的，我們先就經濟的侵略說。外人在中國的投資是侵
略嗎？是帝國主義嗎？若說是，那末歐戰以前，法國在俄國所投的資本比法國在
中國或安南所投的還多，豈不是法國對俄比對安南還更行帝國主義麼？彼時英國
在美國所投的資本反過於在中國所投的資本，那就證明英國對美國是行更厲害的
帝國主義麼？若說國外投資不是帝國主義，我們知道這種投資往往使受資的國家
變為投資國的政治的及經濟的附庸。收買別國的原料來發展工業是帝國主義麼？
若說是，那末美國收買日本的生絲，日本收買美國的棉花是美日相對的行帝國主
義；日本現在決定不買印度的棉花是日本對印度放棄帝國主義；俄如現在努力推
銷石油於國外是斯塔林甘心作帝國主義的犧牲品。若說原料與帝國主義無關係，
我們知道原料的尋求往往引起國際的衝突，一弱國而有大宗原料往往誘進外人的
侵略，如中國、波斯，及戰前的土耳其。在別國佔商場是帝國主義麼？若說是，
那末因為戰前俄國是德國的一個好商場 —— 彼時德國賣給俄國的製造品比賣給
中國的還多 —— 德國就是對俄國行帝國主義？現在英美之間的製造品的交換很
多，這就是英美相對行帝國主義麼？若說不是，我們又知道工業發達的國家非在
海外找商場不能度日，並且這些國家的外交及軍備許多是以維持或奪取國外商場
為目的。總結以上所說的，我們可說，國外投資的機會、國外原料的獲得，及國
外商場的謀取可以成為帝國主義，也可以不必成為帝國主義。

　　在中國講帝國主義的人，尤其偏信唯物史觀者，以為投資、原料，及商場
是帝國主義的唯一的動機。我相信這三者是近代帝國主義很要緊的動機，不過
我以為這三者不必一定要採取帝國主義的方式。這是上文要說明的。不然，一
切的國際的經濟交換都是帝國主義的了。我更不相信除此三者之外別無帝國主義
的動機。滿人之滅明而建大清帝國不是帝國主義嗎？十七世紀的滿人有什麼資本

可投，有什麼工業要在中國找原料和商場？通通都沒有。蒙古人之滅宋而建元朝也是這樣的。照我們所知道的，自古石器時代到現在，沒有一個時代、一個民族、一種經濟制度，沒有行過，或試行過帝國主義。人類的起始就是帝國主義的起始。生物學家或者還能更進一步的說：生物的起始就是帝國主義的起始。至於說，資本主義的末日就是帝國主義的末日，我也不相信。現在世界上的一個大衝突就是有些國家有過剩的土地而不許外族移民，如加拿大、澳大利亞，及美國。在這些國家最反對日本人及中國人移入者，不是資本家，反是當地的勞工。蘇俄現在不是資本主義的國家，他願將其富源供給於全世界嗎？倘中國的國際貿易，也如俄國一樣，由國家經營，中蘇之間就不會有衝突嗎？倘世界各國都行共產，都由國家經營貿易，彼時國與國之間的經濟衝突或者還要更甚於今日。照我看來，人類的末日才是帝國主義末日。

至於文化及主義的侵略，我們也須分清，那是有作用的侵略，那是自然的交換與倣效？如果英美法德人士捐錢到中國來傳教是帝國主義，那麼蘇俄供錢給第三國際在中國來宣傳更是帝國主義。如果外人到中國來設立學校是文化侵略，那末中國人到外國去求學的都是文化的漢奸。在現今世界，那一國都多少作點宣傳的工作。日本現正預備派人到美國去加勁宣傳。英人在美國，美人在法國，法人在意大利，意人在德國，都正進行宣傳。誰是帝國主義者，誰不是帝國主義者，頗不容易分別。

一切的有作為的、向上的民族都在那裏求自己的政治、經濟、文化勢力的膨脹。古代如此，現在亦如此。倘甲的勢力膨脹與乙的相等，如日美、日俄、英美、法德等國之間，甲乙的關係就是平等的、通常的國際關係，我們不說甲乙之間有帝國主義存在。萬一甲的勢力膨脹過於乙的，如列強與中國之間，那末帝國主義自然而然的就來了。這是一種天然現象，無所謂善惡。如要談善惡和責任，那末強者與弱者是同等的須負責。我們只能求我們的膨脹能與外來的膨脹抗衡，不能求外來的膨脹的取消。取消或限制任何民族的膨脹就是取消或限制它的生活。這是根本不可能的。不求自己的膨脹，而徒怨天尤人，咒罵彼帝國主義者，這是自暴自棄，更加招人的鄙視和壓迫。

我所講的不是什麼哲學或歷史觀，就是最普遍的常識。我們這個民族到了這風雨飄搖之中，最可怕的，是在未得到特識前，就放棄自己固有的常識。

——選自《獨立評論》第七十一號（二十二年十月八日北平出版）

五、革命與專制

　　自閩變[1]的消息傳出以後，全國人士都覺得國家的前途是漆黑的。中國現在似乎到了一種田地，不革命沒有出路，革命也是沒有出路。

　　你說不革命罷，這個政府確不滿人意。要想使它滿人意，單憑理論是不行的。倘若你手無槍桿，無論你怎樣有理，政府 —— 上自中央，下至縣市 —— 充其量，都是忌而不顧的。因為政府倘若要顧的話，不是政府裏面的人的私利受損失，就是外面有槍桿的人的私利受損失。胡漢民先生近來說，政府這兩年來沒有作一件好事。這句話，一方面是過分，一方面是不足。過分，因為好事確作過，但不濟於事，且所作的好事恐怕還抵不過所作的壞事。不足，因為不但這兩年的政府是如此，近二十年的政府何嘗又不是如此？其實，中國近二十年來沒有一個差強人意的政府，也沒有一個罪惡貫盈的政府。極好極壞的政府都只在地方實現過，沒有在中央實現過。因為中央就是有意作好，它沒有能力來全作好；中央就是有意作惡，它也沒有能力來作極惡。這二十年來，從袁世凱起，各種黨派，各種人物，都當過政，大多都是如此的。照我個人看起來，就是北洋軍閥如袁、段、吳、張，都是想作好的，但都是無了不得的成績可言。因為他們的力量都費在對付政敵上去了。在對付政敵的時候，他們就不得不犧牲建設來養軍，不得不只顧成敗，不擇手段。問題不是人的問題，是環境的問題。在這個環境裏，無論是誰都作不出大好事來。中國基本的形勢是：政權不統一，政府不得好。

　　你說革命罷，我們的革命總是愈革愈不革。假若我們說，我們有個真實為人民謀利益、為國家求富強的革命黨，它能濟事麼？在現今割據的環境之下，它能以全盤精力來改造社會麼？它斷然也是不能的。它的精力也會費在對付政敵上。它也必須打仗，必須練軍，必須籌餉。在它的統治之下，無論它怎樣想為人民謀利益，人民的負擔也是不能減輕的。且在這環境裏，它也不能擇手段，附和者只好聯絡或收容，久而久之，所謂革命軍大半就不是革命軍了，所謂革命黨也不革命，只爭地盤，搶官作了。等到事情過去以後，人民只出了代價，絕沒有得着收穫。

1　民國二十二年（1933）福建地區反蔣事變

這個代價之高，是我們不可思議的。我們中國近二十年為革命而犧牲的生命財產，人民為革命所受的痛苦，誰能統計呢？此外因內爭而致各派競相賣國更不堪設想！孫中山先生革命目的之純潔大概是國人所共識的，但二次革命失敗以後，他也不惜出重價以謀日人的協助。民國三年五月十一日，他寫給大隈伯的信有這樣一段：

> 顧以革命軍之自力，而無援助，則其收功之遲速難易非可預期。……日本與中國地勢接近，利害密切，求革命之助以日本為先者，勢也。……日本既助中國，改良其政教，開發天然之富源，則兩國上自政府，下至人民，相互親善之關係，必非他國之所能同。可開放中國全國之市場，以惠日本之工商，日本不啻獨佔貿易上之利益。……中國恢復關稅自主權，則當與日本關稅同盟，日本製造品銷入中國者免稅，中國原料輸入日本者亦免稅。

孫先生不但願意出此大價，並且要大隈伯知道他所出的價是比袁世凱所願意出的還大。在這封書內，他繼續又說：

> 現在之中國，以袁世凱當國，彼不審東亞之大勢，佯與日本周旋而陰事排斥，雖有均等之機會，日本亦不能與他人相馳逐。近如漢冶萍事件、招商局事件、延長煤油事件，或政府依違其間，而嗾使民間反對，或其權利已許日本，而翻授之他國。（看參王芸生輯《六十年中國與日本》六卷頁三四至三五）

以孫中山的偉大人格尚且出此，其他革命家不屑說了。中國現在談革命，就離不開內戰。一加入戰爭，無論是對內或對外的戰爭，那就無暇擇手段了。這也不是個人的問題，是個環境的問題。比較說來，已得權者給外人的利總是比未得權者要低些。此中心理，孫先生也說過：

> 就另一方面言，則中國革命黨事前無一強國以為助，其希望亦難達到。故現時革命黨望助至切，而日本能助革命黨，則有大利。所謂相需至殷，相成至大者此也。

革命黨既然靠外援來奪取政權，執政者亦只能以同樣手段對付。民國三年八月十三日袁政府的外交總長孫寶琦給駐日公使陸宗輿的電報有這一段：「我政府正籌中日免除根本誤會，以圖經濟聯絡之法」。後四天的電報又說：

前小幡面告，日政府確有取締亂黨之意，望代達主座。日前又提議，中國如願日本實行，可提出希望條件，惟須有交換利益，日本方可對付。

這樣的革命，多革一次，中國就多革去一塊。久而久之，中國就會革完了！讀者不要以為我故意張大其詞。孫袁的競爭不過是個例子。假若不為篇幅所限，我可以證明民國以來的外交，沒有一次外交當局不受內戰的掣肘；我更能證明沒有一次內戰沒有被外人利用來作侵略的工具。九一八事變為什麼在民國二十年的九一八發生呢？一則因為彼時遠東無國際勢力的均衡，二則因為日本人知道彼時中央為江西共黨所累，為西南反蔣運動所制，絕無能力來抵抗。在中國近年的革命，雖其目的十分純潔，其自然的影響是國權和國土的喪失。我們沒有革命的能力和革命的資格。在我們這個國家，革命是宗敗家滅國的奢侈品。

這是就目的純潔的革命說。但是誰能擔保目的是純潔呢？誰敢說中國今日能有一個「為人民謀利益，為國家求富強」的革命黨呢？我們平日批評西洋的政治，說是資產階級壓迫勞工的政治。無論如何，西洋至少尚有為階級謀利益的政治。我們連這個都沒有。我們的政治都是為個人及其親戚朋友謀利益的政治。所謂革命家十之八九不是失意的政客，就是有野心的軍人；加入革命的普通人員不是無出路的青年，就是無飯吃而目不識丁的農民。這種人，如革命能改除一時的痛苦就革命，如作漢奸能解除目前的痛苦就作漢奸。拿這種材料來作建設理想社會的基礎，那是不可能的。

從歷史上看來，這種現象是極自然的，那一國都不是例外。西洋英法俄諸革命先進國，原先都與中國一樣，有內亂而無革命。如同英國，在十五世紀，所謂玫瑰戰爭，也是打來打去，絕無成績的。在十五世紀末年，亨利七世統一了英國而起始所謂頓頭[1]朝代（Tudor Dynasty）百年的專制。在這百年之內，英人得休息生養，精神上及物質上成了一個民族國家（National state）。到十七世紀，政治的衝突於是得形成實在的革命。史學家共認沒有十六世紀頓頭的專制就不能有十七世紀的革命。法國在十六世紀正處內亂時期。奇斯（Guise）及布彭[2]（Bouibon）兩系的循環戰爭鬧得民不聊生。彼時有識之士如 Bodin 及 L.

1　即都鐸

2　即波旁

Hopital 一流人物就大提倡息爭主義，以息爭為法國第一急務。在這種思想潮流之中，看透了內戰的全無意然，及絕不能有意義，於是布彭朝的亨利四世收拾了時局，建設了二百年布彭專制的基礎。經過路易十四光明專制之後，法國也成了一個民族國家。於是在十八世紀末年，政治一起衝突，法人就能真正革命。因為專制的布彭朝培養法人的革命力量；換句話說：經過布彭朝的專制，革命不致引起割據，民族的意識太深了，不容割據發生，王權雖打倒了，社會上有現成的階級能作新政權的中心；外國雖想趁機漁利，法人的物質及精神文化均足以抵禦外侮。所以法國史家常說，布彭朝有功於法國十八世紀末年的革命。俄國亦復如此。在十六世紀末年及十七世紀初年，俄國也只能有內亂，不能有革命。經過羅馬羅夫朝三百年的專制，然後列寧及杜落斯基[1] 始能造成他們的偉業。世人徒知列寧推倒了羅馬羅夫朝代，忽略了這朝代給革命家留下了很可貴的產業。第一，俄國在這三百年內，從一個朝代國家 (dynastic state) 長成為一個民族國家。革命就不能有割據的流弊。第二，專制的羅馬羅夫朝養成一個知識階級能當新政權的中核。第三，專制時代提高了俄國的物質文明，使援助白黨的外人無能為力。

　　中國現在的局面正像英國未經頓頭專制、法國未經布彭專制、俄國未經羅馬羅夫專制以前的形勢一樣。我們現在也只能有內亂，不能有真正的革命。我們雖經過幾千年的專制，不幸我們的專制君主，因為環境的特別，沒有盡他們的歷史職責。滿清給民國的遺產是極壞的，不夠作革命的資本的。第一，我們的國家仍舊是個朝代國家，不是個民族國家。一班人民的公忠是對個人或家庭或地方的，不是對國家的。第二，我們的專制君主並沒有遺留可作新政權中心的階級。其實中國專制政體的歷史使命就是摧殘皇室以外一切可作政權中心的階級和制度。結果，皇室倒了，國家就成一盤散沙了。第三，在專制政體之下，我們的物質文明太落伍了。我們一起革命，外人就能漁利，我們簡直無抵抗的能力。

　　總之，各國的政治史都分為兩個階段，第一是建國，第二步才是用國來謀幸福。我們第一步工作還沒有作，談不到第二步。西人有個格言，說更好的往往是好的之敵人。中國現在的所謂革命就是建國的一個大障礙。現在在中國作國民，

1　即托洛斯基

應該把內戰用客觀的態度，當作一種歷史的過程看，如同醫生研究生理一樣。統
一的勢力是我們國體的生長力，我們應該培養；破壞統一的勢力是我們國體的病
菌，我們應該剪除。我們現在的問題是國家存在與不存在的問題，不是個那種國
家的問題。

十二月三日

——選自《獨立評論》第八十號（二十二年十二月十日北平出版）

六、知識階級與政治

　　我這裏所講的知識階級是指專靠知識生活的人，那就是說，指一般以求知或傳知為職業者。這個階級包括教育界及輿論界。此外政界及法律界與知識階級最近，且最容易混合。工商醫界距離較遠，但其中人常有人著書立論，以求影響一時的思潮；這類的人當然也是算為知識階級的。

　　知識階級與政治的關係固極重要，但不可言之過甚。在中國，因為以往讀書的目的和出路全在作官，又因為我們平素作文好說偏激和統括的話，於是有許多人把救國的責任全推在知識階級身上。自我們略知西洋歷史以後，一談法國革命就想起盧梭，一談蘇俄革命就想起馬克思和列寧。這些偉人不是知識階級的人物麼？他們所作的掀天動地的事業，我們也能作：至少我們這樣講。九一八以後，因為大局的危急，國人對知識階級的期望和責備就更深了。我們靠知識生活的人也有許多覺得救國的責任是我們義不容辭的，我們不負起這個重擔來，好像就無人願負而又能負了。這樣的看法自然能給我們不少的安慰。

　　可惜這個看法忽略了幾個基本事實。第一，知識的能力雖大，但是也有限度。利害、感情、習慣、群眾心理往往抵消知識的能力。歷史家研究革命者並不全歸功或歸罪於某思想家。第二，中國人民受過教育的太少了，思想號召所能達到的是極有限制的。並且中國人太窮了，對於許多問題全憑個人利害定是非。第三，我們的知識階級，如國內其他階級一樣，也是不健全的。許多忙於為自己找出路就無暇來替國家找出路了。我說這些話不是要為我們開脫責任，不過我覺得政治是全盤生活的反映，救國是各階級同時努力湊合而成的。知識階級當然應負一部份的責任，甚至比其他各階級要負較大一部份的責任。但是一個階級，如同一個私人，倘不知自己的限制，事事都幹起來，結果一事都無成。或者因為我們要負全責而事實上又不能，就置國事於不聞不問了。有些因此抱悲觀，幾於要自殺。

　　在未談知識階級究竟對於政治的改良能有什麼貢獻之先，我可指點出來兩個事情是知識階級所不應該作的。

　　第一，我們文人、知識階級的人不應該勾結軍人來作政治的活動。幾十年來，文人想利用軍人來作政治改革的不知有了多少，其結果沒有一次不是政治未

改革而軍閥反產生了一大堆。康梁想利用軍人來改革，於是聯絡袁世凱。到戊戌變法最緊急的時候，袁世凱只顧了自己陞官的機會，不惜犧牲全盤新政。我們絕不可說康梁是瞎眼的人，因為康梁的眼光並不在一般人之下。甲午以後，中國號稱知兵的人要算袁世凱的思想最新。光緒末年，新知識界的人由袁氏提拔出來的很多，新政由他提倡的或助成的也是不少。如果康梁可靠軍人來改革，那末，無疑的他們應該找袁世凱。康梁以後的政治改革家雖其改革方案不同，其改革方法則如出一轍。運動軍隊和軍人是清末到現在一切文人想在政界活動的惟一的法門。倘孫中山先生今日尚存在，看見現在中國這種可憐的狀況，他不會懊悔靠軍人來革命嗎？

中國近二十年內亂之罪，與其歸之於武人，不如歸之於文人。武人思想比較簡單，慾望亦比較容易滿足。文人在一處不得志者，往往群集於他處，造出種種是非，盡他們挑撥離間之能事。久而久之，他們的主人翁就打起仗來了。他們為主人翁所草的宣言和通電都標榜很高尚的主義，很純粹的意志，好像國之興亡在此一舉。其實這些主義和意志與他們的主人翁是風馬牛不相及的；這些宣言和通電，有許多是他們的主人翁看都不看的。主人翁幸而得勝了，他們就作起大官來。不幸而失敗了，他們或隨主人翁退守一隅，以求捲土重來；或避居租界，慢慢的再勾結別的軍人。民國以來的歷史就是這個循環戲的表演。這樣的參加政治——文人參加政治的十之九是這樣的——當然不能使政治上軌道。

第二，知識階級的政治活動不可靠「口頭洋」。西洋政治制度和政治思想，當作學識來研究是很有興趣而且很有價值的，當作實際的政治主張未免太無聊了。愈講這些制度和思想，我們愈離事實遠，而我們的意見愈不能一致。我們現在除中國固有的制度和學說以外，加上留美留英留法留德留俄留日的學生所帶回的美英法德俄日的各時代各派別的思想和所擬的制度，我們包有中外古今的學說和制度了。難怪這些東西在我們的胃裏打架，使我們有胃病。我常想假使中國從初派留學生的時候到現在，所有學政治經濟的都集中於某一國的某一個大學，近二三十年的紛亂可以免去大部份。其實這些學說和制度在講者的口裏不過是「口頭洋」，在聽者那方面完全是不可懂的外國話。我們的問題不是任何主義或任何制度的問題。我們的問題是飯碗問題，安寧問題。這些問題是政治的 ABC。字母沒有學會的時候，不必談文法，更不必談修辭學。

　　談有什麼好處呢？自從回國以後，我所看見的政變已有了許多次。在兩派相爭的時後，雙方的主張，倘能實行起來，我看都不錯。經過所謂政變以後，只有人變而無政變。所以我們的政變簡直是愈變愈一樣。使我最感困難的是兩派中的領袖都有誠心想幹好的，他們發表政治主張的時候，他們也有實在想作到的，並不是完全騙人。無非甲派所遇着的困難——政府沒有錢，同事要掣肘，社會無公論，外人要侵略等等——並不因為乙派的上台就忽然都消滅了。如果我們政治的主張都限於三五年內所能做到的，我們意見的衝突十之八九就沒有了。以往我們不談三五年內所能做，所應做的事，而談四五十年後的理想中國，結果發生了許多的爭執，以致目前大家公認為應做而能做的都無法作了。

　　在政治後進的國家，許多改革的方案免不了抄襲政治先進的國家。在社會狀況和歷史背景相差不遠的國家之間，這種抄襲比較容易，且少危險；相差太遠了，則極難而又危險。俄國與歐西相差不如中國與歐西相差之遠，但在俄國，知識階級這種抄襲已引起了許多的政治困難。蘇俄革命以前的十餘年，俄國政黨之中最有勢力的莫過於立憲民治黨（Constitutional Democratic Party，簡稱 Cadets）。當時俄國的知識階級幾全屬於這一黨。他們所提出的政治方案即普選，國家主權在國會，責任內閣，及人權與民權。這個方案與俄國百分之八十的人民——農民——全不關痛癢。農民不但不想當議員閣員，連選舉權也不想要。至於人權：如言論自由，他們就無言論；出版自由，他們並不要出版；他把所要的是土地，而關於這一點，立憲民治黨確不注意了。這一黨的人材盛極一時：辦報、發宣言、著書、在國會裏辯論這一套是他們的特長。假使生長在英國，他們很可以與英國自由黨的人才比美。生長在俄國，他們總不能生根。他們的宣言，很像中國學生在學校裏標語一樣，是對團體以內的，對於外界就絕無影響了。在俄國歷史上，這一黨惟一的貢獻是為共產黨開了路。盡了這點義務以後，它就成了廢物。中國的知識階級大可不必蹈俄國立憲民治黨的覆轍。

　　知識階級不能單獨負救國的責任，這是我在上文已經說過的。但是有兩件事是我們應該努力去作的。第一，中國不統一，內亂永不能免，內亂不免，軍隊永不能裁，而建設無從進行，這幾十年來的內亂，文人要負大部份的責任：我的理

由已經說過。但是不勾結軍人來作政治活動還不能算盡了我們的責任。我們應該積極的擁護中央。中央有錯，我們應設法糾正，不能糾正的話，我們還是擁護中央，因為它是中央。我以為中國有一個強有力的中央政府，縱使它不滿人望，比有三四個各自為政的好，即使這三四個小朝廷好像都是勵精圖治的。我更以為中國要有好政府必須自有一個政府始。許多人說政府不好不能統一；我說政權不統一，政府不能好。

現在政府的缺點大部份不是因為人的問題，是因為事的問題。我們既沒有現代的經濟，現代的社會，現代的人民，那能有現代的政治？那末，要建設現代的經濟社會，培養現代的人民，這不是亂世所能幹的事。同時只要有個強有力中央政府能維持國內的安寧，各種的事業 —— 工業、商業、交通、教育 —— 就自然而然的會進步。就是政府採取胡適之先生所謂「無為」的主義，這些事業也會進步。現在國內各界的人士都有前進的計畫和志願。因為時局不定，誰也不敢放手作去。

同時所謂中央政府的缺點，許多因為它是中央：全國注目所在，一有錯處，容易發現，關於中央的新聞比較多且佔較要的位置，局面較大，因之應付較難。民眾對於內戰和內爭的態度，如同對國際戰爭一樣，總是表同情於小者弱者。實在中央政府大概說來要比地方政府高明；並且中央的缺點，既基於事實，不是換了當局者就能免除的。

第二，我們知識階級的人應該努力作現代人，造現代人。現代人相信知識、計畫、組織。現代人以公益為私益。現代人是動的，不是靜的；是入世的，不是出世的。現代人以體格與精神是整個而不能分的。中國近幾十年來，女子的近代化的進步較速於男子的近代化。男子，青年的男子，還有許多頭不能抬，背不能直，手不能動，腿不能跑：從體格上說，他們不配稱現代人。從知識上說，我們 —— 男女都在內 —— 還是偏靠書本，不靠實事實物。許多的時候，我們還不知道什麼是知識，什麼不是知識；關於什麼問題，我們配發言論，關於什麼事體，我們不配發言論，未曾學醫的人，忽然大談起藥性來。未曾到過西北去的人，居然擬開發西北的具體計畫。平素絕不注意國際關係的，大膽的要求政府宣戰。一年級的學生能夠告訴校長大學應該怎麼辦。從未進過工廠的人大談起勞資問題來。不知一六五〇年是在十七世紀的人硬要說歷史是唯物

的。現代人的知識或者不比中古的人多，但真正的現代人知道什麼是他所知道
而可發言的，什麼是他所不知道而不應該發言的。以上所舉的例子足夠表示我
們離現代化的遠。換句話說，我們這個階級自身是絕不健全的。分內的事沒有
作好，很難干涉分外的事。自身愈健全，然後可以博得他界的信仰。倘若近數
十年中國教界的人和新聞界的人有了上文所舉的現代人的特徵，我們的政治也
不會壞到這種田地了。

——選自《獨立評論》第五十一號

（二十二年五月二十一日北平出版）

七、漫談知識份子的時代使命

實際政治大部份是利益集團的鬥爭。在馬克思學說未風行以前，西洋的政論家，無論是左傾或右傾，都公開的承認這一點。美國開國時期的領袖甚至故意設法使資產階級能永久把握政權。許多馬克思的理論，在馬克思以前，就有人宣佈過，而且有些是右傾份子宣佈過的，馬克思對於政治運動的特殊貢獻是勞工階級專政的學說。這種鼓動引起了不少的心理恐怖，於是有許多言論家諱言政治與經濟的密切關係，好像政治，尤其是民主政治，是超階級利益的。其實在民主之下，利益集團的鬥爭是日夜不停的。

在英美社會裏，知識份子並不獨自成立階級。各種職業，連買賣業在內，都能吸收知識份子。靠知識吃飯的公教人員，因其所得待遇的優裕，實是中產階級，其利害關係與一般工商界是打成一片的。英美教育的普及和文字的簡明使知識份子與非知識份子之間不能有清白的界線。

學者和專家，在英美社會裏，並沒有政治的號召能力。除非他們把學問掩飾起來，故意操老百姓的腔調，他們是不能得選民擁護的。英美政客的技術之一種在使老百姓把他們當作自己人看待。至於工商界的巨頭，他們自以為經驗豐富，遇事都有辦法，更不要請教於「不切實際的書蟲」。

在我們這裏，無論是老百姓或是工商界的人士，對於學者尚保存幾份傳統的尊重。究竟幾十年後，知識階級的社會地位將演變到什麼田地，此刻尚不能預料。我們的社會已開始變動。工商界已開始吸收知識份子。而出身知識界的商人與工業家有些不但自己喪失書生的面目，並且對於學者已帶幾分鄙視之意。在我們這裏，如同在英美一樣，久而久之，各種利益集團必會有組織的企圖把握國家的大政，目前的一二十年或者是知識份子左右政治的最後的一個機會。

談政治，最忌憑空創設烏托邦或假定某一部份的人是天生聖賢，人情並無國別的或階級的天生差異。我們為什麼迷信知識份子在現階段的中國能夠而且應該負擔特殊使命呢？

士大夫恥言利。這是我們的傳統。歷代的聖賢講究立功、立德、立言[1]，卻沒

1　順序應為立德、立功、立言。

有半句話講發財的。時至今日，這種傳統尚有幾分效力。一般知識份子並不夢想
作煤油大王、鋼鐵大王，或任何其他金錢大王。他們祈求的是適當的工作機會。
他們的生活目的是事業的成就，而不是金錢。當然他們希望生活安定，衣食有着
落，子女能受較好的教育，工作的設備和環境要適當。這些物質慾望是自然的、
合理的，而且所費是有限的。這種人生觀是事業的人生觀，不是金錢的人生觀。
這是從工作本身找樂趣，其出發點和原動力是工作慾，不是收穫慾，是匠人心的
發揮，不是商人心的表現。

　　中外古今文化的進步發源於匠人心者遠過於發源於商人心者。這種匠心
（Instinct of Workmanship）是文化的源泉。文學美術的創造以及政治經濟
制度的創造只能靠匠心而不能靠金錢。杜工部和白樂天的心目中並沒有稿費或版
稅。莎士比亞把戲劇作為他的玩意兒，也就是他的性命。樂聖斐蒂歐文應內心的
驅使而編樂譜。巴斯得的研究細菌，居里夫婦的研究鐳質，都是匠心和工作慾的
發揮，與金錢慾沒有關係。孫中山的革命，羅斯福的新政是想治國平天下，不是
想個人發財。

　　英國經濟史家唐恩教授（R. H. Tawney）常說尚利的社會（Acquisitive
Society）是近代文化的產物。在中古，生產能力雖有限，生活狀況雖很苦，個
人發財既不是通行的人生觀，也不是社會習慣及制度所許可的。自宗教革命以
後各種保障社會的傳統逐漸廢棄，而個人發財的自由及風氣遂成為近代文明的特
色。學者及一般人們甚至認定自由爭利是一切進步的原動力。聰明才智之士也以
聚財的多寡為一生成敗的尺度。

　　循尚利的路線走到盡頭以後，西洋的社會已經有人發現前面是死衚衕。近
二三十年來，不僅有些科學家和工程師覺得自由爭利不能充作高尚文化的基本動
力，就是企業界的巨頭也有人覺悟。現在英美社會的聰明才智之士走事業的路線
者逐漸加多，走金錢路線者日形減少。三年前我參觀 T. V. A.[1] 的時候，發現其中
有不少的技術專家及管理員情願接受較低的薪津而繼續為佃列西河[2]流域的開發
努力，不願改就私公司的職務，縱使公司可以給他們數倍的金錢報酬。他們覺得
工作的愉快及工作的社會意義是他們最大的收穫。至於金錢，T. V. A. 雖不能使

1　即 Tennessee Valley Authority，田納西河流域管理局。

2　即田納西河

他們成為富翁，一切合理的慾望也都能滿足。

在我們這裏，如果知識份子能保存士大夫傳統的氣節，我們可能超度西洋近三百年的歷史。孫中山之所以堅持民族、民權、民生三種革命要同時並進，就是要縮短歷史的過程。現在工程師在國內所幹的事業都帶幾份縮短歷史的性質。在制度及機械方面能作的事，我們在道德方面應該也能作。何況事業的人生觀是中國書生的本來面目呢？

在長期抗戰的階段之中，知識份子，除少數市儈化以外，大多數概普羅化了。他們對金錢勢力的橫暴及民眾生活的困難均得了更深刻的認識。原來想潔身自好者，現在知道在這種社會之中自好無從好起。知識份子傳統的人生觀及傳統的社會地位，加上最近十年的磨鍊，使他們對新國家的建設能有很大的貢獻。

中國的知識份子大多數來自小資產階級的家庭，富翁在我們這裏本來是極少數的極少數，而富門子弟又多不願出知識的代價。國人現在尚不瞭解我們知識份子求知的困難。一個中國人在國文上所費的時間要三倍於一個英國人或法國人費在英文或法文上的時間，然後能得同等的程度。因為新知識出版品的缺乏，我們不能不學一種外國文，而我們在英文或法文上所費的時間又要三倍於一個英國人在法文上或德文上所費的時間，始能得同等的程度。除非文字有很大的改革，知識份子必是人民中的極少數。他們雖不是勞動階級的子弟，卻知道稼穡的艱難。他們自己求知所受的痛苦就不亞於種地的鄉下人。

這種知識份子踏出校門以後，百分之九十九並無家庭資本可以自辦工商業。他們大多數還是作公務人員，投身事業界者仍是以參加國營事業者居多數。換句話說，知識份子的出路在於作官，教育官、行政官、事業官。名義雖不同，靠公家薪津吃飯則是一致的。所以在中國，知識份子與政治的關係是切身的。

事實雖是如此，知識份子卻不肯充分承認。他們中間至今尚有人在作夢。一種夢是教育清高而作官不清高。另一種則以為惟獨作官是光榮。其實教學可以清高，普通也是清高，但作官也可以清高、應該清高，作官可以得光榮，也可以不得光榮，並且教書、作工程師、行醫、當律師，都是光榮的。

中國的官僚百分之九十來自知識界，卻是知識份子最喜歡罵官僚。在朝的知識份子和在野的知識份子形成兩個對壘。其實在朝的與在野的，無論在知識方面，或在道德方面，是不相上下的。據我的觀察，官吏百分之九十想奉公守法、努力作事，百分之七十能與環境奮鬥，只有百分之廿為環境所克服而作違心的事

情。如果環境改善，中國的官吏在工作效率上及操守上，可以不落在任何別國官吏之下。社會感覺官吏的壓迫，殊不知官吏深感社會的壓迫。社會總是說政府的賞罰不公，其實社會的輿論對公務人員也是賞罰不公的。政府與社會就是難兄難弟。兩者都是不夠近代化。

沙學浚先生在本刊的第十六期提到開明份子組織政黨的困難。他說：

在團體活動中他們（開明份子）往往胸襟狹，氣量小，有學問不一定有能力，尤其是領袖能力和組織能力；他們往往過於自信，過於自尊，因而漠視紀律，輕視旁人，這就成了「既不能令，又不受命」的人。

沙先生所指出的毛病當然是實在的，而且是可歎息的。這種毛病是各國文人最容易犯的。「文章都是自己的好」。不過學問與技術，雖沒有顯明的尺度，究竟比文章要客觀一點。所以現在知識階級領袖的產生比以先實在容易多了，自然多了。

近來經濟學者對世界經濟前途大體上是抱樂觀論的。他們覺得有了近代的科學，全世界的生產效能及生活水準均能大大的提高。他們並且相信一國的窮困間接是其他各國的禍患，反過來說，一國的富庶直接間接能使其他國家受益。在經濟上，這是一整個共存共榮的世界。如果各國的外交政策全憑經濟元素決定，國際的合作應能順利的實現。

在一國之內，各種事業也是互相依賴的。我們如以事業的人生觀為出發點，我們必感覺中國可作應作的事太多了。我們彼此之間只可用加法乘法，絕無用減法除法的必要。據我個人的經驗，朋友們對我們用加法乘法者遠多用減法除法者。士大夫的傳統在這方面已起始改善。

沙先生所舉的困難雖然是實在的，我仍覺得事在人為。

中國現在最急須的還是近代化、加速的近代化，在這個歷史過程中，毫無疑問的，知識份子應該居領導地位。

在政治上，中國正圖從武力政治過渡到輿論政治，這種過渡亦應該由知識份子加以推動。

在經濟上，中國的資源亟待開發，而開發的後果亟應設法使其能為全體人民所享受。這種使命尤其要知識份子負擔。

——選自《世紀評論》第一卷第二十四期
（三十六年六月十四日南京出版）

八、介紹與批評《族國主義論叢》[1]

經濟史觀是現在最時髦的一種學說。國際戰爭，階級衝突根本都是飯碗問題。這個解釋何等清楚，何等簡單，何等痛快！英國人說我們反對英國是為幾個盧布。你相信嗎？這次歐戰中死的千萬多人都想在戰場上找飯碗嗎？還是望死後他們的子孫都能作富翁嗎？有人說抱經濟目的者是主動份子，無經濟目的者是被動份子，被動者何以被動？難道以公濟私的人都是有知識的，以私濟公的人都是無知識的嗎？有人說所爭的利益非個人的，乃國家的。那末，個人為什麼要為國家犧牲生命財產？豈不是因為他心目中看國家比自己還貴重嗎？這個看法是他的人生觀。這是精神界的現像，非物質界的現像。

海士（Hayes）先生有感於此，故著這書以問世。他承認經濟與生活關係的重要，但他不相信生活就是吃喝。他以為經濟衝突若沒有一種適宜的人生觀與之連合，不至演出現代國際間的種種惡態。這個人生觀就是 Nationalism。

Nationalism 一字極不容易繙譯。通行的譯名是「民族國家主義」「民族」「國家主義」，三者均甚含糊，「民族」尤不妥當。海士的分析，我可分數步解釋之：（一）人類自然分群，且覺得己群與他群有種種區別。（二）這些區別中與民族國家主義最有關係者是文字、歷史、風俗。如一群自覺是同文、同史、同俗，這一群就是一個民族（Nationality），非種族（race）。（三）一民族而成一自主的政治單位，就是一個民族國家（national state）。（四）主張民族均應該成民族國家，並承認民族國家有對內對外之無上主權，且相信民族國家是一種神聖物，這就是民族國家主義（Nationalism）。

海士的界說全不提及種族與地理。這是故意的。他說種族及地理與民族國家主義有少許關係，但非要素。同一種族而隸數民族國家者有之；合數種族而成一民族國家者亦有之。同一地理單位而劃為數民族國家之領土者有之；合數地理單位而成一民族國家之領土者亦有之。海士更不相信民族國家主義是根據種族天然個性的。近世有些科學家及文學家好談種族天然個性。英國人天然好自由；法國

---

1 又譯：卡爾頓・海斯《民族主義論文集》，Hayes Carlton J. H.：*Essays on Nationalism*, New York, Macmillan, 1926。

人天然善於邏輯的思想；德國人天然是勤悔而馴順；意大利國人天然是一美術民族等等，均毫無科學的根據。自然各國有各國的特別，但沒有什麼種族天性在其中。一國的特別是從環境及歷史來的。在十八世紀的時候，福祿特 (Voltaire) 說英國人的天性好變，好走極端；法國人則守舊不變且尚平庸。近來伯德來 (Bodley) 則謂法人好變且激烈，英人穩健而執中。可見所謂個性不過文人一種幻想而已。總之，海士謂民族國家主義 (Nationalism) 是環境及歷史的產物，是文化的 (cultural)，非天然的 (natural)；並謂此主義是一種感覺，一種人生觀，並非一種政策。

西洋上古與中古的時候沒有民族國家主義，蓋當時的國家是城邦或帝國，並非民族國家。從中古的末年到現在西洋史幾乎是部民族國家及其主義之發展錄。十字軍的東征引起歐人種種的同己與異己的感覺。各國國語及國文的成立擠倒了國際的拉丁文。宗教革命使各國的宗教也國家化了。新航路及新大陸的發現引起許多的衝突，使各國均行國家化的經濟政策。法蘭西革命大大提倡民族自決自治。十九世紀德意志及意大利的統一是此主義之果，也是此主義長進之因，現在從西洋已傳遍於全世界了。

十九世紀是民族國家主義的世紀。此主義不但支配了一世紀的政治，且支配了一世紀的思想。文字學所講的印歐文字說 (Theory of Indo-European Languages) 及其附生物愛倫[1]種 (Aryan race)，人類學家及假冒人類學家如 Gobineau, Chamberlain, Grant, Stoddard 所說的種族優劣，法律史家、歌謠史家、制度史家如 Eichhorn, Savigny, Grimm 所說的民族個性，愛國狂的歷史家如 Michelet, Froude 所表章的國榮；——均對於民族國家主義有極大的貢獻。少數學者倡之於前，中產階級和之於後，群眾則盲從之。此主義已成一個熱烈的新宗教；國是它的神，國旗是它的十字架，國慶日、國恥日、領袖的生日和死日是它的禮拜日，《獨立宣言》、憲法、《人權宣言》《大憲章》《門羅宣言》《總理遺囑》是它的聖經，對國旗脫帽鞠躬、唱國歌、讀遺囑是它的禮拜儀式，學堂是它的神學院，領袖是它的牧師。西人號稱基督徒，實在他們是國教徒。宗教沒有化國家，國家反化了一切的宗教。

宗教熱極容易變為狂熱，現在全世界都患國狂病。患國狂病者相信自己的

1　即雅利安

國家是有理，外國都不講理，自己的國家只保守自己的利益，外國均野心勃勃。甚至想自己的文化比外國的文化好，自己的種族比別國的種族好，於是乎自己的國家對於這些弱劣的國家有一個使命：此即白人的負擔，英文所謂 white man's burden，法文所謂 mission civilijatrice，這就是帝國主義。國外的反對者都是 pagans[1]，國內的反對者均是 heretics[2]。軍備戰爭於是乎免不得了。

　　海士知道民族國家主義是根深蒂固不能廢除的，或者也不應該廢除的。他對於此主義雖不大熱心，卻也不反對。他所反對的攻擊的是此主義之狂化。愛國是好事，但恨外國是惡事；保存國粹是好事，但貶斥外國文化是惡事。現在要救世非先正人心不可。海士雖知此事的困難，但他以為民族國家主義既是人造的，人亦能改造之。改造當從教育下手。凡教社會科學的人其責任更大。照世界大勢看起來，海士的志願幾乎等於「障百川，挽狂瀾」。

　　此書的思想雖少創造，然不失為群書申論近代政潮的精神方面之最完善者。在國際衝突最烈的時候，海士提倡彼此寬容（international toleration）的精神，好像十七世紀的 Milton 欲拿寬容的精神來救當時的宗教戰爭。在人心患狂病的時候，海士不思以革命糾正之，反信教育改善、知識長進以後，心病自然消滅，這正像十六世紀的 Erasmus 看清了人的短處。海士並不高聲罵人，反含諷刺於寫實。這個方法頗類 Veblen。我可以說此書的精神及書法比書中的思想還要緊些。

——選自《清華學報》第四卷第一期（1927 年）

1　即異教徒
2　即異端者

九、現今史家的制度改革觀

　　史學是研究文化沿革的學問，文化沿革包含制度的改革，所以政體的變遷，宗教的演進，以及社會組織的改良，盡屬制度改革的範圍。即如普通一般人所說「維新」「變法」等也無非是制度上局部的改革。至於他們所謂「革命」，也就是制度改革劇烈的象徵。人類自有史以來經過多次的革命，即經過多次劇烈的制度改革。所以制度改革，是人類一個大問題。關於這問題的研究與討論，中外都不乏人。然而研究愈多，意見愈不一致。這不一致的原故，最要莫過於各人思想方法的不同。思想方法好像各人戴的眼鏡；眼鏡的光線若有毫厘之差，全世界面目必致有千里之謬。所以我們要研究 —— 批評 —— 採取那一派史家制度改革的意見，先要留神他的思想 —— 觀察方法。我們若要對於國內政治社會問題的解決有所貢獻，我們也必須慎重我們自己的思想方法。本文要討論的就是現今史學對於制度改革具怎樣的觀念？有什麼思想方法的貢獻？我深信史學有極大的貢獻，因為史學範圍是研究文化上各重要問題。但是欲明白這貢獻的性質和價值，我們須細看近二百年來史學對於制度改革觀念的變遷。

　　在中古的時候，歐洲思想家皆奉耶教的新舊約，教堂父老的遺訓，及亞里斯多德的哲學為萬世法。為人的目標在於遵守萬世法，求學的目標在於精通萬世法，著作只有注解，辯論不過引經。提倡制度改革者，反對制度改革者，均以聖經為標準。即按中國歷史講，這個道統的思想法，我們也曾使用過。我國昔時的學者，每逢制度改革問題發生的時候，往往問新制度是否合乎堯、舜、禹、湯、文、武、周公、孔子的聖道。現在公然承認這方法為正當者可謂無人，但不知不覺中使用之者尚有其人。自從（所謂）馬克斯 —— 列寧 —— 孫中山新道統發現以來，這思想法恐有復活的趨勢。

　　歐洲自文藝復興以後，道統在思想上的勢力一步一步的減損了。科學家在自然界發現了許多與聖經相反的觀念，對於道統，就不能無疑了。哲學家如笛卡兒（Descartes）[1]一派又力倡懷疑，以為這是思想的第一步。還有因為商業和實業發達而產生的資產階級，明明有財產有勢力，而政治勢力遠在貴族與僧侶兩階級之下；他們也要打破教堂的勢力。這種科學的、哲學的、經濟的發展，雖與道統的思想法是勢不兩立的；但起始無人敢正大光明的否認古法，直等到十八世紀，

法國人福耳特耳[＊](Voltaire) 始下總攻擊令。福氏是一個多才的人，他在史學
史上、文學史上、政治社會史上，均佔有地位。本文只論他在史學中發表的制度
改革觀念。

　　福耳特耳 (一六九四 ─── 一七七八) 的環境，我已間接的説了一點。史家
稱他的時代為開明專制時代，因開明專制為當時的時尚，與他同時的有俄之大彼
得，普之大腓特烈，中國之乾隆。當開明專制君主的模範路易十四世死時，福氏
正二十一歲，爾時歐洲非君主專制而國強民富者首推英國，次則荷蘭。就政體
説，英是君主立憲，荷是共和，實際上兩國皆由貴族與資本家操政。兩國的商業
最興旺，思想最自由。法國正是英荷的反面。在十八世紀的時候，法國外交大失
敗，法屬北美及印度皆被英國奪去。加之內政不修，行政腐敗；賦税雖重而財政
常患破產；思想極不自由。資產階級與貴族僧侶的衝突，日甚一日。於是法人憂
心國事者，莫不大倡制度改革。果然福氏死後十年，法蘭西革命就起始了。

　　福氏時代的思想潮流，我們可以在下列幾件事實裏尋線索：牛頓比他大
五十二歲；牛頓的大著作《原理》(*Principia*)²出版在他生前七年；牛頓死
時，福氏已經三十五歲，諸科學家中，福氏最佩服牛頓³。比福氏年幼的大科學
家有化學家拉瓦節 (Lavoisier)⁴及生物學家蒲門 (Buffon)⁵；社會思想家
與福氏同時的有孟德斯鳩 (Montesquieu)，亞丹‧斯密 (Adam Smith)，盧梭
(Rousseau)，狄德羅 (Diderot)。所以這時代可謂思想史上的開明時代。我
們現在且看在這種環境生長的福耳特耳關於制度改革的觀念是怎樣？

　　福氏以為國家立制度只有兩個目的：(一) 為人民謀富庶；(二) 促進文藝
與科學，這兩個目的在他看來均極自然。他既是資產階級的發言人，他自然要政
府注重商業與工業。他又是知識階級的領袖，他自然要政府提倡文藝與科學。
在他著的《路易十四世史》(*Siècle de Louis XIV*, 1752) 內，他説這兩個目
的是同等的重要；在以後著的《人類風俗制度論》(*Essai Sur les Moeurs et
I'Esprit des Nations*, 1756) 內，他又説第一個目的比第二個更重要。但他
始終以為制度不應限制人民思想自由。因此他極恨當時教堂的跋扈。這為人類爭
思想自由的主張，或者就是他一生最大的功勞。

　　定目的為制度改革之第一步，求方法為第二步。在福氏思想中，第二步並不

＊　即伏爾泰

困難。他所著的《大彼得時代俄羅斯史》(*Histoire de Russie Sous Pierre I*, 1759),極端的稱讚彼得以一人的決心居然能在沼澤中立聖彼得堡新都。在他頭腦中,這樁事可以代表當時開明專制君主改革制度的能力。至於法國維新方法,他的提議也很簡單,就是:廢除法國的舊制度,輸進英國的新制度;只要如此,大事就成了。他佩服英國,並不因為英國人民有參政權,他明明知道當時英國人尚無參政權。他以為政體是個枝葉問題;專制也好,立憲也好;但是政府開明不開明,執政者開通不開通,這些是根本問題。他佩服英國,因為英國人民富庶,思想自由,因為他想英國達到了他理想的兩個目的[6]。

福氏派 —— 唯理派 —— 的史學有兩特點:一、福氏派以為制度是一人或數人突然用意造成的。文化的沿革,正如大彼得之築聖彼得堡,你若問他:「為什麼這樣一個黑暗的教堂制度可以成立?」他必答:「教堂制度是幾個教皇為私利造成的。」若又問:「為什麼這樣一個限制自由的工業基爾特制可以發生?」他必答:「就是黑暗時代少數工人領袖為私利組織的。」二、福氏以為制度是無國別的。一國用之而富,他國用之亦必富。所以他不問英法二國有沒有環境的、民族的、歷史的差異,能使一國的制度,不適宜於第二國。這二點用不着批評,因為下文所述的史學史一部份,就是批評他和他那派的史學。

談論到此,有一疑問發生:福氏派的思想和中國近五十年來維新家的思想,到底有否異同?我們以為異的有一點:就是中國維新家注重政體,福氏不大注重政體;同的有二點:一、福氏希望法國能出大改革君主如大彼得,我們的維新家亦盼望中國出改革君主如日本的明治,或革命家如美國的華盛頓。華氏與彼得固然不是一流的人物,但我國維新家的思想途徑,與福氏的彷彿一樣。這種思想其實不新,中國幾千年來人民惟望出聖天子,恐怕也是這個意思。二、我們也喜歡傚效他國的制度。所以至今我們憲法上一個懸而未決的大問題,還是採法國內閣制,或美國總統制?福氏是資產階級上層的代表。與他往來的是當時的名流及開明君主。他以為如他自己一般的上等社會有知識的人,定能革新社會;他極看不起下等社會的人,他不信他們有干涉國家大事的能力。盧梭與他同時,但他的態度,卻與福氏相反。盧梭是資產階級下層的份子,即下等社會的代表。他的父親是一個工人。他與工人、農夫、小商販的交際不少,所以對下等社會很表同情。福氏說:小百姓的壞在於愚魯。盧梭說:愚魯正是他們的好處。福氏要政府提倡文藝與科學,盧梭以為社會的腐敗,正是因為文藝與科學的發達。盧梭思想的出

發點，是他的「自然人」。「自然人」——原始人，無文明的人——是極高尚的，快樂的。原始社會是平等的、自由的。平等自由是人類原有的，權利是天賦的人權，友愛是天賦的人性。盧梭對於法國改革的方法，就是「返於自然」。

　　盧梭不是歷史家，但歷史家受他影響的不少，尤其是十八世紀後半的德國歷史家。當時德意志比法國更不自由，人民更無參政的機會。德國文人如我國太史公似的：「意有所鬱結，不能通其道」，就「述往事，思來者」。席勒爾 (Johann C. Friedrich Schiller) 的《荷蘭革命史》(*Geschichte des Abfalls der Vereinigten Niederlande von der Spanischen Regierung*, 1788)，米勒 (Johannes Müller) 的《瑞士聯邦獨立史》(*Die Geschichte der Schweizerischen Eidgenossen*, 4 Vols., 1780–1805)，赫得 (Johann G. Herder) 的《人類史學大綱》(*Ideen zur Philosophie der Geschichte der Menschheit*, 1784–unfinished) 等書，皆極稱讚「自然人」，思想均似民約論。這幾個史家把人類的全部史當作「自然人」為天賦人權及天賦人性戰爭史看。我們近幾十年的排滿運動，反對袁世凱運動，打倒帝國主義運動，在我們自己頭腦中都帶有為天賦人權戰爭的色彩。我們全沒錯過；我們只愛自由，我們所反對的完全是剝奪我們自由的桎梏。我們所崇拜的，像席勒爾和米勒書中的英雄一樣，均是為天賦人權戰爭而犧牲性命的英雄。

　　福耳特耳所希望的開明專制（非君主的），果然實現於法蘭西革命時的政府；盧梭所倡的天賦人權，亦載在憲法上。經過二十五年戰爭，二位學者的思想，不但在法國施行，並且在比利時、荷蘭，德屬萊因河兩岸，瑞士、意大利、西班牙等地施行。福氏所謂制度是數人突然用意造成的，是無國界的，似乎得了一個鐵證。法國小百姓們為革命的犧牲，也好像證明盧梭的思想。不幸事與願違，拿破崙失敗以後，革命的成績在法只有部份的保存，其他各國幾乎全廢除了。歐洲思想的腔調，也完全改變；革命以前提倡維新，革命以後主張復舊。以前舉福氏和盧梭旗幟的人，現在均舉柏克 (Burke) 的旗幟了。普通歷史教科書以為復舊潮流是梅特涅 (Metternich) 一人的狡詐手段造成的，其實不然，梅氏不過順流而下。在這種潮流內發生了十九世紀前半的浪漫派史學。

　　浪漫派是唯理派的反面。它受了法蘭西革命失敗的影響，所以否認：（一）制度是可以數人突然用意造成的；（二）制度是像貨物，可由各國彼此交換的。他們下了兩個正相反的新定論：（一）制度，法律，風俗，——一切的文

化——是有機生長物；（二）各民族的個性，是這種生長物的滋養料。制度既為有機的生長物，它的變遷有一定的時期和速率，非人所能勉強的。法人革命之失敗，正如宋人「揠苗而苗槁」。民族的個性既是制度的滋養料，各國的制度只適宜於本國，倣效他國制度是根本不可能的。

浪漫派的史學有一個大長處；就是促進縝密的研究。因為假若文化是數人一時用意造成的，——如唯理派所說——我們可以不必學史，因為文化就可說是無史的。但假若文化是有機的生長物，——如浪漫派所說——它必有根源；制度愈重要者其根源必愈深遠。況且民族個性的發展，大半是在幼稚時代；所以注重民族個性者，不能不注重古史，——雖是極難研究的一段史，卻非研究不可。浪漫派的許多學者，因而振奮精神，努力研究，求精深的學問。所以在十九世紀前半期，許多史學的附屬科學，——如語言歷史學，金石學，校勘學，——大大發展。浪漫派的幾個偉人——Niebuhr[7]、Grimm Brothers[8]、Eichhorn[9]、Savigny[10]——實在為史學史開了一個新紀元。

浪漫派的成績雖佳，它的兩個結論（如上所述），似不能完全維持。在十九世紀的後半期，不但法國竟達到革命的目的；即其他各國，亦多少實行民治。法國革命之失敗，不過一時並非永遠的，足見憑理去改革制度，不是完全可以「揠苗助長」譏笑他的。民治主義之傳播於全歐，甚至於全世界，足證各民族雖有個性，亦有同性；人類是能彼此倣效的。浪漫派的文化觀念，有些像現今國內主張保存國粹的觀念；二者均有時看本國的文化——所有的制度、法律、思想、宗教、風俗——為完全的，為十分寶貴的；倣效外人的文化，終究是嫌混雜的。二者可謂均有些排外性質，因為二者均生於民族國家觀念極熱烈的社會裏面。那麼，假若我國學者能夠像浪漫派那班偉人努力研究與著作，則中國史學也許有開一新紀元之可能。

浪漫派關於文化沿革的觀念既太偏，必有一新派校正之者。這一派即十九世紀後半發生的唯實派。唯實派雖與浪漫派有差異，但並非浪漫派的反面。浪漫派與盧梭派接近而與唯理派相反。唯實派則居唯理與浪漫二派之中。此不過言其大概，實際並非若是簡單。唯理派的史觀既被浪漫派推倒。浪漫派的史觀，又與目前時局之發展不相符合。唯實派自必另闢蹊徑。此非易事，蓋唯實派一方面欲繼續浪漫派精密研究工夫，一方面又受多數社會的及思想的影響。所以唯實派與浪漫派，過渡極慢；其根基較深，其史料較繁，其方法較精。欲明唯實派的真相，

我們必須分析歐洲近七十年來的政治社會及思想的潮流。我們並且要探索每潮流在史學上發生何種特別影響：

（一）勞工運動：從一八三八年至一八四八年，英國工人發起一個極大的公民憲章運動。此運動的主旨，在為普通人民爭選舉權。當時工人以為選舉權能助他們要挾議會立良善勞工法。他們要爭的選舉權，不過一種利器，他們的實在目的是求減輕工作及提高工資。比憲章運動的影響更大的，又有法國一八四八年二月的革命。以前的革命大概以資產階級為主動團體，勞工不過附和而已；但是二月革命卻以勞工為主動。革命以後，勞工代表加入臨時政府，又逼着政府建設國家工廠。馬克斯和恩格斯的《共產宣言》也在這年出世。以後機械實業愈進步，勞工運動亦愈擴充。勞工問題遂成各國內政的一大問題。

勞工運動在史學上發生兩個連貫的影響：（a）推廣歷史範圍：勞工運動以前的史，大概只有事實發生在政治舞台上者則入史。對於這種政府傳記式的歷史，唯實派提出幾個質問：「文化全是政治舞台上的人造成的麼？人民雖未上台演劇，他們豈盡是觀劇者？他們不是在台後作事麼？」以這種質問為假設，唯實派再研究歷史；結果歷史一變而為人民公共生活的傳記。英國史家格林（Green）所著的《英國人民略史》（*A Short History of the English People*, 1874）即應此潮流而出的[11]。（b）用經濟解釋歷史：十九世紀的階級經濟衝突，既然能左右時局，那麼，在他世紀或者亦是如此情形。於是史家從事經濟史的研究；結果唯實派不得不承認經濟變遷為制度改革主要原因之一。文藝之復興並非如舊史家之推測；蓋其原因不在土耳其人之攻破君士坦丁而在十二及十三世紀意大利城市商業的發達。宗教革命與其說因為路得*憤天主教堂的腐敗及專制，不若說北歐人民不願捐錢納稅給教皇。美人革命的大成績，並非政治的獨立，乃經濟的自主。盧梭派所歌頌的天賦人權戰爭，一化而為魚肉的戰爭。馬克斯的經濟史觀，即此潮流之極端左派。現今史家抱經濟史觀者還不多，因他們不承認歷史是一元的，但無人否認經濟競爭為數元中之一。

（二）達爾文主義：達氏思想的分析，不在本文範圍之內。本文只能列舉他的重要觀念以為討論的根據：（a）環境（包括氣候、山水、土性等等）能滋養生物，亦能限制生物；（b）生物的蕃殖是乘法式的；（C）各種生物的各種特性時常

---

* 即路德

變遷;(d) 因環境的限制,及生物的蕃殖,變遷轉優者則生存,轉劣者則被淘汰;(e) 特性之變狀是能遺傳的,積多數變狀遂成新種類。

進化論的總意,就是說生物界各種類,從極簡單以至於人,是經極長時期繼續演進的,達氏思想的影響,自不限於史學,但在史學上,已與他種影響分不清了。有時達氏的影響與孔德 (Comte) 的,及斯賓塞 (spencer) 的影響混合起來,如同勒啟 (Lecky) [12] 及史梯芬 (Leslie Stephen) [13]。有史家立論與達氏思想相似,而其來源與達氏全無關係的,如特雷新 (Droysen) [14] 所謂國際問題即權力的競爭,國即力的表現。達爾文主義在史學上的影響,舉其要可謂有二端:

(1) 環境的注重:生物即受環境之支配,人亦生物,自然不能超環境。其實達氏的注重環境,是社會科學家馬爾薩斯 (Malthus) 引起的。但在馬氏以前,還有孟德斯鳩。孟氏論氣候、土性與文化的關係頗詳 [15];史家受其影響者亦不少。故唯實派可稱孟氏派。但達氏學說盛行以後,史家的環境觀念更深一層:文化根本是人類應付環境的利器,環境變遷因而文化亦時常變遷;諸變狀中,應付環境能力較高者則生存,較低者則消滅。所以各國各時的文化皆有其價值,因為文化是對環境而生的。唯實派史家於是多少必研究地理,如沈伯爾 (Semple) [16] 甚至相信地理為最能解釋歷史的要端。但地理範圍極廣:有注重氣候者,如罕亭吞 (Huntington) [17];有注重土性者,如信姆古微幾 (Simkhovitch) [18];有注重交通者,如亞當斯 (Brooks Adams) [19]。但唯實派各史家至少承認從地理能得文化變遷的一個理由。

史家所謂環境並不限於地理。文化包括極多份子;文化全體以地理為環境;各份子又彼此為環境。譬如工廠制為文化的一份子;工團亦是文化的一份子,此二者互相為環境。科學與實業,民治與民智,交通與商業,一種科學與他種科學,一門職業與他門職業,彼此關係線索往返不已。文化與地理的關係,已極複雜;文化各部份的彼此關係更複雜。唯實派的困難可想而知。多賚乞克 (Treitschke) 的《德意志十九世紀史》(*History of Germany in the Nineteenth Century*, 1879) 雖有多種缺點,究為極等佳作,因其能匯文化各支流成一大川,使讀者於各支流的來源去脈,彼此交錯,以及全江的趨勢,都瞭然在目。

(2) 演進的觀念:文化既為應付環境的利器,環境一變,文化亦必隨之而變。但環境自然的變遷少有突然的;大變遷是積多年無數的小變化而成的。文化

的變遷亦然，所以歷史是演進的。唯實派因此不說美國獨立於一七七六年七月四日，因為美國的獨立是幾百年養成的。唯實派也不說羅馬亡於四七六年，因為羅馬的衰敗是幾百年釀成的；並且羅馬的一部份，至今尚未滅亡。但根據演進的觀念，以觀察時事，不是古非今，或是今非古，不反對改革，惟反對無知的改革——就是環境未變而偏要變制度，或改革制度的一部份而不能改革有關係的第二部份；——不反對守舊，惟反對無知的守舊——就是環境變了而偏拘古法。

文化變遷既恃環境變遷為轉移，現今人類從科學所得的制馭環境能力，即人類促進文化的大機會。譬如京漢鐵路一成立，京漢間一二〇〇公里之距離即縮為一〇〇公里之距離。意大利雖無煤礦，科學能助意人化水力為電力而創大實業。所以現今提倡改革者，與其坐禱聖主出世，或人類之返於自然，不若努力制馭環境。國內知識階級望全國早統一者，與其責備軍閥，不若謀交通之發展。望民治的實現而專講憲法起草，正如「捨本逐末」「緣木求魚」。

(三) 社會心理學：經濟競爭及應付環境二觀念——史學從勞工運動及達爾文主義所得的禮物——還不足以解釋全部歷史。譬如英人未壓迫愛爾蘭以前，愛人有自動的改革宗教的趨勢；壓迫以後，無論英人怎樣勉強他們改教，愛人對於舊教的信仰反日日增加。這次歐洲大戰，我們都說是各國經濟帝國主義的衝突，然而甘心樂意為國家犧牲性命者，大多數是與帝國主義無關的勞工。法國革命的時候，巴黎市民加入暴動者有許多並不知道革命的目的是什麼。英國工人為選舉權費了許多心血，但普選案成立以後，他們仍舊為貴族的及資本家的候選員投票。中國人現在還不剪髮者，是為經濟競爭呢，還是為應付環境呢？「經濟競爭」與「應付環境」偏重人類的理想；其實理想以外還有感情，有習慣；個人單獨的行為又與群眾不同。在社會心理學上，制度就是社會的習慣；制度的改革就是習慣的改革。

近世社會問題的心理方面，大引起一般學者的研究，如瓦拉斯 (Wallas) [20]、李孛曼 (Lippmann) [21]、奧格篷 (Ogburn) [22]、密勒 (H. A. Miller) [23]。於是史家亦有利用社會心理學以研究歷史者。自從拉朋 (Le Bon) 的 *Psychology of Revolution** (English translation, 1913) 出版以來，論法國革命者莫

---

* 即勒龐《烏合之眾：大眾心理研究》

不討論感情，習慣，及群眾行為與革命的關係。史學因之更形困難，但亦更近實學。

受了此三種影響——勞工運動，達爾文主義，及社會心理學——費了多少年精密的研究，唯實派始達到今日的地位，始能對於制度改革的思想法有所供獻，這個供獻是什麼？以前史家對於制度的改革，有以政治開明不開明為標準者（福耳特耳派），有以天賦人權為標準者（盧梭派），有以民族個性為標準者（浪漫派）。唯實派對於制度的改革，則以經濟衝突、環境變遷、社會心理為標準。「政治開明」「天賦人權」「民族個性」——此三者皆為空虛的，不可度量的觀念。「經濟衝突」「環境變遷」「社會心理」——此三者皆為事實的，客觀的，可度量的觀念。制度改革問題，從玄學界一移而至實學界。唯實派的史學固然尚在幼稚時代，但與其用玄學的思想法，不若用幼稚實學的思想法。且史學一上實學的途徑，就有成科學的希望。或者將來科學的史學偕同其他社會科學，能產生一種社會工程學。那時的制度改革問題，將變為社會工程問題，而政治家就是社會工程師。

——選自《清華學報》第二卷第二期（十四年十二月北平出版）

注釋

1　Réné Descartes（1596－1650），法國人，在他著名的三部哲學書裏（*Discourese of Method*, 1637; *Meditationes de Prima Philosophia*, 1641; *Principia Philosophiae*, 1644）發揮懷疑主義；以為前人所說不足為憑；我們所可以為智識起點的，只是我們自己的知覺，故云：「Cogito, ergo sum」（I think, therefore I am）

2　*Philosophiae Naturalis Principia Mathemaitica*（*The Mathematical Principle of Natural Philosophy*, 1687），是牛頓（Sir Isaac Newton, 1642－1727）最著名之作。

3　Voltaire 著有 *Element de la Philosophia de Newton*（1738），是最早介紹牛頓的發明到歐洲大陸的一人。

4　　Antoine Laurent Lavoisier（1743－1794），是近代化學的鼻祖，他的最重要
　　　發明是燃燒的原理（Theory of combustion）。

5　　Georges Louis Leclerc, Comte de Buffon（1707－1788），乃法國著名的博
　　　物學家，他的大著作是 *Histoire Naturelle, Générale et Particulière*, 44
　　　vols.（1749－1804）；世稱為「*high priest and interpreter of nature*」云。

6　　見 *Lettres sur les Anglais*, 1732。

7　　Barthold Georg Niebuhr（1776－1831），德國史家，在他盛年，正是德國國
　　　民全體抵抗拿破崙的時候，飽蓄愛國精神，要藉古史啟迪後人，所以致力於羅馬
　　　史。他的演講辭，在他死後，由學生們集成十冊付印。他的最重要著作，是《羅馬
　　　史》三大本 *Romanisch Geschichte（Roman History）* 3 vols., Rev. Ed., 1827－
　　　1832，考證詳審，所研究的多半是制度與政體。

8　　Jacob Ludwig（1785－1863）and Wilhelm Karl（1786－1859），Grimm 兄
　　　弟都因為研究語言文字學出名，合著《家庭神話》*Kinder und Hausmarchen*
　　　（1812），到現在還是盛行。哥哥並以法律見長；研究語言、法律，都用歷史眼
　　　光，以為言語、歌謠、故事等等都是幾千年累積成的，其中變遷是跟着社會演進
　　　的；法律也是生活的一種表現，所以它的歷史也是社會歷史的一部分。他的著作論
　　　語言歷史的有 *Deutsche Grammatik（German Grammar*, 1819）及 *Geschichte
　　　der Deutschen Sprache（History of Language*, 1818），論神話的有
　　　Deutsche Mythologie（German Mythology, 1835），論法律的有 *Deutsche
　　　Rechtsalterthumer（Legal Antiquities of Germany*, 1828）。他的兄弟曾
　　　編印古詩歌多種，如 *Rolandslied*, 1838; *Ruodolf*, 2nd Ed., 1844 等等，論著有
　　　Deutsche Heldensage, 2nd Ed., 1838。

9　　Karl Friedrich Eichhorn（1781－1854），德國法律學家，用歷史眼光研究
　　　法律，是由他提倡的。他以為法律不過是國民生活的一部分，倘不能瞭解國民生
　　　活的歷史，便不能知法律的所以然；他最有名的著作是 *Deutsche Staats und
　　　Rechtsgeschichte（History of German Law and Institutions）* 1808－
　　　1823, 5th Ed., 1843－1844。

10　　Friedrich Karl von Savigny（1779－1861），也是德國法律學家。法律用歷史
　　　研究法，提倡的是 Eichhorn，繼起而昌大的是 Savigny。Eichhorn 所研究的是
　　　德國現行法律的根源同變遷；Savigny 所研究的是在中世紀羅馬法的勢力同影響，
　　　研究的結果是六大本的 *Geschichte des römischen Rechts im Mittelalter
　　　（History of Roman Law during the Middle Ages）*，1815－1831。

11　　他的英國史還有兩部，體裁與此相同：*History of the English People; The
　　　Making of England*, 1883。

12　　William E. H. Lecky（1838－1903），英國史家，著作略舉幾種重要的：*History
　　　of the Rise and Influence of the Spirit of Rationalism in Europe*, 2

vols., 1865; *History of European Morals, from Augustus to Charlemagne*, 1869; *History of England in the Eighteenth Century*, 12 vols., 1878 — 1890。

13　　Leslie Stephen（1832 — 1904），英國學者，文學、史學、哲學都見長，史學著述有：*History of English Thought in the Eighteenth Century*, 1876; *The English Utilitarians*, 1900；並曾作過《英國歷代名人大辭典》*Dictionary of National Biography* 的主稿編輯。

14　　Johann G. Droysen（1808 — 1884），德國史學家，最著名的著述是 *Geschichte der Preussichen Politik*, 12 vols., 1855 — 1876。

15　　Montesquieu 在他的名著《法意》（*De L'Esprit de Lois,* 1784）裏，詳說這些關係，當時留神這方面的幾乎無人，所以他可以算一個創始者。

16　　Ellen Churchill Semple（1863 — ），美國人文地理學家，曾遊學德國，在著名地理學家 Ratzel 門下受業，專研究地理對於人事的影響；著有：*American History and its Geographic Conditions*, 1903; *Influences of Geographic of Environment*, 1911。

17　　Ellsworth Huntington（1876 — ），美國地理學家，曾來過亞洲數次，研究氣候與地理及文化上之影響；他以為史上的大變更，根本原因是氣候變更，而氣候變更卻又有循環的現象；著述很富，略舉其要：*The Pulse of Asia*, 1907; *Civilization and Climate*, 1915; *Principles of Human Geography*（with S. W. Cushing），1920。

18　　Vladimir G. Simkhovitch，美國經濟學家，現為哥倫比亞大學教授，對於土性之影響歷史的研究有一篇文名 *Rome's Fall Reconsidered*，載在他的 *Toward the Understanding of Jesus and other Historical Studies*, 1921。

19　　Brooks Adams（1848 — ），美國望族 Adams 之一，業律師，對於史學頗有著作，最著名的一部是 *The Law of Civilization and Decay*, 1900。

20　　Graham Wallas（1858 — ），英國社會學家，關於社會心理學著作有 *Human Nature in Politics*, 1908; *The Great Society*, 1914; *Our Social Heritage*, 1921。

21　　Walter Lippmann（1889 — ），美國紐約世界日報記者，常有議論時事的書，關於社會心理的有 *A Preface to Politics*, 1913; *Liberty and the News*, 1920; *Public Opinion*, 1922。

22　　William F. Ogburn（1886 — ），美國社會學家，現為哥倫比亞大學教授，著有 *Social Change*, 1922。

23　　Herbert A. Miller（1875 — ），美國社會學家，現為大學教授，著有 *Races, Nations and Classes: The Psychology of Domination and Freedom*, 1924。

責任編輯 — 周文博
裝幀設計 — 任媛媛
排　版 — 悅　悅
印　務 — 林佳年

中國近代史 導讀版

蔣廷黻　著　　　沈渭濱　導讀

出版　開明書店
香港北角英皇道 499 號北角工業大廈一樓 B
電話：(852)2137 2338　傳真：(852)2713 8202
電子郵件：info@chunghwabook.com.hk
網址：http://www.chunghwabook.com.hk

發行　香港聯合書刊物流有限公司
香港新界荃灣德士古道 220-248 號
荃灣工業中心 16 樓
電話：(852)2150 2100　傳真：(852)2407 3062
電子郵件：info@suplogistics.com.hk

印刷　美雅印刷製本有限公司
香港觀塘榮業街 6 號 海濱工業大廈 4 樓 A 室

版次　2021 年 7 月初版
2023 年 3 月第 2 次印刷
© 2021 2023 開明書店

規格　16 開 (240mm×170mm)

ISBN　978-962-459-086-9